민족 · 민족주의

한국개념사총서 |5|

민족 · 민족주의

박찬승 지음

小花

한국개념사총서 ❺
민족 · 민족주의

2판 1쇄 발행 / 2016년 5월 10일

지은이 / 박찬승

펴낸이 / 고화숙
펴낸곳 / 도서출판 소화
등록 / 제13-412호
주소 / 서울시 영등포구 버드나루로 69
전화 / 2677-5890
팩스 / 2636-6393
홈페이지 / www.sowha.com

값 16,000원

ISBN 978-89-8410-383-2 94300
ISBN 978-89-8410-337-5 (세트)

잘못되거나 파손된 책은 교환해 드립니다.

민족 · 민족주의 / 지은이 : 박찬승. 2판. 서울 : 소화, 2016
    p. ;   cm. (한국개념사총서 : 5)

ISBN 978-89-8410-3832-2 94300 : ₩16,000
ISBN 978-89-8410-337-5 (세트) 94300

민족주의 [民族主義]

340.21-KDC6
320.54-DDC23   CIP2016010290

19세기 중엽부터 우리 사회에 격랑을 몰고 온 인문·사회과학의 개념들에 관하여 혼돈 상태가 아직도 계속되고 있습니다. 몇 가지 예를 들어 봅니다. 민족과 민족주의, 근대국가와 주권, 자주와 독립 같은 핵심 개념들조차 비학문적으로 사용하고 있습니다. 이탈리아에서 19세기 통일 운동 이전의 민족과, 부활_{리소르지멘토}을 지향하는 민족주의 운동의 원동력이 된 민족은 서로 구별됩니다. 근대국가는 서유럽에서 등장한 독특한 정치사회의 한 형식이며, 이 형식을 지탱하는 것이 주권 개념입니다. 주권은 서양의 중세 사회나 동양의 사대 질서에서 보는 통치권과는 다른 차원의 개념입니다. 자주와 정교금령은 사대 질서의 개념이며, 독립과 내치외교는 서양 공법 질서의 개념입니다. 이런 역사적 개념을 서로 구별하지 않는 것은 반反역사적은 아닐지라도 비非역사적입니다.

　인문 · 사회과학의 개념은 정태적인 것이 아니라 정치 · 사회운동을 함축하고 있는 역동적인 성격을 지니고 있어서 개념사 연구는 정치 · 사회제도의 분석을 전제로 합니다. 그리고 개념들은 장소topos와 시간tempo에 따라 그 성격이 다르기 마련입니다. 그런데 이 지적 작업을 수행하는 데 세계 정치의 중심 지역 학자들보다 훨씬 어려운 위치에 놓여 있다는 것이 우리 한국 학계의 고민입니다.

　우리는 외국 학자들처럼 개념의 공시적이고 통시적인 분석, 의미론이나 명의론에 안주할 수 없습니다. 우리는 여러 장소의 개념들의 충돌을 연구해야만 합니다. 더욱이 우리의 한반도는 독특한 역사적 성격을 지닌 장소입니다. 유럽 열강의 세계 팽창 대상 지역 중에서도 오지奧地에 속하는 곳입니다. 오지의 특징은 외래 개념에 대한 저항과 오해가 그 어느 지역보다 강렬하다는 데에 있습니다. 저항이 강하다는 것은 이미 지켜 온 개념들에 대한 집착이 강하다는 것을 의미합니다. 이른바 가정假晶 · pseudo-morphosis의 현상이 두드러진 곳입니다. 가정은 광물이 그 내부 구조에 따른 본래의 결정형과는 다른 결정형을 나타내는 현상을 지칭하는 광물학의 용어입니다. 다른 장소의 개념이 전파되는 경우, 본래의 의미가 왜곡되는 사회 현상을 은유적으로 표현하기 위해 슈펭글러O. Spengler가 광물학에서 차용한 낱말입니다. 이런 점에서 한반도는 중국이나 일본과도 판이한 역사적 경험을 지니게 되었습니다. 오지라는 장소의 특징은 시간의 역사적 성격에도 반영됩니다. 세계 정치 중심 지역의 개념들이 뒤늦게 전파되는 특징을 지니고 있습니다. 오지와 세계사의 접목은 세계사 흐름의 최후 단계에 이루어져서 오지의 세계화는 난항을 겪게 됩니다.

그런데 한반도의 장소적인 특징은 여기에 머물지 않습니다. 같은 동북아 질서에 속하였던 중국과 일본의 변모로 동북아 삼국 사이에도 개념의 갈등이 야기됩니다. 교린 질서 안에 살고 있던 한국과 일본은 1868년부터 개념의 충돌이 시작되어 1876년까지 8년의 위기를 맞습니다. 이 위기를 거치면서 일본은 개념의 세계화 노력에 박차를 가하고 이런 개념에 의한 담론을 세계에 전파합니다.

같은 사대 질서에 살고 있던 중국이 1880년을 전후하여 사대 질서의 변형을 주장해 한국은 중국과 충돌하고 그리고 고민합니다. 유길준의 '양절체제兩截體制'라는 천재적인 직관은 사대 질서의 개념들을 서양 공법 질서의 개념으로 전환시키려는 중국에 대한 우리의 처절한 저항입니다.

이런 역사적 특징을 지닌 한반도라는 장소에서 인문·사회과학의 근대적인 기본 개념 형성에 중요한 시기tempo는 1850년에서 1950년에 이르는 1백 년이라고 생각합니다. 이질 문명권과 만나 충돌하면서 동시에 동북아 삼국 사이에 개념의 마찰이 병행하는 시기입니다. 이 시기의 개념들은 크게 세 부류로 나눌 수 있습니다.

첫째, 19세기 중엽 이전 우리에게는 알려지지 않았던 새로운 사회 현상들의 전파 양상을 가리키는 개념들이 있습니다. 이런 생소한 유럽 학문 체계상의 개념들에 대한 오해는 아직도 존재하고 있습니다.

둘째, 19세기 이전에 사용되었던 개념 가운데 그 본래의 내용이 굴절되어 새로운 현상을 지칭하게 된 개념들이 있습니다. 본래의 의미와 굴절된 내용이 혼재하게 됩니다.

셋째, 19세기 중엽을 전후하여 사라진 개념들이 있습니다. 통용의 중단이 일시적인 것도 있고 다시 부활하는 경우도 있습니다. 어떤 경우이건 스스로 일어난 것이 아니라 그 배경에는 사회적인 격동이 있습니다.

이런 개념사 연구를 우리는 어떤 시각에서 어떻게 서술해야 합니까?

시간의 문제에 대해서는 공시적이고 통시적인 분석을, 그리고 장소의 문제에 관해서는 비교문명권의 입장에 입각해야 한다고 생각합니다. 우리는 이런 방법론에 따라 다음과 같은 순서로 주요 개념들을 서술할 것입니다.

먼저 동서양의 어원을 고찰합니다. 어원은 통시적 분석의 출발점입니다. 개념이 19세기 이전에도 동양 세계에서 통용된 경우에는 그 동양적인 의미와 19세기 이후의 변천 과정을 추적합니다. 그리고 19세기 중엽 새로 동양에 전파된 서양의 개념인 경우에는 서양 세계에서 통용된 의미와 동양에 전파되는 과정을 추적합니다.

그러나 서술의 중심은 한반도라는 장소에서 일어난 개념들의 해석, 번역, 굴절, 선택, 그리고 오해를 포함한 모든 충돌 현상에 관한 분석입니다. 그리고 1950년 이후 이 개념들이 한국 학계에 정착되는 데에 따르는 오늘날의 문제점들을 제시합니다. 정착 문제는 우리 학계의 수준을 폭로하는 일입니다.

이렇게 볼 때 개념사 연구는 인문 · 사회과학의 모든 분야에 걸친 연구입니다. 이른바 '전체의 역사 l'histoire totale'를 시도하는 지적 작업입니다. 이런 학술 사업을 진행하기에는 우리 학계의 수준이 아직 일천하다고 걱정하는 소리도 있습니다. 그리고 개념사 연구 자체에 관한 회의와 냉소도 있습니다. 그러나 한국이라는 장소 topos 의

인문·사회과학 기본 개념에 관한 연구는 단지 학문상의 문제만이 아닙니다. 이 연구는 우리의 생존에 관한 현실적인 문제이기도 합니다. 개념의 정확한 인식에 의한 학술적인 담론의 세계화는 21세기에 우리가 한반도에서 한국적인 삶을 영위하기 위한 전제 조건입니다. 담론의 세계화를 이룩하지 못한 것이 1910년의 불행을 자초한 한 원인이기 때문입니다.

2008년 8월
한림대학교 한림과학원
한국개념사총서 편집위원회위원장   김용구

한림대학교 한림과학원에서 개념사 프로젝트의 하나로서 '민족·민족주의'의 개념사 정리를 부탁받은 것은 2005년 가을이었다. 그로부터 무려 4년이 지난 뒤에야 원고를 간신히 마쳐 드디어 이 책을 출간하게 되었다. 처음 원고 집필을 의뢰받았을 때에는 '개념사'를 '단어의 용례사' 내지는 '관념사' 또는 '사상사' 정도로 가볍게 생각하고 이를 수락하였다. 그런데 이후 한림과학원에서 진행된 여러 포럼과 학술회의 등에 참석하면서 '개념사'란 그런 것과는 상당한 거리가 있는 것임을 알게 되었다. 가장 중요한 것은 '개념사'란 '개념의 사회사'가 되어야 한다는 것이었다. 즉 개념사란 역사적으로 변천해 온 개념을 대상으로 그러한 개념의 변천을 정리하고, 아울러 그러한 변천을 가져온 사회사를 함께 정리해야 한다는 것이었다.

그런데 필자가 부여받은 민족·민족주의의 개념은 근대 이후에 서구에서 들어온 개념으로서, 개념의 역사가 불과 1세기밖에 되지 않아 우선 개념상에 커다란 변화가 없었고, 따라서 개념의 변천을 정리한다는 자체가 어려운 일이었다. 물론 개념에 대한 이해나 용례에서는 어느 정도 입장 차이나 시대적 변화를 찾을 수 있었지만, 이를 개념의 변천사라고 말할 수 있을는지는 자신이 없었다. 더군다나 개념 변천의 사회사를 추적한다는 것은 그야말로 언감생심이었다.

결국 이 개념사 프로젝트를 이끄신 김용구 교수님의 교시에 따라 근대 이전에 민족과 유사한 개념이 있었는지, 그리고 그러한 개념이 있었다면 그것이 근대에 들어 민족 개념으로 어떻게 이어지게 되었는지를 먼저 추적해 보기로 했다. 여기서 찾아낸 단어가 '족류'였다.

『조선왕조실록』에서 사용된 '족류'라는 단어는 여진족이나 일본족과 구분하기 위해 사용한 단어로서 '민족'의 선구적 개념이라 해도 손색이 없었다. 그리고 이러한 '족류'라는 용어가 조선 후기 이후 '동포'라는 용어로 바뀌고, 20세기 이후 다시 '민족'이라는 용어로 바뀐 것을 확인할 수 있었다. 이 책에서 필자가 가장 뜻깊게 생각하는 부분은 바로 '족류'라는 단어를 찾아내어 이에 의미를 부여한 것이라 할 수 있다.

다음에는 '민족'이란 개념이 중국, 일본을 거쳐 어떤 경로로 수용되었으며, 또 국내에서 어떻게 확산되었고, 또 어떻게 변용되었는지를 검토해 보기로 했다. 그 결과 '민족'이란 단어는 1900년경에 처음 들어와 1906년경부터 본격적으로 사용되기 시작했다는 것을 확인하였다. 또 20세기 '민족'이란 개념이 확산된 계기가 된 것은

1919년 3·1 운동과 1920년대 문화운동이었다는 것을 확인할 수 있었다. 1930~1940년대 민족주의자들과 사회주의자들의 '민족' 개념에 대한 이해에 상당한 차이가 있었다는 것도 확인하였다. 그리고 오늘날 한국인들의 의식을 상당 부분 지배하고 있는 '단일민족설'도 사실은 해방 이후 분단의 위기에서 처음 제기되기 시작했으며, 이후 분단 상황 속에서 더욱 확대되었다는 것을 확인할 수 있었다.

'민족'의 개념사에 대한 서술에서는 이와 같이 나름대로 의미 있는 작업을 진행할 수 있었지만, '민족주의'의 개념사 서술에서는 고전을 거듭하였다. 민족주의라는 개념도 물론 20세기 초에 한국에 들어왔지만, 이후 특별한 개념의 변화나 논쟁을 찾기 어려웠기 때문이다. 민족의 통합과 독립, 그리고 부강을 지향하는 민족주의에 대한 이해에 커다란 변화를 찾기는 어려웠다. 물론 민족주의를 부르주아 민족주의라는 이념으로 한정해서 볼 것인지, 아니면 사회주의나 자유주의 등 여러 다른 이념과 결합할 수 있는 하나의 그릇과 같은 것으로 볼 것인지에 대한 논란이 있었지만, 이는 1980년대 이후에야 제기된 것이었다. 따라서 20세기 초부터 20세기 중반까지를 주된 연구 대상 시기로 하는 이 책에서 '민족주의'의 개념사를 정리하는 것은 무리라는 생각을 하지 않을 수 없었다. 결국 이 책에서 '민족주의' 부분에 대한 서술은 한국인들이 민족주의를 어떻게 이해했고, 이를 활용하여 어떤 민족주의를 만들어 냈는지를 중심으로 서술할 수밖에 없었다. 이는 민족주의의 개념사라기보다는 민족주의의 사상사에 가까운 것이라고 할 수 있을 것이다.

'민족주의' 부분을 정리하면서 필자는 한국의 민족주의는 출발 단계에서부터 문화적 민족주의의 성격이 매우 강하였음을 확인하였다. 민족혼, 국어, 국사, 국조 단군 등을 강조하는 문화적 민족주의는 20세기 전반 한국 민족주의의 성격을 규정하는 것이었다고 해도 과언이 아니다. 이는 식민지 지배에서 벗어나기 위해서는 먼저 민족의 정체성을 확립해야 했고, 이를 위해서는 언어·역사·종교 등에서 독자성을 확인할 필요가 있었기 때문이다. 이는 식민지 시대 내내 계속되었다. 그런데 앞서 말한 것처럼 해방 이후에는 남북 분단이 진행되는 가운데 '단일민족설'이 강조되기 시작했고, 이에 영향을 받아 한국 민족주의도 혈통적 민족주의로 그 성격이 변화하기 시작하였음을 확인할 수 있었다. 물론 그렇다고 해서 오늘날 한국의 민족주의에서 혈통적 민족주의의 성격이 가장 강하다고 말할 수는 없을 것이다. 필자는 오히려 아직도 한국 민족주의는 문화적 민족주의의 성향을 더욱 강하게 띠고 있다고 보고 있다. 그런가 하면 한국의 민족주의는 민족자결주의, 민세주의, 삼균주의, 자유주의, 국가주의, 사회주의 등 여러 정치적·사회적 이념과 결합되면서 다양한 스펙트럼을 보여 왔다. 어찌 보면 한국 민족주의의 이러한 다양한 스펙트럼은 민족주의의 개념에 대한 다양한, 그리고 창조적인 해석에서 비롯된 것이라고도 말할 수 있다.

이 책은 20세기 한국인들에게 가장 중요한 단어 중의 하나였던 '민족'과 '민족주의'의 개념사 정리로서는 매우 미흡한 것이 되고 말았음을 실토하지 않을 수 없다. 특히 '민족주의' 부분에 대한 서술은 아쉬움이 많이 남는다. 하지만 필자로서는 서구적인 의미의 개념사 정리와 한국적인 의미의 개념사 정리는 어떻게 달라야 하는지 고민하면서 이 책을 썼다는 점을 밝혀 두고 싶다.

이 책을 내기까지 여러분으로부터 많은 도움을 받았다. 먼저 한림과학원의 김용구 원장님은 개념사 연구의 방향에 대해 많은 가르침을 주셨다. 개념사 연구라는 분야에 새로이 눈을 뜨게 해주신 데 대해 진심으로 감사의 말씀을 드리지 않을 수 없다. 아울러 한림과학원의 개념사 연구 프로젝트를 이끌어 오신 박근갑, 양일모, 오수창 교수님 등 여러 교수님과 개념사총서 집필자로서 처음부터 같이 참여하여 많은 도움 말씀을 주신 박상섭, 김효전, 박명규, 장석만 교수님께도 감사의 말씀을 드리고자 한다. 그리고 이 책을 서술하면서 학계 여러 선학·동료들의 연구 성과로부터 큰 도움을 받았음을 밝혀 두고자 한다. 끝으로 이 책의 원고를 꼼꼼하게 검토하고 원고의 보완까지 도와주신 도서출판 소화에도 감사를 드리고 싶다.

2010년 5월
박찬승

차례

'개념사'란 무엇인가

"인간을 움직이는 것은 행위가 아니라, 행위에 대한 말이다." 이 말은 개념사 분야를 개척한 라인하르트 코젤렉Reinhart Koselleck이 『지나간 미래』라는 책의 「개념사와 사회사」라는 장의 첫 머리에서 인용한 에픽테트Epictète의 말이다.[1] 에픽테트의 말처럼 '말'은 엄청난 힘을 지닌다. 특히 '개념'을 포함하는 말은 더더욱 그러하다. 예를 들어 20세기의 역사 속에서 '공산주의', '자유주의', '민족주의', '계급', '국가'라는 단어가 얼마나 힘을 발휘했는지 우리는 잘 알고 있다.

그런데 이러한 단어들이 담고 있는 의미는 고정된 것이 아니었

---

1. 라인하르트 코젤렉(1998), 『지나간 미래』, 한철 옮김, 문학동네, p.121.

다. 이러한 단어들이 담고 있는 의미는 역사 속에서 지속적으로 변해 왔고, 또 오늘날에도 변하고 있다. 코젤렉은 바로 이 점에 주목하고, 한 단어의 의미(개념)가 역사 속에서 어떻게 변해 왔는지를 밝히는 '개념사'를 개척했다. 그가 말하는 개념사는 한 단어가 지닌 의미(개념)의 지속, 변화, 새로움을 우선 파악하는 것이며, 나아가 이 것을 언어 외적인 내용, 즉 사회 구조의 변화나 정치적 갈등 상황 등과 연결시켜 파악하는 것이다.[2] 따라서 개념사는 사회사와 밀접한 관련을 갖는다.

그러나 모든 단어가 개념어가 되는 것은 아니다. 코젤렉은 한 단어가 개념어가 되기 위해서는 그것이 내포하는 의미가 다의적多意的이어야 한다고 본다. 즉 명확히 정의될 수 있는 순수한 기술 용어나 전문용어는 개념어가 되지 못한다. 반면 각 시대와 구체적 상황 속에서 진행되는 수많은 논쟁 속에서 동원된 용어들, 그리고 그 결과 다양한 의미를 품게 된 용어들이 개념어가 될 수 있다는 것이다. 따라서 하나의 단어가 개념어가 되기 위해서는 역사적이어야 한다. 코젤렉은 또한 하나의 개념어는 이와 관련된 수많은 개념어의 농축물이라고 보았다. 예를 들어 '국가'라는 단어는 통치, 행정구역, 국민, 입법, 사법, 행정, 조세, 군대 등의 개념이 유입될 때, 비로소 개념어가 될 수 있다는 것이다.[3]

이와 같은 개념사는 기존의 사상사나 이념사와는 여러모로 다르다. 기존의 사상사나 이념사에서 연구하는 '이념'이나 '관념'은 각

---

2. 라인하르트 코젤렉(1998), 앞의 책, p.132.
3. 나인호(2002), 「독일 개념사와 새로운 역사학」, 『역사학보』 제174집, pp.304~306.

시대와 여러 정치적 · 사회적인 맥락을 초월하여 변치 않는 지속적인 의미의 결정체이다. 그러나 "개념사는 그곳에서 개념이 발전하고 특정한 화자에 의해 사용되는, 특정한 상황 속에서의 특정한 언어 사용을 연구"하는 것이라고 코젤렉은 말한다. 따라서 개념사는 '그가 무엇을 이야기하는가'에 관심이 있는 것이 아니라, '그것을 말하면서 누가 어떤 개념을 소유하는가'에 관심이 있다.[4]

이처럼 개념사는 한 단어가 지니는 개념의 다의성을 전제로 하면서, 그러한 다양한 개념이 형성된 장기적인 시간에 주목한다. 즉 개념사는 장기적인 시간 속에서 여러 개념이 하나의 단어에 어떻게 축적되어 왔는가를 연구하는 것이라 할 수 있다. 그런가 하면 코젤렉은 개념사의 영역을 더욱 확장하여 개념의 사회적 영향력과 정치적 · 사회적인 기능까지 추적해야 한다고 주장하기도 한다.[5]

필자가 파악한 개념사란 대체로 위와 같은 것이다. 이 책은 위와 같은 개념사에 대한 이해를 바탕으로 한국의 '민족'과 '민족주의'라는 단어의 개념사를 정리하는 데 그 목적이 있다. 그러나 필자는 한국사에서 이러한 개념사 연구가 매우 어려운 일이라는 점을 깨달았다. 주지하듯이 '민족'과 '민족주의'라는 단어는 20세기 초 서양에서 중국 · 일본을 거쳐 한국에 들어온 'nation'과 'nationalism'이라는 외래어의 번역어였다. 따라서 이 단어들이 한국에서 사용된 것은 겨우 100년 정도밖에 되지 않는다. 그 때문에 이 단어들은 기본적으로 장기적인 시간 속에서 형성된 다양한 개념을 추적하는 '개념

---

4. 나인호(2002), 앞의 논문, pp.307~308.
5. 나인호(2002), 앞의 논문, p.320.

사' 연구의 대상이 되기는 어렵다. 따라서 필자의 연구는 이 단어들이 지닌 개념의 수용사와 활용사를 정리하는 수준에서 벗어나기 어려웠다. 아마도 외래어와 관련된 개념사 연구의 경우, 대부분 이러한 한계를 벗어나기 어려울 것이라 생각된다.

이에 필자는 서구의 개념사 연구와는 다소 다른 방법론을 택하여 연구하기로 하였다. 첫째 근대 이전에 한국에서 '민족'과 유사한 의미로 사용된 단어를 찾아내어 그 변화 과정을 추적하고, 둘째 근대 이후 '민족', '민족주의'가 어떠한 경로를 거쳐 한국에 수입되었으며, 또 어떤 의미로 한국인에게 받아들여졌는가를 추적하고, 셋째 수용 이후 이와 같은 '민족', '민족주의' 개념을 한국인들이 어떻게 확장하여 활용해 갔는가를 추적하는 것이었다. 근대 이후 서구가 지식 생산의 중심이 되면서, 한국은 그 '주변의 주변'이라는 위치에 놓였기 때문에, 한국 근대 이후의 개념사는 불가피하게 서구 개념의 수용사와 활용사를 중심으로 정리될 수밖에 없을 것이다. 그러나 본 연구에서는 이에 머무르지 않고, 근대 이전에 사용된 '민족'과 유사한 단어를 추적하여 이를 외래어인 '민족'과 접목시키는 시도를 해보고자 하였다.

'민족'과 '민족주의'의 개념 수용사

이 책은 크게 2부로 구성되어 있다. 먼저 제1부에서는 '민족', 제2부에서는 '민족주의'의 개념의 수용과 활용의 역사를, 대한제국 때부터 1950년까지의 시기를 대상으로 살펴보기로 한다.

제1부에서 다루게 될 '민족'이란 단어는 'nation'의 번역어이다.

20세기 한국사에서 '민족'이란 단어만큼 큰 영향력을 발휘한 단어는 없을 것이다. 식민지와 분단의 현실은 '민족의 독립', '민족의 통일'을 20세기 한국의 가장 중요한 과제로 만들었다. nation은 본래 '국민'이라는 말로도 번역되었고, 따라서 '국민'이라는 말이 더 많이 사용될 수도 있었다. 그러나 식민지로 인한 국권의 상실은 한국인들의 '국민' 될 자격을 박탈하였고, 남북 분단으로 인한 불완전한 국가의 성립은 한국인들에게 분단국가의 '국민'으로서 만족할 수 없게 만들었다. 따라서 한국인들은 '국민'이라는 단어보다는 '민족'이라는 단어를 더 선호할 수밖에 없었다.

이 책에서는 먼저 '민족nation · Volk'이란 단어가 서구에서는 어떤 의미로 사용되었는지, 오늘날 '민족'의 형성에 대한 서구 학계의 논의는 어떻게 전개되고 있는지를 정리하고자 한다. 또한 이러한 '민족'이란 단어가 중국과 일본에서는 어떻게 사용되었는지를 정리하고자 한다. 그리고 이 단어가 한국에 어떻게 수용되었는지를 살펴보고자 한다.

그러면 '민족'이라는 단어가 수용되기 이전에 한국에는 이와 유사한 개념의 단어는 없었을까. 이 책에서는 '민족'이란 단어의 수용사를 정리하기에 앞서 먼저 이를 추적해 보았다. 그 결과 필자는 조선 시대에 '족류族類'라는 단어가 이와 유사한 의미로 사용되었으며, 개항기에 들어와서는 '동포'라는 단어가 이와 유사한 의미로 사용되었음을 확인하였다. 이 책에서는 이 단어들이 구체적으로 어떤 맥락에서 사용되었는지를 먼저 살펴보기로 한다. 그리고 1906년을 전후하여 '민족'이란 단어가 어떤 경로로 수입되었고, 어떤 의미로 이해되었는지, 그리고 1910년을 전후하여 지식인들 사이에서 이 단어가 갑자기 확산된 배경은 무엇인지 살펴보기로 한다.

'민족'이란 단어는 언제부터 대중에게 확산되었을까. 이 책에서는 3·1 운동과 1920년대 신문·잡지의 발간이 그 중요한 계기가 되었다고 보고, 그 경위를 구체적으로 파악해 보고자 하였다. 또 '민족'이란 단어가 수용된 이후, 한국인 사이에서 민족 개념과 관련된 논쟁은 없었을까. 1930년대 민족주의자와 사회주의자는 '민족'이란 개념을 놓고 논쟁을 벌였다. 당시 민족주의자는 민족을 하나의 영속적인 유기체로 보았고, 사회주의자는 자본주의 시대에 나타난 일시적인 산물이라고 보았다. 이 책에서는 민족주의자와 사회주의자의 논쟁을 간단히 정리해 보기로 한다.

한편 최근까지 한국인들이 당연한 것으로 생각하던 '단일민족론'은 언제부터 대두한 것일까. 필자의 추적에 의하면, '단일민족론'은 해방 이후 사실상 처음 대두하였고, 이후 한국 사회에 통념으로 정착하게 되었던 것으로 보인다. 즉 식민지 시기에 '단일민족론'은 거의 보이지 않았다. 그러면 '단일민족론'은 왜 해방 이후의 시점에 갑자기 대두하였을까. 이 책에서는 '단일민족론'의 대두 배경과 확산 과정을 추적해 보고자 한다.

제2부에서 다루게 될 '민족주의'는 서양어 'nationalism'의 번역어이다. 내셔널리즘은 민족주의 외에도 국가주의, 국민주의, 애국주의 등으로 번역될 수 있는 단어이다. 그러나 한국에서는 주로 민족주의라고 번역되었다. 그것은 nation이 민족으로 주로 번역되어 사용된 것과 동일한 이유로 보인다.

이 책에서는 한국의 '민족주의' 개념사를 '민족주의' 개념의 이해와 활용의 역사를 중심으로 정리하였다. 먼저 서구의 '민족주의' 개념의 발생과 변화 과정, 그리고 학계의 민족주의 개념을 둘러싼 논쟁 등을 간단히 정리하였다. 이러한 민족주의 개념이 중국과 일본을 거쳐 한국에 어떻게 들어오게 되었는지를 정리하였다.

첫째, 대한제국 때 '민족주의'라는 개념의 수용과 함께 한국에서는 '문화적 민족주의cultural nationalism'가 등장하게 된다. 즉 국망이 눈앞에 다가온 현실에서 당시 지식인들은 언어, 역사, 종교를 강조하면서 민족의 정체성을 만들고, 국권 회복의 주체로서 '민족'을 결집시키려 하였던 것이다.

둘째, 1910년 국망 이후 민족주의론은 어떻게 발전되었을까. 한국의 지식인은 민족주의를 문화적 민족주의와 민족평등주의로 발전시켰다. 또한 1919년 한국의 민족주의는 '민족자결주의'로 표출되었다. 그 결과로서 민주공화제를 채택한 대한민국 임시정부를 만들었다.

셋째, 3 · 1 운동 이후 한국의 민족주의는 어떻게 발전했을까. 한국의 민족주의는 문화적 민족주의 속성을 여전히 강하게 띠면서, 정치적으로는 자치론을 중심으로 찬반양론으로 나뉘었던 것으로 보인다.

넷째, 1930년대 한국의 민족주의는 어떤 양상을 띠었을까. 1930년대 전 세계적인 파시즘의 대두와 함께 일부 민족주의자들은 이러한 파시즘을 긍정적으로 수용하는 경향이 나타났다. 물론 이에 대항하는 자유주의적 민족주의의 흐름도 여전히 있었던 것으로 보인다.

다섯째, 해방 이후 한국의 민족주의는 어떤 양상을 보였을까. 해방 이후 한국의 민족주의는 다양하게 분화되었다. 한편에서는 신민족주의론을 제창하였고, 다른 한편에서는 자유주의적 · 문화적 민족주의론을 제창하였다. 그런가 하면 파시즘 내지는 국가주의적 성향을 띤 민족 지상, 국가 지상주의론이나 일민주의론—民主義論을 내세우기도 하였다. 또 1960년대 이후에는 여전히 자유주의적·통일 지향적 내셔널리즘과 국가주의적·일국주의적 내셔널리즘이 서로 경합하는 양상을 보였다. 그러나 한국인들은 일반적으로 식민지 시대의 민족주의가 독립을 위한 이념이라고 이해했던 것과 마찬가지로, 분단 시대의 민족주의는 통일을 위한 이념이라고 받아들이고 있다고 여겨진다.

제2부에서는 위와 같은 내용을 정리하게 될 것이다. 제2부의 내용은 엄밀히 말해 앞서 말한 '개념사'보다는 '이념사' 내지 '사상사'에 더 가까운 정리가 되고 말았다는 점을 실토하지 않을 수 없다. '민족주의'라는 용어가 수입된 지 100년밖에 되지 않았고, 또 '민족주의' 개념에 대한 논쟁이 거의 없었다는 점에서 그 개념의 변화 과정을 정리하기는 대단히 어려웠기 때문이다. 하지만 한국에서 '민족주의' 개념에 대한 논쟁이 적었던 것은, 한국인들이 '민족주의' 그 자체의 개념보다는 '한국에서의 민족주의'는 어떤 것이 되어야 할 것인지에 대해 더 관심이 많았기 때문이기도 하다. 또 한국 민족주의의 사상사를 '민족주의' 개념의 창조적 해석과 응용의 역사로 볼 수도 있을 것이다.

Part 1

민족

1. 서양의 '민족' 개념

'민족' 개념의 정의

'민족'이란 어떤 의미를 지니는가. 먼저 그 어원부터 검토해 보자. '민족'이라는 용어는 서양어 'nation' 또는 'Volk'를 번역한 것이다. 그런데 이 용어들은 본래 각기 다른 의미를 가진 것이었다.

nation은 프랑스 말로 민족, 국민, 국가를 의미한다. nation은 혈통이나 출생을 의미하는 라틴어 natio에서 나온 것으로, natio는 원래 인종이나 종족과 같은 혈연관계에 기초를 둔 하나의 혈연 집단을 의미하였다.[6] 이후 중세에는 특정한 촌락에 거주하는 동일혈족의 씨족 집단을 의미했으며, 또 대학에서 출신 지역에 따른 학생들

---

6. 차기벽(1990), 『민족주의원론』, 한길사, p.47.

의 그룹을 지칭하는 단어로 사용되기도 했다. 그리고 중세 후기부터 근세 초기에는 유럽의 신분제 의회를 구성하는 특권적인 신분계층을 가리키는 말로 의미가 변화하였다. 그런 가운데 영국에서는 근세에 들어와 부농, 신흥 지주, 젠트리 등이 새로운 귀족계급으로 등장하면서 이들까지 포함하는 용어로 nation이라는 말이 사용되기 시작했다. 또한 nation은 프랑스혁명 이후 자유·평등·박애라는 정치적 이념을 공유하는 사람들에 의한 계약공동체 내지는 합의 공동체라는 새로운 의미를 갖게 되었다. 즉 자유로운 개인에 의하여 공유되는 이념이 국가를 형성하며, 따라서 국민＝민족nation의 구성에서는 선조나 혈통이 아니라 정치적 이념이나 시민이라는 보편적 개념이 더 중요하다고 인식되었다. 이러한 국민＝민족관에는 프랑스혁명 및 계몽사상이 강하게 영향을 미쳤다.[7]

한편 Volk는 민중, 민족, 국민, 인민 등 다양한 의미를 지니는 독일어였으며, 그 내용은 역사의 흐름에 따라 다양한 변화를 보여 주었다. 18세기 중엽까지 Volk는 군대 등의 집단이나, 모멸적 의미에서 사회 하층의 민중을 가리키는 경우가 많았다. 18세기 말 헤르더 Johann Gottfried von Herder가 Volk를 그러한 의미와 단절시키고, 공통의 언어를 기초로, 역사적으로 형성되었으며, 독자적인 개성을 갖는 문화공동체, 즉 현재의 민족에 가까운 의미를 이 말에 부여하였다. 그 것은 프랑스혁명이나 그후의 나폴레옹의 침략이 가져온 보편주의적 근대합리주의의 도입에 대항·반발하는 독일의 낭만주의·역

---

7. 진덕규(1983), 『현대민족주의의 이론구조』, 지식산업사, p.18 ; 梅棹忠夫 監修(2002), 『世界民族問題事典』, 平凡社, p.818 참조.

사주의의 흐름 가운데에서 독일의 전통이나, 독자적인 민족적 성격, 나아가서는 그 우월성을 강조하는 Volk관으로 형성되었다. 이후 Volk는 그 이전부터 존재했던 nation이란 말과 같은 의미로 사용되기 시작하였다. 그러나 Volk는 민중(인민)이라는 의미로 여전히 사용되었으며, 제1차 세계대전 이후 바이마르공화국의 헌법에서는 주권자로서 Volk라는 말을 사용하여, Volk는 '국민' 내지 '인민'을 의미하는 공식적인 용어가 되기도 하였다.[8]

이처럼 프랑스의 nation과 독일의 Volk는 본래 각기 다른 의미를 지니고 있었다. 즉 nation은 주로 이념을 공유하는 정치적 공동체의 성격이 강하였고, Volk는 언어·역사 등을 같이하는 문화적 공동체의 성격이 강하였다.

프랑스 nation의 개념을 빌려 민족을 정의한 대표자는 에르네스트 르낭Ernest Renan이다. 르낭은 민족이 종족, 언어, 종교, 지리 등에서 비롯된 것이라는 일반적인 견해를 하나하나 반박하였다. 그는 순수한 종족이란 존재하지 않는다고 주장하였다. 예를 들어 프랑스인은 켈트족이기도 하고, 이베리아족이기도 하며, 게르만족이기도 하다고 지적하였다. 또 독일인은 게르만족이기도 하고, 켈트족이기도 하며, 슬라브족이기도 하다고 지적하였다. 언어에 대해서도 미국과 영국, 스페인계 아메리카와 스페인은 같은 언어를 사용하지만 하나의 민족을 형성하고 있지는 않다는 점을 지적하였다. 종교나 지리 또한 민족을 구분하는 기준은 될 수 없다는 것이 그의 주장이었다. 대신 르낭은 "하나의 민족은 하나의 영혼이며, 정신적인 원

---

8. 梅棹忠夫 監修(2002), 앞의 책, p.977 참조.

리"라고 주장하였다. 그는 "개인과 마찬가지로 민족 역시 노력과 희생, 그리고 오랜 헌신으로 일구어 내는 기나긴 과거의 결실"이라고 지적하였다. "위대한 인물들, 영광스러운, 영웅적인 과거, 그러한 것들이 바로 우리가 민족적인 사고의 토대를 두고 있는 사회적 자산"이라고 지적하였다.[9] 르낭은 "민족은 개개인에 의해서 만들어진, 시간에 의해서 한층 더 다져진, 개인들의 헌신적 감정으로 충만한 하나의 위대한 결속체이다. 민족은 그 속에 스스로가 지나온 과거의 전통을 안고 있고, 현실적이고도 분명한 행동을 통해서 민족은 날로 새로워진다"[10]고 설명하였다. 민족은 자발적 의지에 의한 위대한 결속체라고 본 것이다.

이와 반대로 독일 쪽의 학자들은 Volk의 개념을 빌려 민족을 종족, 조상, 종교, 언어, 공통의 문화, 영토, 관습 등 공통의 역사적·사회적 가치를 소유한 원초적인 유대 관계를 강조하는 '종족적 형태'로 보았다. 독일 쪽 학자들은 이러한 입장에서 알자스, 로렌 지역의 병합을 정당화하고자 했다. 여기에서는 유전적 요소, 세습적 유산이 강조되었다. 어디에서 살아왔는지, 어떤 언어를 사용하는지, 그리고 선조가 누구인지가 중요한 요소라는 것이었다. 독일의 역사가 테오도어 몸젠Theodor Mommsen은 인종적·언어적인 것을 고려할 때 알자스, 로렌 지역이 게르만 독일에 소속되는 것이 당연하다는 주장을 전개하였다.[11]

'민족'의 개념에 대해서는 위와 같은 정의들을 비롯하여 여러 고

 9. 에르네스트 르낭(2002), 『민족이란 무엇인가』, 신행선 옮김, 책세상, pp.66~84.
10. 에르네스트 르낭(2002), 앞의 책, p.81.
11. 에르네스트 르낭(2002), 앞의 책, pp.101~102.

전적인 정의들이 있지만, 어떠한 정의도 '민족'에 대해 충분히 설명하고 있다고 보기는 어렵다. 정치적 이념을 같이한다고 해도 하나의 민족을 꼭 구성하는 것은 아니다. 또 언어를 같이한다고 해서 하나의 민족을 구성하는 것도 아니고, 같은 영토에도 여러 민족이 살고 있는 경우도 있다. 정치적 이념은 달리하지만, 언어와 종교 등 문화를 같이하면서 하나의 민족을 구성하는 경우도 있다. 따라서 '민족'이란 무엇인가를 정의하기란 매우 어려운 일이라는 것이 일반적인 견해이다.[12]

그런 가운데 어네스트 겔너Ernest Gellner는 일단 기존의 통념을 빌려 다음과 같은 기준으로 민족을 정의하였다.

1. 두 사람이 만일 같은 문화를 공유할 때 두 사람은 같은 민족이다. 그리고 이때 문화는 관념, 기호, 연상 및 행동과 의사소통 양식의 체계를 의미한다.

2. 두 사람이 만일 서로를 같은 민족에 속한다고 '인식'한다면 두 사람은 같은 민족이다. 민족은 인류의 신념, 충성 및 결속의 산물이다. 단순한 사람들의 단순한 범주…… 예컨대 어떤 지역에 사는 사람들이나 어떤 언어를 말하는 사람들……는 그 구성원들이 공통된 멤버십에 의하여 쌍무적인 권리와 의무를 확실하게 인정한다면 민족이 된다. 그들을 하나의 민족으로 만들어주는 것은 서로를 동포로 인식하는 것이지 어떤 다른 공통된 속성이 아니다.[13]

물론 겔너도 위와 같은 '민족'에 대한 정의는 결코 만족스럽지 못

---

12. 에릭 홉스봄(1994), 『1780년 이후의 민족과 민족주의』, 강명세 옮김, 창작과비평사, pp.21~24.
13. 어네스트 겔너(1988), 『민족과 민족주의』, 이재석 옮김, 예하, p.16.

한 것이라고 단서를 달았다. 그는 '민족'의 정의보다는 '민족'이라는 개념이 어떻게 형성되었는지를 살피는 것에 더 관심을 두었다.

한편 '민족'의 기본 구성 요소 혹은 본질에 대한 설명과 관련하여 객관설, 주관설, 그리고 절충설의 세 가지로 정리한 견해도 있다.

객관설은 '민족'의 본질을 혈연, 지연, 언어, 종교, 정치, 경제, 그리고 역사적 운명과 같은 요소에서 찾는 학설이다. 예를 들어 스탈린Stalin은 "민족은 언어의 공통성, 지역의 공통성, 경제생활의 공통성, 그리고 문화공동체에서 나타나는 심리 상태의 공통성에 기초하여 발생한, 역사적으로 형성된 공고한 공동체"라고 정의하였는데,[14] 이 역시 객관설에 속한다고 볼 수 있다.

주관설은 민족의 본질이 객관적·사실적 요소 속에 존재하는 것이 아니라 민족정신, 민족의식 또는 민족감정과 같은 주관적·심리적 요소 속에 존재한다고 보는 학설이다. 예를 들어 한스 콘Hans Kohn은 객관적 요소도 등한시하지는 않지만 그중 어느 하나도 필수 조건은 되지 못한다고 보고, 내셔널리즘은 "개인의 최고 충성은 마땅히 민족(국민)국가에 바쳐야 한다고 느끼는 마음의 상태"라고 주장하여 주관적·심리적 요소를 강조하였다.

절충설은 민족의 본질이 객관적 요소나 주관적 요소 어느 한쪽에만 있는 것은 아니고, 두 요소 간에 불가분의 관련성이 있음을 강조하는 것이다. 예를 들어 헤르츠F. Hertz는 "주관적 이론은 객관적 요소의 용인에 의해 보완될 필요가 있다"고 주장한다.[15]

---

14. Stalin, Joseph(1913), "Marxism and the National Question," *Prosveshcheniye* 3(5) ; 에릭 홉스봄(1994), 앞의 책, p.21 참조.
15. 차기벽(1990), 앞의 책, pp.12~13 참조.

'민족' 형성에 관한 이론들

위에서 본 바와 같은 민족의 개념에 대한 의견 차이는 '민족'이 언제, 어떻게, 형성되었는가에 대한 의견 차이와도 관련이 있다. 20세기 중반까지 서구 학계에서 '민족'의 형성에 대한 의견은 크게 도구론적 입장(혹은 주관주의적 민족 이론), 원초론적 입장(혹은 객관주의적 민족 이론)으로 나뉘었다.

전자는 '국가민족Staatsnation'이라는 민족 개념에서 출발한다. 이 이론은 민족공동체에 기꺼이 자신을 귀속시키고자 하는 민족 성원의 주관적 의지가 민족을 만들어 냈다고 주장한다. 그 역사적 계기는 프랑스혁명이었다. 즉 부르주아가 내세운 해방 이념인 인민주권론이 세속주의나 국민적 시장권과 결합되면서 봉건사회의 왕조적 충성심에 질적 전화를 가져와 근대적 민족주의와 민족을 탄생시켰다는 것이다. 반면 후자는 '문화민족Kulturnation'이라는 민족 개념에서 출발한다. 즉 언어, 공통의 문화유산, 종교, 관습과 같은 객관적 기준이 민족의 기초로서 강조된다. 민족은 국가에 선행하며, 공통의 역사적 가치와 사회적 유대에 기초를 둔 실재라는 것이다. 즉 민족적 유대감은 국가나 정치 형태에 관계없이 존재하며, 민족주의라는 것도 실은 이러한 원초적 유대감이 왕조적 충성심을 거쳐 양적으로 성장한 것에 불과하다는 것이다.

전자는 한스 콘, 헤이즈Carton Hayes, 케두리Elie Kedourie 등의 영미 학파의 주장이고, 후자는 마이네케Friedrich Meinecke, 비트람Reinhard Wittram, 노이만Franz J. Neumann 등 독일 학파의 주장이다.[16] 민족 형성에 대한

---

16. 임지현(1998), 「민족주의」, 『서양의 지적운동 II』, 지식산업사, pp.538~539.

이와 같은 입장 차이는 연구자들이 연구 주제로 한 민족공동체의 역사적 경로의 차이에서 비롯된 것으로 해석되고 있다.

민족 형성에 대한 의견 차이는 20세기 말에는 근대주의적 입장과 역사주의적 입장으로 나타났다. 민족의 형성 시기와 관련하여 전자는 '근대 이후 형성'을 주장하고, 후자는 '역사적 형성'을 주장한다.

근대주의적 입장의 학자로서는 어네스트 겔너, 베네딕트 앤더슨 Benedict Anderson, 그리고 에릭 홉스봄Eric J. Hobsbawm 등을 들 수 있다. 어네스트 겔너는 민족이 내셔널리즘을 만든 것이 아니라 내셔널리즘이 민족을 발명했다고 주장한다. 보다 정확히 말하면, 그는 "민족주의는 민족들이 자의식에 눈뜬 것이 아니다. 민족주의는 민족이 없는 곳에 민족을 발명해 낸다"고 주장하였다. 그는 네이션과 내셔널리즘의 기본적 특징인 동질화된 문화, 동일한 언어에 의한 표준화 교육, 자치적 국가, 광범위한 영토 등은 모두 자본주의적 공업화와 시장의 확대에 의해 이루어진 것이라고 주장하였다.[17]

베네딕트 앤더슨은 겔너의 주장을 한 단계 더 발전시켰다. 그 역시 내셔널리즘은 근대 사회의 탄생과 밀접한 관련을 갖는다고 보았다. 그는 근대의 시대는 종교가 쇠퇴하고 실재하던 공동체가 해체됨으로써 개인의 익명성을 두드러지게 했다고 본다. 그 대신 그는 'print capitalism'을 통해 신문, 소설 등이 폭넓게 읽힘으로써 멀리 떨어져 한 번도 만나 보지 않은 익명의 개인 간에 '상상 속의 기반'이 만들어지고, 그 결과 같은 시간과 공간을 공유하는 내셔널리티로

---

17. Gellner, Ernest(1983), *Nations and Nationalism*, Cornell University Press ; 어네스트 겔너(1988), 앞의 책 참조.

이루어지는 '상상의 공동체imagined community'에 대한 소속감이 생긴다고 설명하고 있다. 그가 가장 중요시하는 것은 그동안 구어와 방언으로 의사소통이 어려웠던 이들이 인쇄와 종이의 사용 확대로 의사 전달이 용이해졌고, 이것이 기반이 되어 '상상의 공동체의 근간'을 형성했다고 보는 것이다.[18]

에릭 홉스봄도 민족은 역사적으로 최근의 특정 시기, 즉 근대적 영토 국가, 민족국가가 성립한 시기에 등장하였다고 본다. 홉스봄은 겔너의 의견에 동의하여, 민족이 국가와 민족주의를 만든 것이 아니라, 민족주의가 민족을 만들었다고 보았다.[19] 홉스봄은 또 '전통의 창조'라는 개념을 제시했다. 그는 우리들이 예부터 전해지는 전통이 사실은 대부분 최근에 와서 어떠한 목적을 위해 창조되었다고 주장한다. 그는 근대화 과정에서 오히려 전통이 대량으로 생산되어 그 과정 속에서 '국민문화'가 형성되었다고 보는 것이다.[20]

18. Anderson, Benedict(1983), *Imagined Community : Reflection on Origins and Spread of Nationalism,* Verso ; 베네딕트 앤더슨(2002), 『상상의 공동체』, 윤형숙 옮김, 나남출판.
   베네딕트 앤더슨의 '민족=상상의 공동체'론에 대해 신용하 교수는 "앤더슨의 상상의 공동체론은 사회적적 인과관계부터 잘못되어 있다"고 비판하였다. 그는 "민족주의가 먼저 형성되고 그 결과로 민족이 출현한 것이 아니라, 먼저 민족이 형성되고 그다음에 민족주의가 출현하였다. 민족은 인간이 동일한 언어 · 지역 · 혈연 · 정치 · 경제생활 · 역사 · 민족의식을 공동으로 하여, 오랜 기간 사회생활을 하는 과정에서 공고하게 결합하여 형성된 구체적 명칭까지 가진 실재의 인간공동체이다. 인쇄자본주의가 지방어로 쓴 서적을 대량 공급하기 이전에 이미 먼저 종족 · 원민족(proto-nation) · 전근대 민족 또는 근대 민족이 형성되었다. 민족주의적 문필가들의 서적이 '민족'을 형성한 것이 아니라, 이미 형성된 민족의 민족의식을 더욱 강렬하게 강화해서 '민족주의'형성에 일정한 역할을 했다고 보아야 할 것이다"라고 지적하였다. 신용하(2006), 「'민족'의 사회학적 설명과 '상상의 공동체론'비판」, 『한국사회학』 제40집 참조.
19. 에릭 홉스봄(1994), 앞의 책, pp.25~26.
20. Hobsbawm, Eric J. and Terence Ranger eds.(1983), *The Invention of Tradition*, Cambridge University Press ; 에릭 홉스봄(2004), 『만들어진 전통』, 박지향 · 장문석 옮김, 휴머니스트.

이상에서 살펴본 겔너, 앤더슨, 홉스봄은 '민족nation'이 근대에 들어와 형성되었다고 보는 '근대주의자'라고 불린다.

이 '근대주의자'와 대립되는 '역사주의자'의 대표로서 앤서니 스미스Anthony D. Smith를 들 수 있다. 그는 우선 근대적 네이션의 역사적 토대로서 문화와 역사를 공유하는 에스니ethnie(혹은 에스닉 공동체)의 존재를 지적하고, 그 역사의 깊이를 강조한다. '에스니'란 근대적 네이션이 성립하기 이전에 존재하는, 근대적 네이션의 원형을 가리키는 것으로 이해된다. 스미스는 이처럼 네이션의 에스닉한 기원을 지적하고, 그것이 근대에서 부활하고 문화적 · 정치적 내셔널리즘의 형태로 되살아난다고 주장한다.[21]

앤서니 스미스의 역사주의론은 원초론적 민족론과 혼동될 우려가 있는데, 오히려 스미스는 '원초론적 민족론'에 대해 신랄히 비판한다. 그는 원초주의자들이 인간 존재를, 그것이 가족에 속하는 것과 같은 방식으로 '본래' 고정된 종족적 공동체에 속하는 것으로 본다고 비판한다. 그는 인간은 다양한 사회집단 속에 살고 있고, 종족적 결속은 절대적인 우위를 갖고 있는 것은 아니라고 지적한다. 그것은 다양한 결속 가운데 하나일 뿐이라는 것이다. 또 종족적 결속도 다른 사회적 결속과 마찬가지로 정치적 · 경제적 · 사회적 힘에 의해 예속되고 상황에 따라 변화한다고 본다. 즉 대부분의 종족은

---

21. Smith, Anthorny D.(1979), *Nationalism in Twentieth Century*, Martin Robertson ; Smith, Anthorny D.(1987), *The Ethnic Origins of Nations*, Blackwell Publishers. 에스니(ethnie)는 프랑스어로서, 고대 그리스어 'ethnoi'에서 비롯된 것이다. 동양권에서 이 용어는 '族群'으로 번역되고 있다. 하지만 이보다는 뒤에 보게 될 '족류'라는 동아시아의 전통적 용어로 번역하는 것이 더 적절하다고 여겨진다.

원초주의자들이 가정하는 문화적 동질성과 순수한 본질을 소유하지 않는다는 것이다.[22]

스미스는 민족이 근대 이후에 형성되었다는 '근대주의적 관점'에 대해서도 신랄히 비판한다. 그는 우선 이념과 운동으로서의 민족주의가 18세기 말 이후에 시작된 것이 아니라고 본다. 그는 종족적 결속을 넘어서는 민족적 감정의 성장은 몇몇 서유럽 국가에서 15~16세기까지 거슬러 올라간다고 본다. 그는 또 근대주의적 시각은 지방적 · 문화적 · 사회적 맥락을 과소평가하고 있다고 비판한다. 근대 민족의 형성 이후에도 흔히 '지방적인 변이'라고 생각하는 것은 여전히 중시되어야 한다는 것이다. 그는 흔히 세계화 과정에서 내셔널리즘은 약화되었다고 생각하지만, 프랑스, 캐나다(퀘벡), 카탈로니아, 미국 등 선진 국가에서 여전히 번성하고 있다고 본다. 예를 들어 프랑스는 혁명 전통, 선진 경제, 고도로 중앙집권화된 국가, 전문화된 관료제, 잘 교육되고 상대적으로 부유한 나라이지만, 이 나라에서도 여전히 민족주의와 민족적 정체성의 감각은 강력하게 지속되고 있다는 것이다. 물론 그 가운데에는 이민자들에 대한 반감 등 부정적인 요소도 있지만, 역사적 전통에 대한 강한 애착, 언어에 대한 사랑, 건축과 문학, 요리, 영화 등과 프랑스적인 문화에 대한 사랑, 즉 문화적 민족주의가 강력히 살아 있다는 것이다.[23] 그는 미국의 경우에도 애국주의가 미국에 대한 메시아적인 믿음, 공동의 운명에 대한 거의 종교적인 감각이라는 차원에서 볼 때, 미국 사회의

---

22. 앤서니 스미스(1996), 『국제화시대의 민족과 민족주의』, 강철구 옮김, 명경, p.60.
23. 앤서니 스미스(1996), 앞의 책, pp.73~79.

변화와는 아무 관계가 없을 정도라고 지적한다. 그리고 유럽공동체 내부에서도 종족적인 민족주의는 여전히 힘을 갖고 있다고 지적한다. 따라서 그는 종족적 집단주의의 감정과 열망의 사회적·종족적 기원을 보다 면밀히 살펴보아야 한다고 주장한다. 그는 근대화 과정뿐만 아니라 많은 근대 민족의 기초를 계속 형성하고, 오늘날에도 강력한 영향력을 발휘하는 이전의 전근대적 전통 및 유산을 잘 살펴보아야 한다고 주장한다. 그는 중세의 프랑스와 러시아는 근대 프랑스와 러시아의 기초이자 도가니만 된 것은 아니라고 지적한다. 그는 오늘날의 사회적 관계와 문화적 실천은 세대에서 세대로 전해져 온 전통, 신화, 기억, 상징과 가치에 뿌리내리고 있고, 그것들은 오늘날에도―때로는 숨겨져 있지만―정치적 전통, 법과 관습, 풍경과 성스러운 장소, 언어와 문학, 건축, 미술, 음악, 춤, 의상, 음식, 오락 등에서 강력한 힘을 발휘하고 있다고 본다.[24]

그러나 그렇다고 앤서니 스미스가 '민족은 영속적인 것'이라는 '영속주의자'들의 입장에 서 있는 것은 아니다. 그는 오히려 이에 매우 비판적이다. 영속주의자들의 주장은 본래 근대의 민족은 다분히 '기억될 수 없이 오래된 민족'이라는 옛 현상의 최근의 예로서, 그러한 민족들은 고대와 중세 시대에도 쉽게 발견될 수 있다고 주장하고, 근대 민족에게 그것이 나타난 시기와 그 행정적·군사적 엘리트들이 지배할 수 있는 기술·기구를 제외한다면 정말로 새로운 것은 아무것도 없다는 내용으로 요약된다. 스미스는 이에 대해 '기억할 수 없는 오래된 민족'이라는 생각은 받아들일 수 없다고 주

---

24. 앤서니 스미스(1996), 앞의 책, pp.75~76.

장한다. 그는 전근대와 근대적 문화공동체 사이에는 몇몇 중요한 차이들이 있다고 생각한다.

그 가운데 가장 중요한 것은 첫째, '대중적 민족'이다. 즉 고대나 중세에 보통 '민족'으로 간주된 이들은 단지 상층 계급에 불과했지만, 근대의 민족은 모든 개별 구성원이 시민이며, 공동체 안에서 이론적으로는 평등한 '대중적 민족'이라는 것이다. 둘째, 스미스는 과거의 역사적·문화적 공동체와는 달리, 근대 민족은 '법적·정치적 공동체'라고 주장한다. 즉 근대 민족은 민족들의 연합체이거나 또는 단일한 주권인 민족국가로서 자치권을 행사하고 자율성을 가진다는 점에서 '정치적 공동체'라는 것이다. 셋째, 스미스는 근대 민족들은 보편적으로 적용 가능한 이데올로기인 민족주의에 의해 정당화된다고 주장한다. 즉 각 민족의 존재는 민족주의에 의해 정당화되고, 개인은 그의 민족에게 가장 큰 충성심을 갖고 있으며, 민족은 모든 정치권력의 근원이며, 개인은 민족에 속해서만 자유로운 존재가 될 수 있다는 것이다. 넷째, 스미스는 근대 민족은 전 세계가 개별의 민족국가로 나뉜, 보다 넓은 국제 체제의 일부라고 본다. 그 안에서 각 나라는 민족주의 이념 속에 암묵적으로 존재하는 것을 포함하여 공통의 생각과 실천에 의해 서로 관계를 맺고 있다고 본다. 다섯째, 근대 민족은 지리, 영토와 결합된 인간 집단의 성격을 갖는다고 본다. 결론적으로 스미스는 현대 세계의 민족 개념은 영토적·법적·공공 문화적 요소들을 어떤 집단적·문화적 정체성을 성격 짓는 공통의 기억, 유산들과 결합되어 있다고 본다. 즉 민족은 "공통의 신화와 기억, 대중적 공공 문화, 특정한 지역, 경제적 단일성, 모든 구성원의 동등한 권리와 의무를 가진 인간 집단"으로

정의될 수 있다고 주장한다.[25]

이상에서 '민족' 형성에 대한 근대주의적 입장과 역사주의적 입장을 정리하였다. 근대주의와 역사주의는 반드시 대립되는 것은 아니다. 어떤 측면에서는 상호 보완적인 것이라고 볼 수도 있다. 스미스도 nation이 근대 이후에 형성되었다는 것을 부정하지 않으면서, 다만 근대 이전의 ethnie의 전통과 유산이 nation의 형성에 영향을 미쳤다는 점을 강조하고 있는 것이라 할 수 있기 때문이다.

한국 민족의 형성을 고려할 때, 근대주의설과 역사주의설 가운데 어느 쪽이 더 타당성이 있을까. 이는 어려운 질문이다. 한국의 경우, 고대국가 성립 이후 민족의 이동에 따른 혼종도 그리 많지 않았고, 오랜 세월 동안 영역 국가를 유지해 오는 등 유럽과는 다른 역사적 과정을 밟아 왔기 때문이다. 이와 관련하여 신용하愼鏞廈는 한국의 경우, 근대 민족 이전에 선민족과 전근대 민족이 있었다고 주장하였다. 그는 고조선·부여·예·맥·옥저·마한·진한·변한 등이 '전기 선민족'을 형성하였고, 이들이 고구려·백제·신라·가야 시대에 '후기 선민족'으로 통합되었다고 보았다. 그리고 이들은 다시 신라의 주도에 의해 통일되어 통일신라 시대에 '전근대 민족'을 형성하였으며, 19세기 후반에 이르러 '근대 민족'으로 탈바꿈하게 되었다고 보았다. 그는 이러한 유형은 고대나 중세에 중앙집권적 통일국가를 장기간 이루었던 주로 아시아의 제 민족들과 아랍의 민족들에 해당한다고 보았다.[26] 노태돈盧泰敦도 근대 이전에 전근대 민족

25. 앤서니 스미스(1996), 앞의 책, pp.95~96.
26. 신용하(1985), 「민족형성의 이론」, 『민족이론』, 문학과지성사, pp.50~53. 신용하는 민족 형성 과정을 5개의 유형으로 나누었다. 제1유형은 부족→선민족→전근대 민족→근대 민족의

이 있었다면서, 삼국 통일 과정을 거치면서 동족 의식을 지닌 민족이 형성되었고, 고려 초 발해인의 합류로 한국 민족의 틀이 확정되었다고 보았다.[27] 한편 몇몇 논자들은 전근대의 경우 '민족'이라는 표현보다는 민족체nationality 혹은 준민족으로 표현하는 것이 타당하다고 생각한다.[28] 이상은 역사주의설에 가깝다고 할 수 있다. 그런가 하면 몇몇 논자들은 "신분제에 기초한 왕조 국가의 공동체는 지배 신분의 공동체일 뿐"이라면서, 전근대의 한국사에서 민족공동체는 입증할 수 없는 것이라고 주장하기도 한다. 즉 한국의 경우에도 '민족'이란 근대 이후에나 형성될 수 있었던 것이라고 보는 근대주의의 입장도 만만치 않다.[29] 그러나 신분제가 존재하는 상황에서도 귀속된 집단에 대한 공속 의식을 가질 수는 있기 때문에 신분제 사회에서는 민족공동체가 존재할 수 없다는 주장은 적절치 않은 것으로 보인다. 즉 신분제가 있었던 전근대 사회에서도 공동체는 존재할 수 있다고 보아야 한다. 다만 한국에서 그것은 '민족'이라는 표현 대신 뒤에 보는 '족류'와 같은 것으로 표현되었으며, 이는 요즘 표현으로 하면 에스니ethnie 정도가 되지 않을까 여겨진다.

과정을 거친 것으로, 주로 아시아 민족이 이에 해당한다. 제2유형은 부족→선민족→근대 민족의 과정을 거친 것으로, 주로 유럽의 민족이 이에 해당한다. 제3유형은 부족→이주민→근대 민족의 과정을 거친 것으로, 주로 중미와 남미의 민족이 이에 해당한다. 제4유형은 이주민→근대 민족으로 미국, 캐나다, 오스트레일리아, 뉴질랜드, 남아프리카연방의 백인이 이에 해당한다. 제5유형은 부족→선민족→신민족의 과정을 거친 것으로, 주로 에티오피아 이외의 아프리카와 남태평양의 섬들에 사는 신생 독립국가의 주민이 이에 해당한다. 신용하(1985), 앞의 논문, pp.56~58 참조.

27. 노태돈(1992), 「한국민족의 형성 시기에 대한 검토」, 『역사비평』 제21호.
28. 채웅석(2002), 「고려시대 민족체 인식이 있었다」, 『역사비평』 제58호 ; 오수창(2002), 「조선시대 국가, 민족체의 허와 실」, 『역사비평』 제58호.
29. 임지현(2007), 「진보적 민족주의 유효한가」, 『한겨레신문』 2007. 11. 23.

2. 동아시아의 '민족' 개념 수용사

전통 시대 중국의 '민족', '족류' 개념

중국에서 '민족'이란 용어는 근대 이후에 주로 쓰인 것으로 보인다. 즉 서양의 nation을 번역하면서 '민족'이란 용어가 쓰인 것이다. 물론 중국의 문헌 속에서 '민족'이란 단어가 전혀 없는 것은 아니다. 그러나 그것은 일정한 그룹을 이루는 사람들의 공동체(즉 民의 族)를 가리키는 말이었다. 가장 많이 거론되는 자료로는 6세기 『남제서南齊書』열전 35의 「고일전高逸傳, 고환전顧歡傳」 가운데 "오늘날 화하華夏의 사대부와 여자, 백성의 무리들이 민머리를 하거나 한쪽 무릎을 세우고 앉는 등 오랑캐의 풍습을 남용하고 있다(今諸華士女 民族不革 而露首偏踞 濫用夷禮)"라는 대목이다. 여기서 '민족'은 백성의 무리라는 의미로 사용되었다. 중국의 『사고전서四庫全書』 데이터베이스에서 '민족'이란 단어를 검색해 보아도 그것이 하나의 단어로 사용된 예는 거의 찾을 수 없다. 『염원문집』에 "천하의 민족은 따로 분류가 없다(天下之民族 亦無別生分類)"라는 대목이 있지만, 역시 그냥 '민의 무리'라는 정도로 사용하고 있을 뿐이다.

대신 중국에서 오늘날 '민족'과 비슷한 의미로 사용한 단어는 '족류族類'였다.[30] 족류라는 단어는 『주역경전집해周易經傳集解』 권7에서 처음 보이는데,[31] 여기서 '족류'라는 단어는 대체로 동족同族(집안의 의미), 무리 등의 의미로 사용된 것으로 보인다. 그런데 『주관총의周官總義』(권2)와[32] 『후한서後漢書』(권104 해)에서도 '아족류我族類'라는 단어가 나오는데,[33] 여기에서 나오는 '아족류'는 만이융적蠻夷戎狄과 구별되는 존재라는 의미를 지니고 있었다. 한편 『춘추春秋』에서는 "삼가 중화와 이적을 분변分辨한 것은 같은 족류가 아니면 그 마음이 반드시 달라서 화하를 어지럽히는 계제가 싹트기 때문입니다(謹華夷之辨者 以其非我族類 其心必異 萌猾夏之階也)"라고 하였다. 『춘추』에서는 화이의 구분을 위해 족류라는 단어를 사용하고 있음을 볼 수 있다.[34] 따라서 중국 고대에 쓰이던 '족류'라는 용어는 오늘날의 용어로 표현하면 ethnie 정도로 볼 수 있는 개념으로 쓰이고 있었다고 보인다. 그 밖에도

---

30. 중국과 한국의 '족류' 사용에 대해서는 박찬승(2008), 「한국에서의 '민족' 개념의 형성」, 『개념과 소통』 창간호 참조.
31. "異體爲配, 同體爲宗, 異類爲配, 同類爲宗, 宗也者, 其族類也."
32. "或爲戎狄之民 非我族類 何以置於宿衛之列."
33. "蠻夷戎狄 將有誚讓之言 況我族類 而不痛心邪."
34. '족류'라는 단어는 『춘추』 외에 『상서』에도 등장하고, 『한서』, 『통전』, 『진서』, 『자치통감』, 『문헌통고』 등 역대 사서에도 등장하며, 『자치통감』, 『독통감론』, 『해국도지』 등 개인 문집에도 자주 등장한다. 이춘복(2009), 「청말 중국 근대 '민족' 개념 담론 연구—문화적 '민족' 개념과 정치적 '국민' 개념을 중심으로—」, 『중앙사론』 제29집, p.140 참조.

'족族'이라는 단어도 그와 같은 용례로 다수 쓰인 것은 말할 것도 없다. 본래 '족'이라는 단어가 일가·집안이라는 의미, 그리고 '무리'라는 의미를 갖고 있었기 때문이다.

일본의 '민족' 용어 만들기

동아시아에서 '국민' 혹은 '민족'이라는 단어를 처음 쓴 것은 일본이었다. 후쿠자와 유키치福澤諭吉는 1860년대에 쓴 『서양사정』 초편1866과 외편1867에서 '국민'이라는 단어를 처음 사용하였다. 전자는 그의 두 차례에 걸친 구미 방문 경험과 서양 서적을 참고로 하여 서양의 제도와 각국 상황을 정리한 것이며, 후자는 영국 체임버스Chambers 형제의 『정치경제학교본Political Economy, for Use in Schools, and for Private Instruction』1852의 전반부를 번역한 것이다. 이 책의 초편과 외편에서 처음 '국민'이라는 단어가 등장한다. 그가 '국민'이라고 번역한 단어는 영어의 people이었다. 그는 people을 국민 외에도 인민, 국인國人 등으로 번역하였다. 또 그는 nation이란 단어도 국민이라 번역하였다. 후쿠자와가 '국민'의 개념을 명확히 한 것은 『학문의 권장』1872~1876과 『문명론지개략』1875에서였다. 여기서 후쿠자와는 사회계약설에 근거해 정부와 국민의 관계를 설명하였다. 후쿠자와는 정부는 국민의 대표로서 국민의 뜻에 따라 일을 하고, 국민을 보호할 의무가 있으며, 국민은 국법을 존중하고 정부의 보호를 받는 동시에 정부를 구성할 임무가 있다고 말하였다.[35]

35. 박양신(2008), 「근대 일본에서의 '국민' '민족' 개념의 형성과 전개 : nation개념의 수용사」,

후쿠자와와는 반대의 입장에 서 있던 가토 히로유키加藤弘之도 독일 학자 블룬칠리J. C. Bluntschli의 『일반국법론』을 『국법범론國法汎論』으로 번역하면서 독일의 Nation나치온 개념을 수용하게 된다. 그는 Nation을 '민종民種'이라 번역하였으며, Volk는 '국민'이라 번역하였다. 일반적으로 독일어의 Nation은 국민을 의미하고, Volk는 민족을 의미하는데, 가토는 이를 바꾸어 번역하였던 것이다. 이는 블룬칠리 자신이 Nation과 Volk를 바꾸어 개념을 규정하고 있었기 때문이다.[36]

한편 히라타 도스케平田東助는 1882년 블룬칠리의 *Deutsche Staatslehre für Gebilder*라는 책의 일부를 『국가론』이라는 이름으로 번역하였다. 여기서 그는 Nation을 '족민族民'이라는 단어로 번역하고, Volk는 '국민'이라는 단어로 번역하였다. 그는 여기서 "독일어에서 족민이란 종족을 같이하는 일정한 민중을 말하고, 국민이란 같은 국토 안에 거주하는 일정한 민중을 말한다"고 쓰고 있다. 1887년 『독일학협회잡지』에는 「족민적 건국과 족민주의」번역자 미상라는 글과 「민족론」번역자 미상이 나란히 실려 있다. 여기서 '족민'과 '민족'은 모두 Nation의 번역이었다. 일본에서 '민족'이란 단어를 처음 쓴 것으로 보이는 이 글도 사실은 '민족'과 '족민'이라는 말을 혼용해 쓰고 있었다. 하지만 이후 '민족'이란 단어가 점점 더 세를 얻기 시작하였고, '야마토 민족', '게르만 민족', '로마 민족' 등으로 '민족'이란 단어는 독일어의 Nation 혹은 영어의 nation의 번역어로서 자리 잡

『동양사학연구』 제104집, pp.238~240.
36. 박양신(2008), 앞의 논문, pp.242~244.

게 되었다.[37]

1891년에 나온 『칙어연의勅語衍義』에서 이노우에 데쓰지로井上哲次郎
는 '일본 민족'이라는 단어를 사용하였다. 그는 "일본 민족은 동일
한 고전설에 의하여, 그 계통을 잇고, 건국 이래 동일한 국토에서
거주하고, 동일한 언어, 습관, 풍속, 역사 등을 가지고, 일찍이 다른
민족에 의해 정복당한 적이 없이 일대 혈족을 이루어 왔다"고 쓰고
있다. 또 헌법학자 호즈미 야쓰카穗積八束는 1897년에 『국민교육 애
국심』이라는 책을 썼는데, 여기서 "우리 제국은 인종을 같이하고,
변천을 같이한 대민족大民族이 순백한 혈통 단체를 이룬 것이다"라
고 쓰고 있다. 이후 일본의 '민족' 개념은 '단일민족 신화'를 만들어
나가는 데 이용되었다.[38]

일본에서 '민족' 혹은 '일본 민족'이라는 단어가 더 일반화되는
데 크게 기여한 것은 1888년에 간행된 잡지 『일본인』과 다음 해 발
간된 신문 『일본』이었다. 이들 신문과 잡지는 이른바 세이쿄사政敎社
그룹에 의해 발간되었는데, 세이쿄사는 1888년 일본의 국수를 보존
한다는 취지하에 시가 시게타카志賀重昻와 미야케 세쓰레이三宅雪嶺의
주도하에 설립된 것이다. 이들은 잡지 『일본인』을 간행하면서 그 취
지문 가운데 "일본의 해도海島를 둘러싼 천문, 지문, 풍토, 기상……
동물, 식물, 경치 등 환경의 감화와 화학적 반응과 천년만년의 습
관, 보고 듣는 것, 경험 등이 이 속에서 생식하고 이곳에서 오가며
이러한 것들을 보고 듣는 야마토 민족大和民族으로 하여금 어느 순간

---

37. 박양신(2008), 앞의 논문, pp.248~251.
38. 小熊英二(1995), 『單一民族神話の起源』, 新曜社.

에 일종의 특수한 국수國粹·nationality를 창성 발달시키는 것"이라면서, 이러한 국수를 보존하는 데에 잡지 발간의 취지가 있다고 말하였다.[39] 하지만 일본에서는 '민족'보다는 '국민'이라는 말이 더 많이 쓰였다. 그것은 일본이 명실상부한 근대국가로 이행하는 과정에서 국민의 권리(민권)가 국가적으로 더 중요한 이슈였고, 홋카이도와 오키나와를 병합하여 이미 일본이 다민족국가의 모습을 갖추고 있었기 때문에 '야마토 민족'을 강조하는 것은 바람직하지 않았기 때문이기도 하다.

근대 중국의 '민족' 개념 수용

근대 중국에서 '민족'이라는 단어를 본격적으로 사용한 이는 량치차오梁啓超였다. 그는 1899년에 쓴 「동적월단東籍月旦」이라는 글에서 처음으로 '민족'이라는 단어를 사용하였다. 이는 일본에서 만들어 낸 '민족'이란 용어를 처음으로 중국에 수입한 것이었다.[40] 그리고 그는 1899년 블룬칠리의 『국가론』을 번역하였는데, 여기서 Volk를 '국민'으로, Nation을 '족민族民'으로 번역하였다. 블룬칠리는 『국가론』에서 독일어에서 나치온Nation은 문화적인 개념을 내포한, 영어의 people과 같은 의미이며, 정치적 개념으로 영어의 nation에 해당하는 단어는 폴크Volk에 해당한다고 보았다. 이 책을 번역한 이후

---

39. 표세만 외(2005), 「일본의 '네이션' 개념의 수용과 변용」, 『동아시아 근대 '네이션' 개념의 수용과 변용』, 고구려연구재단, pp.141~142.
40. 백영서(1985), 「중국의 국민국가와 민족문제 : 형성과 변용」, 『근대 국민국가와 민족문제』, 지식산업사, p.86.

량치차오는 다른 글에서 '족민'보다는 '민족'이라는 용어를 더 자주 사용하였다.[41]

그리고 량치차오는 1903년에 쓴 「정치학대가백륜지리지학설政治學大家伯倫知理之學說」이란 글에서 블룬칠리의 '국민'과 '민족'에 대한 학설을 다음과 같이 소개하고 있다.

블룬칠리는 학자들이 왕왕 국민과 민족을 혼동해서 쓰고 있는데, 이는 잘못된 것이라고 지적하였다. 그는 민족의 계설에 대해 말하기를 "민족이라는 것은 민속民俗, 연혁沿革, 소생所生의 결과이다. 민족이라는 것은 다음의 가장 중요한 8가지 특질을 지닌다. ① 처음부터 한곳에 동거하며(동거하지 않으면 같은 풍속을 만들기 어렵다. 혹 같은 민족이라도 각지에 분거하며, 혹 이족이라도 한곳에 잡거하기도 한다), ② 처음부터 동일한 혈통이며(오래된 경우 타족을 흡수하여 들이기도 하며, 또 서로 동화되기도 하여 혈통이 같지 않더라도 동일한 민족이 되는 경우도 있다), ③ 그 지체나 형상이 같으며, ④ 그 언어가 같으며, ⑤ 그 문자가 같으며, ⑥ 그 종교가 같으며, ⑦ 그 풍속이 같으며, ⑧ 그 생계가 같다. 이 8가지가 갖추어지면 부지불식간에 타족과 서로 간격을 가지면서 하나의 특별한 단체를 조성하게 되며, 하나의 고유한 성질을 갖게 되며, 이를 자손들에게 전하게 된다. 이것을 가리켜 민족이라 한다."

이어서 량치차오는 블룬칠리의 '국민' 개념에 대해 설명하고 있다. 그에 의하면, 국민에 대해서는 두 가지 학설이 있는데, 하나는 국민을 인격으로 보는 것이며, 다른 하나는 하나의 법률체법단(法團)

---

41. 이춘복(2009), 앞의 논문, pp.144~145.

로 보는 시각이다. 그러나 국가가 하나의 완전히 통일된, 영생하는 공동체가 되기 위해서는 반드시 국민 활동의 정신에 의지하여 이를 채워야 하며, 따라서 국민은 곧 국가이며, 국가가 없으면 국민도 없다면서, 실제로 국가와 국민은 같은 것이라고 말하고 있다. 따라서 량치차오는 "민족이란 동일한 언어, 풍속을 가지고, 동일한 정신과 성질을 가지며, 그 공동심公同心이 점차 발달하여 건국의 계제를 이루는 것이다. 다만 아직 연합하여 일국을 만들어 내지 못했을 때에는 끝내 인격이 법단이 되지 못하기 때문에 이를 가리켜 민족이라 하지 국민이라 하지는 못한다"고 정리하고 있다. 즉 민족은 국가를 세워야만 국민이 될 수 있는 것이며, 그렇지 못하면 국민이 되지는 못한다는 것이다.[42]

량치차오는 1902년에 쓴 「논민족경쟁지대세論民族競爭之大勢」에서는 서구의 민족주의와 제국주의의 발흥 과정에 대해 자세히 설명하고 있다. 그는 서양에서 민족주의가 힘을 발휘한 것은 4백 년 전부터라고 말하면서, 민족주의가 이와 같이 힘을 얻게 된 원인에 대해 설명하고 있다. 그는 옛 봉건 시대에는 분토분민分土分民하여 혹 같은 민족이라도 서로 다른 나라에 살고, 혹 같은 나라라도 다른 민족들이 살았지만, 봉건의 폐가 드러나면서 민民들이 자립을 구하여 무리를 이루고, 이에 종족의 경계가 만들어지기 시작하여, 동족끼리는 서로 융화하여 모이고, 이족異族끼리는 서로 반발하게 되었다고 한다. 따라서 타족의 겸제와 억압을 받고 있던 자들은 분골쇄신해서라도 회복을 도모하는 경우들이 나타났으니, 독일이나 이탈리아는

---

42. 梁啓超(1905), 「政治學大家伯倫知理之學說」, 『飮氷室文集 下』, 廣智書局本, p.141.

모두 같은 민족을 모아 새로운 나라를 세웠으며, 헝가리는 이민족인 오스트리아와 분리하게 된 것이 그 현저한 예라고 설명하였다.[43]

이와 같이 19세기 말 중국에 도입된 '민족'이라는 단어는 이후 한족 중심의 청조 타도 문제, 신해혁명 이후의 오족공화五族共和 문제, 소수민족의 한족으로의 동화 문제 등이 계속 이슈화되면서 자주 사용되는 단어가 되었다.[44]

43. 梁啓超(1905),「時局」,『飮氷室文集 上』, p.1.
44. 박상수 외(2005),「중국 근대 '네이션' 개념의 수용과 변용」,『동아시아 근대 '네이션' 개념의 수용과 변용』, 고구려연구재단.

3. 한국의 '민족' 개념의 형성과 수용

그러면 한국에서는 언제부터 '민족'이라는 단어가 사용되기 시작했을까. 이에 대해 살피기에 앞서 '민족'이라는 단어가 사용되기 전에는 그와 유사한 단어는 없었을까. 필자가 확인한 바로는 '족류'와 '동포'라는 단어가 '민족'이라는 단어가 사용되기에 앞서 비슷한 의미로 사용되었다.

조선 시대 '족류', '동포'의 개념과 범주

조선 종족이 중국 종족과 다른 정체성을 가진 종족이라는 의식은 조선 초기부터 분명히 있었다. 성종成宗 때 양성지梁誠之는 다음과 같이 조선은 중국과 말과 습속이 다른 나라라는 점을 분명히 하였다.

생각하건대 우리나라는 요수遼水의 동쪽 장백산長白山의 남쪽에 있어 3면이 바다와 접하고 한쪽만이 육지에 연달아 있으며 지역의 넓이가 만 리萬里나 됩니다. 단군檀君이 요堯와 함께 즉위한 때부터 기자조선箕子朝鮮·신라新羅가 모두 1천 년을 누렸고 전조前朝의 왕씨王氏 또한 5백 년을 누렸습니다. 서민庶民은 남녀가 농사에 부지런하고 사대부士大夫는 문무文武가 내외의 일에 이바지하여 집집마다 봉군封君의 즐거움이 있고 대대로 사대事大의 체제가 있으며, 따로 하나의 나라를 이루어 소중화小中華라고 부르면서 3천9백 년이나 되었습니다. ……원元나라의 세조世祖는 우리로 하여금 구속舊俗을 그대로 따르게 하였고, 명明나라의 고황제高皇帝는 우리 스스로의 성교聲敎를 허가하였습니다. 우리로 하여금 스스로의 성교聲敎를 가지게 한 것은 언어가 중국과 통하지 않을 뿐만 아니라 습속도 역시 다르기 때문입니다.[45]

이와 같은 자기 정체성 확인은 '동국'이라는 '별개의 국가'를 오랜 역사 속에서 유지해 왔다는 의식 외에도 종족적으로 중국이나 왜인과는 다르다는 의식과도 관련이 있었다. 이를 말해 주는 단어가 '족류' 또는 '동포'였다.

1) 족류

'족류'는 글자 그대로 풀이하면 '족族'이 같은 무리, 즉 동족을 의미한다. 하지만 고려 때에는 주로 같은 친족, 혹은 같은 무리를 의미하는, 좁은 의미의 '동족'이라는 뜻으로 사용되었다. 『고려사』를

---

45. 『성종실록』 성종 12년 10월 17일.

보면 세 차례에 걸쳐 '족류'라는 단어가 나오는데, 모두 같은 친족의 사람이라는 뜻으로 사용되었다.[46] 그러나 조선 시대에 들어서는 '조선 사람'이라는, 보다 넓은 의미의 '동족'의 의미로 사용되기 시작했다.

정종定宗 때 박석명朴錫明이라는 관리는 "『춘추』에서 삼가 중화와 이적을 분변分辨한 것은 같은 족류가 아니면 그 마음이 반드시 달라서 화하를 어지럽히는 계제가 싹트기 때문입니다(謹華夷之辨者 以其非我族類 其心必異 萌猾夏之階也)"라고 하였다.[47] 여기서 "우리 족류가 아니어서 그 마음이 반드시 다르다(其非我族類 其心必異)"라는 대목은 그 이후 인조仁祖 때까지 자주 사용되었다. 예를 들어 세종世宗은 "야인野人들이 귀순해 오니 예의상 후하게 대해야 마땅하나 우리 족류가 아니므로 그 마음이 반드시 다를 것이니 어찌 그 귀부歸附의 마음을 그대로 믿고 출입하는 것을 엄중히 하지 않을 수 있겠는가"라고 하였다.[48] 세종 때 예조에서도 "귀화한 야인들이…… 간혹 술로 인하여 서로 다투어서 사람을 상해하는 일까지 있어 아무리 금지하여도 우리 족류가 아니기 때문에 그 마음이 반드시 달라 국법을 두려워하지 않고 밤마다 모여서 마시고 방종하기를 꺼리지 않으니 장래가 걱정 되옵니다"라고 하였다.[49] 성종 때 조정에서는 귀화한 여진인 김단다무金丹多茂 등을 내지에 옮겨 살게 하는 것이 적당한가를 놓고 논의하였다.

---

46. 『高麗史』卷二十五 世家 卷第二十五 元宗 元年 2月 25일 ; 卷二十七 世家 卷第二十七 1271년 5월 말 ; 卷七十八 志 卷第三十二 食貨 一 田制.
47. 『정종실록』 정종 1년 7월 10일.
48. 『세종실록』 세종 16년 1월 12일.
49. 『세종실록』 세종 27년 3월 6일.

이때 이극배李克培는 "오랑캐는 우리 족류가 아니므로 그 마음이 반드시 다를 것입니다. 더욱 삼가고 엄하게 해야 마땅할 것인데 어찌 내지로 불러들여서 우리 백성(吾民)과 함께 살게 하겠습니까"라고 반대하였다.[50] 세종 때 도승지 안숭선安崇善도 "(여진인들이─인용자) 우리 족류가 아니라서 그 마음이 반드시 다른 점이 있을 것이니 어찌 그 귀순하는 마음만을 믿고 출입의 단속을 엄히 하지 않겠는가"라고 말하였다.[51] 여기서 "우리 족류가 아니므로 그 마음이 반드시 다를 것(非我族類 其心必異)"이라는 말은 조선 시대 전기 야인들을 구별할 때 상투적으로 쓰이는 말이었다.

우리 족류가 아닌 것은 야인, 즉 여진인만이 아니었다. 왜인들도 역시 우리 족류가 아니었다. 세종 때 박은朴訔과 허조許稠는 국왕에 올린 계문에서 "왜인倭人들은 우리 족류가 아니므로 서울이나 경상, 전라도에 많이 두는 것은 마땅하지 않으니 청컨대 나누어서 깊고 궁벽진 곳에 두소서"라고 하였다.[52] 세조 때 사헌부 장령 권충權衷 등은 상소에서 삼포三浦의 왜노倭奴는 "우리 족류가 아니니" 그들이 사는 곳까지 순수할 필요는 없다고 말하였다.[53] 또 중종中宗 때 기록을 보면, 유구琉球 사람들에 대해서도 역시 "우리 족류가 아니다"고 구분하고 있었다.[54]

이처럼 조선 초기부터 '족류'는 야인·왜인 등과 조선 사람을 구

---

50. 『성종실록』 성종 18년 11월 21일.
51. 『세종실록』 세종 16년 1월 12일.
52. 『세종실록』 세종 1년 7월 6일.
53. 『세조실록』 세조 3년 7월 13일.
54. 『중종실록』 중종 39년 3월 29일.

분할 때 사용되는 용어였다. 이와 같은 '족류'라는 단어의 용례는
『조선왕조실록』에서는 인조 때까지 발견된다. 그러나 외족外族과의
갈등이 크게 해소되었기 때문인지 이후에는 이와 같은 용례는 더
이상 발견되지 않는다. 대신 같은 친족, 혹은 같은 무리라는 의미의
'족류'라는 단어가 간혹 눈에 띌 뿐이다.[55]

　이상에서 본 것처럼 조선 시대 전기에서 중기 사이에 '족류'라는
말은 요즘 말하는 '에스니'와 유사한 의미로 사용되었다고 볼 수 있
을 것이다. 또한 주목할 것은 조선인과 여진인, 왜인 등 외족을 구분
할 때 주로 '족류가 다르다'고 말하고 있다는 점이다. 즉 외족과의
경계 짓기를 위해 족류라는 단어가 사용되었음을 알 수 있다. 다시
말하면 '족류'는 타 종족과의 경계 짓기를 통하여 자기 종족의 정체
성을 확인하기 시작하는 모습을 보여 주는 단어라고 할 것이다.[56]

2) 동포

　'동포'라는 단어는 『조선왕조실록』 곳곳에서 보이는데, 여러 의
미로 사용되었다.[57] 그것은 첫 번째 한 부모에게서 태어난 동기, 즉

---

55. 『영조실록』 영조 49년 5월 2일 ; 『정조실록』 정조 20년 3월 27일.
56. 에드먼드 리치는 『고지 미얀마의 정치체제』에서 카틴족을 민족 집단일 수 있게 한 것은 그들
　　이 공유하는 문화적 특징보다는 오히려 인근 집단과의 관계에서였다고 분석하였다. 또 사회
　　인류학자 프레드릭 바르트도 역시 민족은 자기 집단이 아닌 타 집단과의 경계 짓기에 의해
　　형성되었다고 주장하였다. 이러한 주장은 이른바 민족 형성 과정에 관한 이론에서 이른바
　　'경계주의'라고 불린다. 요시노 고사쿠(2001), 『현대 일본의 문화 내셔널리즘』, 김태영 옮김,
　　일본어뱅크, pp.33~34 참조.
57. 『조선왕조실록』에 실린 '동포'의 용례에 대해서는 권용기(1999), 「'독립신문'에 나타난 '동포'
　　의 검토」, 『한국사상사학』 제12집 참조. 그러나 권용기는 『조선왕조실록』의 '동포'라는 용어
　　가 주로 국왕이나 지배층이 백성들을 대상으로 온정주의적으로 대해야 한다는 것을 강조할

형제나 자매, 두 번째 국왕의 은혜를 다 같이 입고 있는 백성이라는 의미로 사용되었다.[58] 첫 번째 사례, 즉 동기의 의미로서의 동포의 용례를 들어 보자. 세종 때 공주가 세상을 떠났을 때, 세자는 제문에서 "동포의 정이 간절하여 마음을 달래며 눈물만 흘리노라"라고 말하였다.[59] 또 숙종肅宗 때 사간원이 민진원閔鎭遠을 유배 보낼 것을 청하자 김흥경金興慶이 이를 반대하는 상소를 올렸는데, 여기서 그는 "인현황후의 동포는 단지 민진원 한 사람이 있을 뿐"이라면서 관대하게 용서해 줄 것을 청하였다.[60] 이러한 경우, 동포는 명백히 형제나 자매로서의 '동기同氣'라는 의미로 사용된 것이었다.

그러나 첫 번째의 용례는 많지 않았다. 동포라는 용어는 주로 두 번째 의미로 사용되었다. '백성'이라는 의미로서 '동포'라는 용어는 본래 장재張載의 「서명西銘」에 나오는 '백성은 나의 동포요, 만물은 나와 함께 한다(民吾同胞 物吾與也)'라는 말에서 발췌하여 쓴 것이었다. 이 말은 조선 시대 경연의 교재로 사용되던 주자朱子의 『근사록近思錄』에 삽입되어 조선의 국왕이나 관료들이 이 말을 인용하면서 국왕은 백성들을 동포처럼 생각하고 어진 정치를 펴야 한다고 말하였던 것이다.

먼저 조선 시대 전기에 사용된 '동포'의 용례를 들어 보면 다음과 같다.

때 주로 사용되었다는 것을 강조하였다. 즉 왕도 정치의 대상으로서의 '동포'로서 쓰였다는 것이었다. 따라서 '동족'이라는 의미로서의 '동포'에 대해서는 관심을 기울이지 않았다.
58. 한글학회 편(1992), 『우리말큰사전』, 어문각 참조. '동포'는 1) 한 부모에게서 태어난 형제자매, 2) 한 나라 또는 한겨레에 딸려 있는 사람의 두 가지 의미를 갖는 것으로 나와 있다.
59. 『세종실록』 세종 6년 3월 4일.
60. 『경종실록』 경종 2년 3월 25일.

원하건대 전하께서는 만물을 살리는 마음을 본받으시고 동포同胞의 의리로써 생각하시어 어진 마음으로 백성들을 어여삐 여겨 공경하는 마음으로 형벌을 삼가소서.　　　　　　　　—이언적李彦迪의 상소문[61]

「동명東銘」과 「서명西銘」은 긴요한 글이다. '백성은 나의 동포요, 만물은 나와 함께한다'라고 한 말은, 곧 백성이 굶주리는 것이 내가 굶주리는 것과 같고 백성이 떠는 것이 내가 떠는 것과 같다는 것이니, 이 말이 매우 깊고 간절하다.　　　　　　　　　　　　—명종明宗의 말[62]

만약에 녹둔도의 포로를 쇄환하는 자들만 상경上京시키도록 정한다면 뜻밖의 간교한 속임수는 없을 듯하다. 그러나 다른 포로들도 똑같은 동포인데 이들만 버려두고 외면하는 것은 왕정王政의 체모에 크게 어긋나는 것이지만 반복해 생각해 보아도 옳은 방법을 찾을 수가 없다.
　　　　　　　　　　　　　　　　　—선조宣祖의 비망기[63]

위의 글에서 '동포'는 "백성은 국왕의 동포"라는 의미로 주로 사용되었음을 볼 수 있다. 즉 국왕은 백성들을 동포=형제라는 심정으로 보살피고 어진 정치를 베풀어야 한다는 것이었다. 동포는 주로 국왕의 애휼愛恤의 대상으로서 의미를 가지고 있었다.

조선 초기에 비해 조선 후기에는 '동포'라는 말이 더욱 자주 쓰였다. 조선 후기에도 동포는 기본적으로 치자治者의 애휼의 대상으로

61. 『중종실록』 중종 34년 10월 20일.
62. 『명종실록』 명종 10년 9월 27일.
63. 『선조실록』 선조 20년 11월 21일.

서 의미를 가지고 있었다. 선조는 강원도의 수재로 사망한 이들에 대해 "모두 나의 동포 백성이니 죽은 경우에도 똑같이 예를 행해야 한다. 누구는 제사를 지내 주고 누구는 지내 주지 않는 것은 온당하지 못하다"고 말하였다.[64]

숙종은 '백성은 나의 적자赤子로서 동포'라는 말을 자주 하였다. 예를 들어 "만민萬民은 동포의 적자인데도, 내가 능히 내 몸이 다친 듯하고 적자를 보호하는 듯하는 은택恩澤으로써 아래에 미루어 미치지 못하므로, 수심愁心과 원한寃恨이 길에 가득하여 거꾸로 매달린 듯한 형세가 바야흐로 급박하다"고 말하였다.[65]

'동포'라는 용어를 즐겨 쓴 군왕은 영조英祖였다. 영조는 지방의 방백, 수령들에게 백성들을 '동포'로 생각하고 잘 보살피라는 명을 자주 내렸다. 예를 들어 영조는 "나의 백성이 굶주림 가운데 해진 옷으로 이런 엄동설한을 만나니 더욱 어찌 살 수 있겠는가? 한밤중에 일어나 생각하고 난간에 나와 하유下諭하노니, 아! 도신道臣·수령守令은 나의 이러한 뜻을 체득하여 동포를 보호하듯 하되 마음을 써서 구제하고 내가 한밤중에 당부하는 효유를 버리지 말도록 하라"고 당부하였다.[66] 그는 "아! 그대들 360고을의 수령은 모두 이 뜻을 본받아 백성을 동포같이 사랑한다면 우리나라는 잘 다스려질 것이다"라고 말하였다.[67] 영조는 또 "도연명은 수령이 되었을 때, 능히 동포의 마음을 가지고 통치하였다. 아! 우리 백성들은 바로 옛날에

64. 『선조실록』 선조 38년 8월 21일.
65. 『숙종실록』 숙종 14년 11월 22일.
66. 『영조실록』 영조 23년 12월 26일.
67. 『영조실록』 영조 33년 5월 17일.

애휼하던 적자들이다"라고 하여, 애휼지민으로서의 동포를 강조하였다.[68] 위에서 영조가 말하는 '동포'는 치자의 애휼의 대상, 구제의 대상으로서 의미를 갖고 있었다.

그러나 조선 후기 '동포'의 의미는 점차 확장되고 있었다. 그 사례를 들어 보자. 영조 26년 유생들을 모아 놓고 아래와 같이 호포법戶布法 실시를 설득하였다.

너희들은 유생에게 호전을 부과하는 것을 불가하게 여길 것이나 위로 삼공三公에서부터 아래로 사서인士庶人에 이르기까지 역役은 고르게 해야 하는 것이다. 또 백성은 나의 동포이니 백성과 함께해야 한다. 너희들 처지에서 백성을 볼 때에는 너와 나의 구별이 있을지 모르나, 내가 볼 때에는 모두가 나의 적자인 것이다. 피차간에 어찌 애증愛憎이 다를 수 있겠는가? 내가 만일 잠저潛邸에 있을 때라면 나도 의당 호전戶錢을 내야 하는 것이다. 한 집에서 노비나 주인이 똑같이 호전戶錢을 내는 것은 명분을 문란시키는 일이라고 말하지만, 호戶가 있으면 역이 있는 것이 상례이다. 또 양민은 오래도록 고역苦役에 시달려 왔으니, 기어코 부역을 고르게 하고자 한다.[69]

영조는 위로 삼공으로부터 아래로 사서인에 이르기까지 역을 고르게 해야 한다면서, 양반이나 평민이나 모두 같은 국왕의 동포이고 적자이기 때문에 호전戶錢을 같이 내야 한다고 주장하였던 것이

---

68. 『영조실록』 영조 38년 4월 2일.
69. 『영조실록』 영조 26년 7월 3일.

다. 즉 국왕이 볼 때 양반이나 평민은 모두 같은 '동포'라는 말이었다. 앞서 본 '애휼지민'으로서의 '동포'가 수직적 의미에서 사용되었다면, 여기서는 '수평적 의미에서의 동포'로 그 의미가 확장되었음을 볼 수 있다.

국왕만이 아니었다. 선조 때 홍문과 부제학 이정형李廷馨 등은 "아 백성은 임금의 적자이고, 우리의 동포인 것입니다(民者 君之赤子也 我之同胞也)"라고 하여,[70] 관료층 가운데에서도 백성을 자신들의 '동포'라고 말하는 이들이 나타났다. 선조 때 실록을 쓴 사신史臣은 임진왜란 이후로 백성들이 생업을 잃고 사방으로 흩어진 것을 기록하면서, "사물을 사랑하는 마음으로 진실로 동포인 백성(同胞之民)을 사랑한다면 한 사람이라도 제 살 곳을 찾지 못하는 이가 없을 것이고, 그런 즉 백성들은 다들 위를 따르고 어른을 위하여 몸을 바칠 것이니 중흥의 정치를 회복하기 어렵지 않을 것이다"라고 평하였다.[71] 관료들 사이에서도 '동포인 백성'이라는 개념이 들어서고 있었던 것이다.

보수 양반의 대표격이라 할 송시열宋時烈도 숙종에게 장재(장횡거)의 「민오동포民吾同胞」라는 글을 설명하면서 "백성은 모두 나의 동포인 사람들인데, 천지天地의 기氣를 같이 받은 것이기 때문에 '동포'라고 하는 것입니다. 동포란 곧 같이 태어난 사람이니, 말하자면 '내가 남을 볼 적에 모두 자기의 형제와 같이 본다'라고 하는 것입니다"라고 말하였다. 그는 이어서 "대개 물物과 아我가 비록 친소親疏의 구분은 있지만 똑같이 하나의 기氣인 것이므로, 마땅히 사랑하고 아껴야

---

70. 『선조실록』 선조 27년 5월 27일.
71. 『선조실록』 선조 29년 6월 18일.

만 하는 것입니다. 그러므로 '어버이를 친애親愛하고 백성들에게 인仁하게 하며 백성들에게 인하고 물物을 사랑해야 한다'는 것이 바로 이 뜻입니다"라고 말하였다.[72] 천지의 기를 같이 받은 백성들은 모두 동포라고 말하고 있는 것이다. 물론 송시열의 말은 장재의 글에 대한 해석의 차원에서 나온 것이었지만, "백성은 모두 나의 동포인 사람들(民則皆吾同胞之人)"이라고 말한 대목은 주목할 만하다.

그렇다면 '동포'라는 개념에는 모든 계층이 다 포함되는 것이었을까. 일단 양반과 평민은 모두 포함되는 말이었을 것이다. 앞서 본 것처럼 영조는 양역 변통의 논의를 진행할 때에 양반 유생들에게 "너희의 처지에서 백성을 볼 때에는 너와 나의 구별이 있을지 모르나, 내가 볼 때에는 모두가 나의 적자인 것이다"라고 말하였다.[73] 그러면서 그는 '양민良民'의 고역을 면해 주기 위해 양역 변통이 필요하다는 것을 강조하였다. 정조正祖 때에 좌부승지 김하재金夏材의 상소문을 보면, 균전법을 실시하는 경우 "부호가 겸병할 걱정이 없고, 소민小民은 동포의 은택을 입을 것입니다"라고 말하고 있다.[74] 여기서 소민은 역시 평민층을 말하는 것이라고 볼 수 있을 것이다.

그러면 천민들도 '동포'에 포함될 수 있었을까. 영조는 교유를 통해 "장자張子의 「서명」에 이르기를 '백성은 나의 동포요 만물은 나와 함께한다' 하였으니, 아무리 하천下賤이라 하더라도 이미 온전히 세상에 태어났다면 그 육신을 온전히 가지고 돌아가려 하는 것은

---

72. 『숙종실록』 숙종 6년 10월 14일.
73. 『영조실록』 영조 26년 7월 3일.
74. 『정조실록』 정조 3년 11월 27일.

상정常情"이라면서, 사람의 발가락을 끊는 난장亂杖과 같은 형벌을 금하라고 지시를 내리고 있다.[75] 물론 "아무리 하천이라 하더라도" 식의 비유이기는 하지만, 그 앞에 '백성은 나의 동포'라는 말이 있음을 비추어 볼 때, 영조의 입장에서는 천민도 동포의 범주 안에 넣어서 생각하고 있음을 알 수 있다.

순조純祖 1년 내노비內奴婢와 시노비寺奴婢 혁파 당시에 나온 윤음은 보다 직접적으로 이 문제에 언급하고 있다. 대제학 윤행임尹行恁이 지은 이 윤음은 "군왕이 백성에게 임하여 귀천이 없고 내외가 없이 고루 균등하게 적자로 여겨야 하는데, '노奴'라 하고, '비婢'라 하여 구분하는 것이 어찌 똑같이 사랑하는 동포로 여기는 뜻이겠는가"라면서 내노비 3만 6천여 명, 시노비 2만 9천여 명을 모두 양민으로 삼도록 하라고 지시하였다.[76] 내노비와 시노비의 해방을 지시하면서 나온 글이기는 하나, 노비 또한 똑같이 사랑하는 동포라고 언급하고 있음은 주목할 만하다.

이상에서 살펴본 '동포'의 용례를 검토하면, '동포'는 처음에는 애휼의 대상으로서의 백성이라는 의미로 주로 사용되었다. 그러나 점차 수평적 의미에서의 동포, 즉 내부적 동질성을 갖는 백성이라는 의미로 사용되었음을 알 수 있다. 즉 앞서 본 '족류'가 외족外族과의 경계 짓기를 위한 용어였다면, '동포'는 내부의 동질성 확인을 강조하기 위한 용어였다고 볼 수 있는 것이다. 동포의 개념을 통한 내부의 동질성 확인은 신분 문제와 같은 장벽으로 쉽지 않은 일이었

75. 『영조실록』 영조 46년 6월 18일.
76. 『순조실록』 순조 1년 1월 28일.

지만, 군왕을 중심으로 서서히 신분을 뛰어넘어 동질성을 확인하는 용어로 나아가고 있었다고 할 수 있다.

1890년대 후반 '동포' 개념의 확대

근대에 들어와 독립협회 운동 시기에 '동포'라는 용어는 더욱 널리 사용되기 시작했다. 『독립신문』은 '전국 동포 형제'라는 말을 자주 사용하였다. 당시 이 말은 '전국 인민'이라는 말과 함께 자주 쓰였다. '국민'이라는 용어는 아직 일반화되지 않고 '인민'이나 '백성'이 아직 일반적이던 당시 상황에서 '동포'는 여전히 '인민', '백성'과 함께 사용되었다.

그런데 이 시기 동포의 용례에는 평등의 개념이 내포되어 있었다. 예를 들어 경성학당에서 있었던 광무협회의 연설회에서 한 연사는 "오늘날 이 회석으로 볼진대 회원이나 방청하는 이들이, 대한 大韓 풍속으로 말하면 상하귀천이 있을 터인데, 다 동등으로 경례를 하여 차등 없이 대접을 하니, 이것이 또한 동포 형제간에 서로 사랑하는 아름다운 뜻"이라고 말하였다고 한다.[77] 『독립신문』의 한 논설도 "사농공상의 모든 동포"라고 말하여 계급, 계층을 뛰어넘는 동포라는 개념을 사용하고 있다.[78]

앞서 본 것처럼 조선 시대의 '동포'는 주로 '애휼'의 대상이었다. 그러나 이 시기의 '동포'는 주로 '계몽'의 대상 또는 '서로 사랑해야

---

77. 「도라간 일요일 경성학당에서 광무협회 연설」, 『독립신문』 1896. 2. 19.
78. 「은전 인용」, 『독립신문』 1896. 7. 11.

할 형제'였다.[79] 예를 들어 "교敎하는 인민들은 교를 참 믿고 교회에서 가르치는 대로 행실을 하며 동리 사람들에게 본보기가 되어 불쌍하고 어리석은 동포들을 모두 꿈을 깨게 하여"라고 한 부분에서는 '계몽'의 대상으로서의 동포를 말하고 있었다.[80] 그리고 "원컨대 조선 인민은 자기 임군과 동포 형제를 생각하여 서로 사랑하고 서로 보호하여 나라 중흥되기를 경영들 하시오"라고 한 부분에서는 '서로 사랑해야 할 형제'로서의 동포를 말하고 있었다.[81]

한편 '동포'는 이제 단순히 국왕의 은혜를 입은 백성들이 아니라, '2천만 동포들이 모두 충애의 목적을 가진 이들'이라는 표현에서 나타나듯이 역사의 주체로서 서서히 인식되고 있었다.[82] 『독립신문』은 한 논설에서 "우리 동포들은 연일 우리나라가 독립하기를 바라거든 말로만 말고 몸소 시행하야 하늘이 주신 몸과 마음을 게으른 데 썩어 버리지 말고 벗어부치고 무슨 일이든지 생애 될 일을 하야 지체니 모양이니 보지 말고 맡은 일을 모군募軍 서는 것이든지 대신大臣 노릇하는 것이든지 일심으로 힘써 행하야 남에게 구차한 소리 아니하고서도 내 일신에 의식만족衣食滿足할 뿐 아니라 부모를 효양하고 처자를 보호한다면 자연히 내 마음에 독립하는 생각이 날 것이오"라고 하였다.[83] 또 "우리 대한 전국에 있는 1천2백만 동포 형제가 다 일심 일력으로 나라를 도와 우리나라도 지금 구라파에

79. 권보드래(2004), 「'동포'의 역사적 경험과 정치성─『독립신문』의 기사 분석을 중심으로」, 『근대계몽기 지식개념의 수용과 그 변용』, 소명출판, pp.116~118.
80. 『독립신문』 1896. 9. 3. 논설.
81. 『독립신문』 1897. 3. 16. 논설.
82. 권용기(1999), 앞의 논문, pp.254~255.
83. 「독립하는 상책」, 『독립신문』 1896. 7. 15.

있는 여러 상등국과 동등국이 되기를 기어이 바라오며"라고 하였다.[84] 이 용례들에서의 동포는 계몽의 대상이 아닌 개화의 주체로서의 '동포'를 강조하고 있는 경우라 할 수 있다.

동포라는 용어는 점차 대중 사이에서도 일반화되고 있었던 것으로 보인다. 예를 들어 김덕구金德九라는 의사의 장례를 치를 때의 장면을 보도한 기사에 의하면, "대소 인민이 모두 그 상여를 어깨에 메고 소리를 지르며 서로 화답하는 노래에 가로되 '어화 우리 동포들아. 충군애국을 잊지 마라. 대한 의사 김덕구 씨는 나라를 위하고 동포를 사랑하다가 옳은 의리에 죽었으니 그런 의리가 또 어디 있느냐'"라고 하여, 상여군들이 '동포'라는 말을 쓰고 있음을 보여 주고 있다.[85]

그런가 하면 '동포'는 사해동포의 맥락에서 사용되는 경우도 있었다. 예를 들어 『독립신문』의 한 논설은 "천하만국이 통상하는 때를 당하야 사해 백성이 다 같은 동포이어늘"이라 말하고 있었다.[86] 또 "선교사의 행위를 보건대 대한 황제 폐하를 자기 임군으로 알고 충애하는 마음이 간절하며 대한 사람들을 동포 형제로 사랑하며 구제하는 풍도가 지극한즉 우리는 무부무군의 도라 함을 믿지 않노라"라고 하여, 기독교 선교사들이 조선 사람들을 동포로 생각하고 있다고 말하였다.[87] 군주인 고종高宗 황제의 이름으로 반포된 조칙에서도 "이제 만국이 서로 통하야 사귄 의가 더욱 두터울뿐더러 하나

84. 「유지각한 친구의 편지」, 『독립신문』 1896. 8. 9.
85. 잡보 「의리 있는 부상」, 『독립신문』 1896. 4. 7.
86. 『독립신문』 1899. 10. 5. 논설.
87. 「예수 탄일」, 『독립신문』 1896. 12. 24.

님이 위에 계시사 살리시기를 좋아하시는 덕으로 한결같이 보시나니 어찌 내 지경, 네 지경을 의론하며, 여기 약함과 저기 강함을 나누리오. 우리가 모두 동포지인이라 동포한 형제로 형이 아우를 해하야도 하나님이 재앙을 내리실 것이며, 아우가 형을 해하야도 하나님이 화를 내리실지라"라고 하여, 역시 만국 인민이 '동포'임을 강조하고 있었다.[88]

1905년 이후 『황성신문』과 『대한매일신보』의 '민족' 개념 수용

한국에서 '민족'이란 용어는 1907년 이후 널리 사용되기 시작했는데, 이는 중국의 량치차오가 지은 『음빙실문집飮氷室文集』에 실린 '민족'론의 영향을 받은 것이었다. 앞서 본 것처럼 량치차오는 「정치학대가백륜지리지학설」1903에서 '민족'이란 단어를 소개하였다. 그는 블룬칠리의 학설을 빌려 민족은 8가지 특징을 지닌다고 설명하였다. 즉 ① 처음에 한곳에 모여 살았으며, ② 처음부터 혈통이 같고, ③ 그 지체와 형상이 같고, ④ 그 언어가 같고, ⑤ 그 문자가 같고, ⑥ 그 종교가 같고, ⑦ 그 풍속이 같고, ⑧ 그 생계가 같은 것 등으로 부지불식간에 스스로 타족과 거리를 두면서 하나의 특별한 단체를 형성하게 되고, 그 고유한 성질을 그 자손에게 전하는 것을 가리켜 민족이라 한다고 소개하였다.[89] 량치차오는 민족을 지리 · 혈통 · 형질 · 언어 · 문자 · 종교 · 풍속 · 경제생활의 공통성을 지닌

---

88. 「조칙」, 『독립신문』 1896. 4. 9 .
89. 梁啓超(1905), 앞의 글, pp.141~142.

집단으로 규정하고 있었다. 량치차오의 민족 개념은 오늘날 민족 형성에 관한 여러 이론에 비추어 보면 원초주의적 민족론에 해당하는 것이었다. 원초주의적 민족론은 민족 형성 과정에서의 '원초적 기반'과 집단 내에서 공유되는 '문화적 기반'을 강조하는 이론이다. '원초적 기반'이란 공통의 친족·조상 혹은 그들의 신앙이나 집단의 역사적 시점을 상징하는 것들이며, '문화적 기반'이란 종교·언어·습속 등의 문화적 특징을 의미하는 것들이다.[90]

이와 같은 량치차오의 '민족' 개념은 한말 한국의 지식인들에게 큰 영향을 주었다. 예를 들어 『대한매일신보』는 다음과 같은「민족과 국민의 구별」이라는 논설을 실었는데 그 내용은 량치차오의 글과 거의 유사하였다.

민족이란 것은 동일한 혈통을 가지며, 동일한 토지에 거주하며, 동일한 역사를 가지며, 동일한 종교를 섬기며, 동일한 언어를 사용하면 이것을 동일한 민족이라 칭하는 바이어니와, 국민 두 자를 이와 같이 해석하면 불가할지라. ……국민이란 것은 그 혈통, 역사, 거주, 종교, 언어가 동일한 외에 또 반드시 동일한 정신을 가지며, 동일한 이해를 느끼며, 동일한 행동을 하여 그 내부 조직이 일신의 골격과 서로 같으며, 그 대외의 정신이 한 부대의 군대와 서로 같아야 이를 국민이라 말하나니…… 오호라. 고대에는 국민 자격이 없는 민족이라도 가히 땅 한쪽에 의거하여 토지를 넓히고, 자손을 기르며, 수초를 없애서 생활을 하였거니와, 금일에 이르러서는 만일 국민 자격이 없는 민족이면 대지 위에 발을 디디고 살 조그

90. 앤서니 스미스(1996), 앞의 책, pp.58~60 ; 요시노 고사쿠(2001), 앞의 책, pp.33~34 참조.

만 땅도 없을지라.[91]

즉 민족이란 동일한 혈통·역사·거주·종교·언어 등만으로 구성될 수 있지만, 국민은 그 외에 정신·이해·행동 등이 동일해야 구성될 수 있다는 것이었다. 물론 이 글은 '국민'으로서의 자격을 강조하기 위해 쓰인 것이었다.

한국에서 '국민'이란 단어는 이미 갑오개혁 때 등장한 바 있었다. 예를 들어 소학교의 교과서 가운데에는 『국민소학독본』이 있었는데, 이 책에서는 "존주尊主 애국심을 조차造次에 불망하고 국민이 일단이 되어 전심근로하여야 한다"고 강조하였다.[92] 즉 군주를 숭상하고 애국심을 고양하는 것을 통해 국민이 하나가 되어 열심히 노력해야 한다는 것이었다. 소학교 교육의 목적은 비록 군주 숭상의 대목이 있기는 하지만, 근대적인 국민 만들기에 놓여 있었다. 1895년에 나온 한성사범학교 관제의 규칙에서도 한성사범학교의 교원은 평소 충효의 대의에 충실하여 국민의 지조를 일으켜야 한다고 규정하였다. 역시 충효에 충실한 국민의 양성을 강조하고 있었다.[93]

이처럼 갑오개화파는 근대국가 수립을 염두에 두면서 과거의 '인민'을 국가 의식을 가진 근대적인 '국민'으로 만들고자 하였다. 하지만 갑오개혁은 좌절되었고, 대한제국이 들어섰다. 대한제국 때

91. 「민족과 국민의 구별」, 『대한매일신보』 1908. 7. 30.
92. 『국민소학독본』(1895), 제12과 「조약국」, p.39 ; 한국학문헌연구소 편(1977), 『한국개화기교과서총서 1』, 아세아문화사.
93. 김현숙(2005), 「한말 '민족'의 탄생과 민족주의 담론의 창출 : 민족주의 역사서술을 중심으로」, 『동양정치사상사』 제5권 제1호, p.123 참조.

에는 '국민'보다는 '신민臣民'이라는 단어가 더 많이 쓰였다. 대한제국 정부는 근대적인 주권 개념이 어느 정도 들어 있는 '국민'이라는 단어보다는 국왕에 대한 충성을 강조하는 '신민'이라는 단어의 사용을 권장하였다. 그 때문에 『독립신문』 등에서도 '신민' 혹은 '인민'이라는 단어는 자주 등장하지만, '국민'이라는 단어는 잘 보이지 않는다.[94] '국민'이라는 단어가 다시 등장한 것은 1905년 이후의 일이었다. 그리고 '국민'이란 단어는 뒤에 보는 '민족'이란 단어보다 더 빈번히 쓰였다.[95]

대한제국 때 '민족'이란 말이 처음 등장한 것은 1900년 『황성신문』의 한 「기서寄書」라는 글에서였다.[96] 이때는 '동방 민족' 혹은 '백인 민족'이라 하여 사실상 '인종'의 개념으로 이를 사용하고 있었다.[97] 이후에도 '민족'이라는 단어가 가끔 사용되었지만 역시 '인종'을 의미하는 단어로 사용되었다.[98]

94. 대한제국기 '臣民'과 '國民'이라는 단어의 경쟁에 대해서는 박명규(2009), 『국민·인민·시민—개념사로 본 한국의 정치주체』(한국개념사총서 4), 도서출판 소화, pp.82~88 참조. 이 글에 의하면, 1908년에 나온 주정균의 『법학통론』은 "신민은 국가에 대해 복종할 의무가 있을 뿐이요, 권리를 주장할 수 없다 함이 온당하다"고 썼다고 한다. 바로 이러한 이유 때문에 대한제국 정부는 '국민'이라는 단어를 기피하고 '신민'이라는 단어를 즐겨 썼으며, 또 언론도 이를 따르도록 하였던 것으로 보인다.
95. 예를 들어 『대한매일신보』의 논설에서 보면 1908년 국민이 325회, 민족이 4회, 1909년 국민이 426회, 민족이 155회, 1910년 국민이 275회, 민족이 121회 쓰였다. 민족이란 단어 빈도수는 1909년과 1910년에 크게 높아진 것이다. 이에 대해서는 김동택(2002), 「근대 국민과 국가개념의 수용에 관한 연구」, 『대동문화연구』 제41권, p.378 참조.
96. 「寄書」, 『황성신문』 1900. 1. 12.
97. 이 글에 대해서는 백동현(2001), 「러일전쟁 전후 '민족' 용어의 등장과 민족인식」, 『한국사학보』 제10호, p.163 참조. 보다 자세한 내용은 백동현(2004), 「대한제국기 민족인식과 국가구상」, 고려대학교 박사학위논문 참조.
98. 백동현(2001), 앞의 논문, p.162.

'민족'이 한반도 주민 집단을 가리키는 용어로서 사용되기 시작한 것은 1904년경으로 보인다. 『황성신문』의 한 논설은 '4천여 년 전해져 내려온 민족(四千餘年 傳守之民族)'이라는 표현을 썼다.[99] 또 다른 논설은 "이제 우리의 한국은 위급함이 매우 급박한 상황에 다다랐거늘 정부는 정부의 직책을 다 하지 못하고 인민은 인민의 의무를 다하지 못하여 상하가 이와 같이 모두 열패하게 된다면 종국(宗國)의 전복을 면하고, 인종의 진멸함을 면할 수 있겠는가. ······이와 같이 우리가 스스로를 해치게 된다면 장차 4천 년 단군 기자의 옛 영토가 장차 누구의 판도로 들어갈 것이며, 2천만 동포 민족이 누구의 노예가 될지 알 수 없으리니 오호라 동포여"라고 쓰고 있다.[100] 여기서 주목되는 것은 '2천만 동포 민족'이라는 표현이다. 즉 동포와 민족이 같은 개념으로 쓰이기 시작한 것이다.

『대한매일신보』가 '민족'이라는 말을 한반도 주민 집단을 의미하는 말로 사용하기 시작한 것은 1906년경으로 보인다. 『대한매일신보』에 실린 한 기고문은 "우리 한국의 관리도 역시 대한 민족(大韓民族)이라 대한 민족의 멸망의 날에 어찌 그 명을 혼자서 보존할 수 있으리오"라고 말하였다.[101] 또 이 신문의 「통곡조한국지민(痛哭弔韓國之民)」이란 논설을 보면, 당시 내부대신 이지용(李址鎔)을 비판하면서, "슬프다. 우리는 내부대신과 관계가 없는 자라 어찌 내부대신에 사감을

99. 「對淸國與論宜加注意問題」, 『황성신문』 1904. 10. 7. 백동현(2001), 앞의 논문, p.166 참조.
100. 「對日俄講和條約第二條 警告當局諸公」, 『황성신문』 1905. 10. 21. 백동현(2001), 앞의 논문, p.167 참조.
101. 「寄書 : 論日語敎科書(血淚生)」, 『대한매일신보』 1906. 4. 15. 백동현(2001), 앞의 논문, p.173 참조.

가지리오마는…… 그가 조금이라도 개전하기를 매일 기원했더니 개전할 가능성은 거의 없고, 도리어 그의 당여의 힘을 믿고 거리낌 없이 하는 짓이 더욱더 심해져서, 마침내 종사를 전복하고 민족을 멸망시켜야 그만둘 것으로 보이는 고로 우리는 차마 수수방관하지 못하고, 한국 2천만 인민을 위하여 한 소리로 통곡하노니"라고 하였다.[102] 즉 내부대신 이지용의 전횡이 심하여 종사를 전복하고 민족을 멸망시킨 뒤에라야 멈출 것 같다는 말이었다. 이처럼 『대한매일신보』는 1906년경부터 '민족'이라는 단어를 한반도 주민 집단을 가리키는 용어로 사용하였다. 하지만 '민족'이라는 단어는 당시 지식인들에게도 여전히 낯선 단어였다. 따라서 『대한매일신보』나 『황성신문』은 '동포'라는 단어를 더 많이 사용하고 있었다. 1907년 2월 국채보상운동이 시작되었을 때, 『대한매일신보』에 실린 「국채보상기성회취지서」는 "이에 우리 동포에게 포고하여 아 국민의 의무를 다하라고 요구하노니, 오호라 나라가 망하면 인민이 또한 망하나니 힘쓸지어다. 우리 동포여"라 하여 여전히 '동포'의 참여를 호소하였던 것이다.[103]

두 신문이 '민족'이라는 단어를 적극적으로 쓰기 시작한 것은 1907년 3월경부터였다. 『황성신문』의 논설 「보수와 개진」은 "만약 그 민족의 세력을 지키려 한다면 쇠퇴한 인심을 불가불 진작시켜야 한다"고 말하였다.[104] 그리고 1907년 4월 26일자, 5월 6일자 논설에

102. 논설 「痛哭弔韓國之民」, 『대한매일신보』 1906. 8. 7.
103. 잡보 「국채보상기성회취지서」, 『대한매일신보』 1907. 2. 27.
104. 논설 「保守와 改進」, 『황성신문』 1907. 4. 24.

서는 아래와 같이 '2천만 민족'이라는 표현이 등장한다.

우리 동포들아 2천만 민족의 정신으로 우리나라를 상공업의 나라, 무
비를 갖춘 나라, 문명한 나라, 부강한 나라로 만들려 한다면, 지켜야(保守)
할 것은 다름 아니라 우리 강토이며, 우리 가국家國이며, 아국의 정신, 즉
국수國粹이다. 그리고 고쳐야(改進) 할 것은 다름 아니라 우리의 사회이며,
우리의 정치이며, 우리의 교육, 학술이다.[105]

우리 2천만 민족이 전날에는 비록 이 나라의 주인이었으나, 오늘에는
이미 객이 되어 주인이 아니니, 이 나라가 만약 우리나라가 아니오, 이 민
족이 이 나라의 주인이 아니라면 장차 생존경쟁 가운데 소멸하고 말 것
이며……[106]

이 신문은 여기서 처음으로 '아민족', '2천만 민족'이라는 용어로
한국 민족을 언급하고 있다. 한 일본 유학생은 5월 13일 『황성신문』
에 투고한 글에서 "이때를 당하여 우리 민족의 남녀노소가 분과
한을 삼키고 하늘과 땅에 기도하여 고유한 국민성을 발휘하고 엄
정한 대의를 선명宣明할지어늘, 슬프다 청구靑丘 3천 리에 소리내어
몸을 일으킬 자 누구인가. 팔역八域을 둘러보아도 조용하여 소식이
없으니, 아 동포여 당신들은 모두 토우목상土偶木像인가"라고 하여,[107]

---

105. 논설 「保守와 改進(續)」, 『황성신문』 1907. 4. 26.
106. 논설 「保國論」, 『황성신문』 1907. 5. 6.
107. 月曜 「謹告我同胞靑年―在日本留學生 李在寅」, 『황성신문』 1907. 5. 13.

'민족'과 '동포'라는 용어를 섞어 쓰고 있다. 또한 이 운동에 참여하는 이들은 남녀노소 구분 없는 '우리 민족'으로 설정되고 있다. '민족' 내부에는 이제 남녀노소의 구분은 설정될 수 없다고 생각한 것이다.

이는 '동포'라는 용어를 쓰는 경우에도 마찬가지였다. 예를 들어 "원래 사람이 태어나던 처음에 머리를 둥글게 하고 발을 네모나게 하며, 그 눈을 옆으로 만들고 어깨를 양쪽에 만들어 하늘과 땅 사이에 서서 모든 금수 사이에 가장 신령한 존재를 만들었으니, 누가 우리 동포 남녀가 아니며, 누가 우리 평등한 종족이 아니랴"고 하여,[108] 남녀 모두를 동포로 지칭하고, 종족 간의 평등을 강조하였다. 그리고 심지어는 노비까지도 석방하여 우리 동포로 삼아야 한다고 다음과 같이 주장하였다.

> 노비 문제에 대하여 그 부도덕함과 그 손해를 대략 논하건대, 하나는 하느님(上天)의 일시동인一視同仁하시는 공리公理를 위배함이요, 하나는 성인聖人의 박애무편博愛無偏하시는 공덕公德을 위배함이요, 하나는 명왕明王의 자혜인궁子惠困窮하시는 인정仁政을 폐각廢却함이요, 하나는 인민의 평등 자유의 권리를 박탈함이요, 하나는 동포의 서로 경애하는 덕의에 배치함이요, 하나는 호민부호豪民富戶의 안일하고 교만한 관습을 길러 줌이요, 하나는 국민의 고유한 자격을 유실遺失케 함이니 이 어찌 노비들을 풀어 줌이 옳지 않겠는가.[109]

108. 논설 「奴婢를 宜乎釋放」, 『황성신문』 1908. 2. 12.
109. 논설 「奴婢를 宜乎釋放」, 『황성신문』 1908. 2. 12.

노비 제도란 인민의 평등 자유의 권리를 박탈함이요, 동포의 상호 경애하는 덕의를 박탈하는 것이라는 주장이었다. 여기서 노비는 자연스럽게 '동포'의 범주 안에 포함되었다. 이 글은 이어서 오늘날 한인은 존비귀천을 막론하고 모두 타인(他國)의 노비가 되었다면서, 이로부터 해방되기 위해서는 먼저 내부의 노비를 해방시켜야 한다고 주장하였다. 즉 "우리 대한의 신성한 종족은 왕도와 왕덕을 근본으로 하며, 국민의 의무를 확장하기 위하며, 동포의 인애를 표명하기 위하여 일반 노비 남녀의 석방을 도모할지어다"라고 말하고 있다.[110] 『황성신문』은 빈약 미천한 사람들, 특히 '노동자'도 동포라고 말하고 있었다. 즉 "고래로 역사에 위인걸사偉人傑士가 월등한 학식과 뛰어난 기백으로 비상한 사업을 발표한 자는 반드시 그 부귀하고 훈혁薰赫한 집안에서 나오지 않고, 오히려 빈약하고 미천한 가운데에서 나온 것은 왜 그러한가. 이제 우리 한국의 노동 동포 중에서도 어찌 이와 같은 인물들이 없으리라 하리오"라고 하여, 노동 동포 중에서도 월등한 학식과 뛰어난 기백을 가진 인물이 나올 수 있다고 주장하였던 것이다.[111]

'아민족', 즉 한국 민족에 대한 본격적인 개념 규정은 1908년 들어서면서 나타난다. 앞서 본 것처럼 『대한매일신보』는 민족과 국민의 차이에 대해 설명하면서 블룬칠리와 량치차오의 설명을 원용하여 혈통, 거주지, 역사, 종교, 언어를 공유하는 경우 민족이 성립될 수 있다고 보았던 것이다. 『황성신문』은 '민족'을 역사를 통해 다음

---

110. 『황성신문』 앞의 글 참조.
111. 「勸勉勞動同胞夜學」, 『황성신문』 1908. 2. 20.

과 같이 설명하려 하였다.

　　오호라 우리 민족(我民族)은 원래 단군과 기자의 후예라. 충성스럽고 인
자하던 성질이 어찌 금일에 이르러 이와 같이 극단적으로 무너지기에 이
르렀는고. 우리 동포 중에 한 개인이라도 타족의 침탈을 당하거나 압박을
받거나 불법 학대를 당하면 즉시 자기가 당한 일이라 어찌 타인의 일로
생각하리오. 이웃집에서 불이 나면 내 집도 탈 것은 필연적인 일이니 누
가 능히 이를 혼자 면할 수 있으리오. 우리 동포는 낡은 악습을 일체 버리
고 분발심과 자주심과 공덕심과 단합심을 길러서 한 사람 한 사람이 본분
의 직분을 열심히 하며 국가의 책임을 짊어져야 나라와 종족을 보존하는
행복을 얻을 수 있을지니 고로 나는 인심의 혁신을 근본적 개량이라 하노
라.[112]

　　오호라 우리 대한 삼천리강산은 모두 백두의 지맥이요, 2천만 민족은
모두 단군의 자손이니 그 혈맥이 이어짐과 기운의 밀접함과 고난의 경험
을 같이함에 생사 영욕이 이해화복에서 어찌 홀로 다르리오. ……생각건
대 우리 대한 민족이 모두 같은 동포 형제로서 그동안 별일이 없었던 날
에는 밖으로부터 업신여김을 당하지 않았기 때문에 같은 자손이라는 것
을 잊고 도리어 사리 경쟁으로 울타리 내에서 서로 질시하고 서로를 해치
는 악행을 더하여 단합의 체력이 전연 만들어지지 않은지라. 이제 타족의
침략을 받은 경우에도 서로 지키고 보호하는 일을 하지 않고, 오로지 유력
한 외국인만을 숭배 환영하여 호랑이를 끌어들여 스스로를 보호하려는

---

112. 「根本的 改良」, 『황성신문』 1908. 3. 12.

우매한 계획을 세우니, 어찌 남의 먹이가 되는 일을 면하리오.[113]

위의 글들에서 '우리 민족'은 단군 혹은 기자의 자손임이 명기되어 있다. 또 혈통과 기운, 그리고 생사영욕과 이해화복을 같이해 온 동포 형제로 설명되고 있다. 더 나아가 이 신문은 '민족의 혼'을 강조하였다. 이는 일본의 '대화혼大和魂', 중국의 량치차오가 강조한 '중국혼中國魂' 등으로부터 영향을 받아 이미 1907년경에 '조선혼'이라는 말로 등장한 것이었다. 그것은 "사람의 생사는 영혼의 취산으로 결정되고, 나라의 존망은 정신의 유무로써 결정"되기 때문에, "이에 감히 한 치 혀로써 전국에 큰 소리로 부르짖노니, 우리 조선혼이여! 또 감히 하나의 작은 붓으로 전국을 향하여 찾노니, 우리 조선혼이여!"라고 하는 심정에서 나온 것이었다.[114] 그 조선혼은 이제 '국혼' 또는 '민족의 국혼'으로도 표현되기 시작한다.

세계 역사에 어떤 나라를 불문하고 그 국민의 머리에 국혼이 완전 견실하면 그 나라가 강하고, 그 족이 성하는 것이요, 국혼이 소모 마멸되면 그 나라가 망하고 그 족이 멸하나니, 개인의 성명性命으로 말할지라도 혼이 있고 없음으로 그 생사를 판단할지라. 이는 그 민족의 국혼이 먼저 망한다는 까닭이 아닌가. 우리 대한의 역사로 볼지라도 고구려 시대에 을지문덕이 수천의 정예병으로 수나라의 백만 대군을 몰살하여 한 사람도 돌아가지 못하게 하고, 양만춘이 탄환 같은 작은 성으로 당나라의 대군에

---

113. 「凡今之人은 莫如兄弟」, 『황성신문』 1908. 3. 13.
114. 「精神과 感覺」, 『황성신문』 1907. 2. 6.

저항하여 전 요동을 보전하였으니, 이는 그 민족의 강하고 용맹함이 가위 천하에 무적함이라. 그 국혼의 강장强壯함이 과연 대단하였다. 이와 같이 강하고 용맹하던 민족의 국혼은 지금은 어디에 있는가. 우리 대한은 건국이 4천 년이요, 그 민족은 모두 단군 기자의 신성한 후예요, 인륜과 도덕을 존중하고 의리를 숭상하던 풍속이 고유하니, 4천 년간 내려오던 조선혼이 어찌 오늘에 이르러 소모 마멸할 리가 있으리오.[115]

이 글에서 민족은 이제 조선혼을 지닌 주체로 설정되고 있었다. 그리고 더 나아가 민족은 국권 회복의 주체로까지 설정되기 시작했다. 『황성신문』 1908년 4월 10일자 논설은 이러한 점에서 매우 중요하다.

오호라 우리 동포여. 비록 그 유리표박하여 해외에 거류하는 상황이지만, 본시 단군 기자의 신성한 후예로 충효예의의 교화를 입은 원래의 성질이 고유한 민족이라. 만약 그들이 서로 분열하여 단합을 이루지 못하면 오랑캐라는 지목을 면하지 못할지니 어찌 이보다 더 부끄러울 수 있겠는가. 하물며 이 시대에 우리의 단합력이 없으면 결코 타족의 유린을 막아내지 못하여 도태되고 소멸할지니 어찌 이보다 슬픈 일이 있겠는가. 생각하건대 그 완전한 단합을 발표하여 문명한 신대한 민족이 되어 건강한 신대한제국의 기초를 수립하기로 목적을 삼아 우리의 희망을 삼게 할지어다.[116]

---

115. 「朝鮮魂이 稍稍還來乎」, 『황성신문』 1908. 3. 20.
116. 「申告海港同胞」, 『황성신문』 1908. 4. 10.

위의 글에서 우리 동포는 본래 '단군 기자의 신성한 후예'로 충효 예의의 교화를 받은 고유한 민족이라는 것을 강조하면서, 장차 '문명한 신대한 민족'은 강건한 신대한제국의 기초를 수립해야 한다고 주장하고 있다. 이제 '민족'은 국권 회복과 신국가 건설의 주체로 설정되어 있다. 이는 단재 신채호申采浩의 글로 추정되고 있는 「20세기 신국민」이라는 글에서 더 명확하게 나타난다.

　　지금 한국은 삼천리 산하가 있으니 그 국토가 넓으며, 2천만 민족이 있으니 그 국민이 많은 것이다. 그러한즉 국민 동포가 단지 20세기 신국민의 이상과 기력을 분발하여 일으켜, 국민적 국가의 기초를 굳게 하여, 실력을 기르며, 세계 대세의 풍조에 잘 대응하여 문명을 넓히면 가히 동아시아 한쪽에 우뚝 서서 강국의 기초를 자랑할지며, 가히 세계무대에 뛰어 올라서서 문명의 깃발을 휘날릴지니. 아, 동포여, 어찌 분발하지 않겠는가.[117]

2천만 동포, 2천만 민족인 신국민은 이제 새로운 국민적 국가의 기초를 굳건히 세워야 할 주체가 되어야 하며, 이를 위해서는 분발해야 한다는 것이었다. 신채호는 이제 동포＝국민＝민족nation의 개념 위에서 새로운 국민을 창출하여 새로운 근대국가를 세울 것을 제창하였다. 그가 말하는 '민족'은 그 이전의 '백성'과는 엄연히 다른 개념이었다. 그것은 '근대 민족국가'의 주체가 될 '근대 민족'이었다.

117. 「20世紀 新國民」, 『대한매일신보』 1910. 3. 3.

도일 유학생들의 '민족' 개념 강조

한말 일본 유학생은 여러 학회를 차례로 만들어 학회지를 발간하였다. 1890년대 후반 관비 유학생으로 도일한 유학생들은 대조선인 일본 유학생 친목회를 결성하여 『대조선유학생친목회회보』1895. 10.~1897. 12. 총 6호를 발간하였다. 태극학회는 『태극학보』1906. 8.~1908. 12. 총 27호를 발간하였으며, 대한유학생회는 『대한유학생회학보』1907. 3.~1907. 5. 총 3호를 발간하였고, 대한학회는 『대한학회월보』1908. 2.~1908. 11. 총 6호를 발간하였고, 대한흥학회는 『대한흥학보』1909. 3~1910. 5. 총 13호를 발간하였다.

이 학보들에는 중요한 논설들이 실려 있는데, 그 가운데 '동포'·'국민'·'조선혼'·'애국심' 그리고 '민족' 등을 언급한 글이 상당수 있다. 1890년대 후반 『대조선유학생친목회회보』에는 '동포'나 '국민'이라는 단어는 빈번히 등장하지만, '민족'이라는 단어는 거의 등장하지 않았다. 다만, 1897년 장호익張浩翼의 글에서 세 차례 '민족'이란 단어가 등장한다. 예를 들어 그는 "민족은 탐관오리의 수탈을 당하여 무기무력無氣無力하야 애국정신이 핍절하며"라고 하여, '인민'과 거의 같은 뜻으로 쓰이고 있다. 즉 아직은 '민의 무리' 정도의 의미를 갖고 있었던 것이다.[118] 당시 유학생들이 즐겨 쓴 단어는 '국민'이었다. 이는 당시 국내에서 발간되던 『독립신문』이나 『황성신문』에서 잘 쓰지 않던 단어였다. 『독립신문』이나 『황성신문』은 국민이라는 단어보다는 인민이나 신민이라는 단어를 더 많이 사용하고 있었다. 간혹 국민이라는 단어가 눈에 띄긴 하지만, 그것은 '나라 사람'

---

118. 張浩翼(1897), 「社會競爭的」, 『대조선유학생친목회회보』 제6호, p.57.

이라는 정도의 의미에 그치고 있었다. 그러나 『대조선유학생친목회회보』에 실린 글에서는 명백히 '국민 주권'의 의미를 내포하고 있는 '국민'이라는 단어를 사용하고 있다. 예를 들어 김용제金鎔濟의 「국민의 신용」이라는 글을 보면 "아국민我國民이여 나라를 사랑하면 임금을 사랑할지어다. 국가는 우리 동포 2천만 인민의 국가요, 정부는 국가와 인민의 기관이로다"라고 말하고 있었다.[119] 그들이 이와 같이 국민을 강조한 것은 "민권民權의 소장消長이 국권의 뻗침에 저울이 되나니, 국권이 떨치지 못하면 민권이 떨치지 못하며, 민권이 떨치지 못하면, 국권이 부진하나니"라고 하여, 민권이 국권 못지않게 중요하다는 생각을 갖고 있었기 때문이다.[120]

유학생들이 '민족'이란 단어를 쓰기 시작한 것은 1907년경이다. 1907년 2월에 발간된 『태극학보』 제6호에 실린 최석하崔錫夏의 「한국이 갈망하는 인물」이라는 글을 보면, "영웅아英雄兒는 여하한 성격을 구비한 인물인가. 아 2천만 동포가 탐지코저 하야 주야로 연구를 게을리하지 않으리로다. 혹자가 왈 그 인물은 나파륜나폴레옹 같은 군략가라 침체되어 있는 민족을 깨우쳐서 백번 패해도 좌절하지 않는 용기를 두뇌에 주입하야 세계 열국을 일시에 정복하고"라는 부분이 있다.[121] 여기서 말하는 민족은 프랑스 민족이 될 것이다.

이후 민족이라는 단어는 유학생들의 글에 종종 등장하였다. 학생들이 주로 말하고자 한 것은 한국인들의 '민족 관념'이 부족하다

---

119. 金鎔濟(1896), 「國民의 信用」, 『대조선유학생친목회회보』 제4호, p.23.
120. 元應常(1896), 「내외정책의 여하」, 『대조선유학생친목회회보』 제4호, p.2.
121. 崔錫夏(1907), 「한국이 갈망하는 인물」, 『태극학보』 제6호, p.15.

는 것이었다. 윤태진尹台鎭은 한국인들은 부모·형제, 친척 간에 서로 친애하는 친족적 관념은 매우 강하지만 민족적 관념은 매우 약하다면서, 친족적 관념을 확대하여 민족적 관념을 만들어야 한다고 강조하였다. 그는 "만약 우리의 고유한 친족 간의 미덕을 민족의 관념에 확장한다면 제국의 독립을 쉽게 기할 수 있을 것이나 어찌 이렇게 하지 아니하고 오로지 침묵만 하면서 도원의 춘몽만을 꿈꾼다는 말인가"라고 하여 친족 관념을 민족 관념으로 확대하면 대한제국의 독립을 기하는 것도 결코 불가능한 일이 아니라고 말하였다.[122]

또 악예岳裔라는 필자는 오늘날과 같이 생존경쟁이 치열한 세계에서 국가나 민족을 보존하기 위해서는 제도와 사상의 개량 혁신이 필요하다면서, 3가지 사상이 필요하다고 강조하였다. 그가 말한 3가지 사상이란 역사적 정신, 상무적 정신, 그리고 경제적 사상이었다. 이 가운데 역사적 정신을 말한 부분을 보면 다음과 같다.

자고로 일 민족이 일정한 토지에 주거하는 자는 그 민족에 관한 역사가 필요하나니 일 민족의 역사는 그 민족과 시종始終을 같이하는 자이오. 그 민족의 야만 및 문명의 연혁을 기록하는 자이며, 그 민족의 사상 및 정신을 대표하는 자이라. 조종祖宗을 존모尊慕하고 국가를 충애하는 관념이 역사적 정신을 말미암아 감흥感興하며 영웅을 숭배하고 민족을 친호親護하는 관념도 또한 이를 말미암아 발생하나니 일 국가는 그 민족의 역사상 산물이오. 역사는 그 민족을 지배하는 표본이라.[123]

122. 尹台鎭(1909),「喚起我半島帝國之民族的觀念」,『태극학보』 제7호, pp.31~33.
123. 岳裔(1910),「三要論」,『대한흥학보』 제12호, p.3.

민족과 역사가 시종을 같이한다는 것을 강조한 이 글은 민족 형성에서 역사의 중요성을 강조하고 있다. 그리하여 그는 한국 민족은 명과 청의 역사만 알 뿐, 조선과 단군 기자의 역사는 잘 모르는 악습을 갖고 있다고 지적하고 있다. 그는 결국 그런 가운데 "부지불식간에 조선 민족 및 국가의 관념이 절멸함에 이르렀으니, 오호라…… 사유컨대 망국의 원인이 오로지 이에 말미암았다고 말하리로다"라고 하였다. 망국의 원인이 민족 관념, 국가 관념이 부족한 데 있었고, 이는 조선 역사에 대한 관심이 없었던 데에서 말미암았다고 보는 것이다. 그는 "민족의 역사를 알지 못하는 자는 자기를 알지 못하는 자이니, 자기를 알지 못하는 자가 어찌 국가를 사랑하며 민족을 사랑하리오. 그러한즉 일국을 들어 이를 팔아넘기며, 자기 민족을 몰아서 노예를 삼고자 하는 자의 심술心術도 자국의 역사를 공부하지 않으며 민족의 정신을 돌아보지 않음에서 나온 것이라"고 말하였던 것이다.[124]

유학생들은 동포라는 단어도 자주 사용하였다. 2천만 동포는 형제로서의 친근함, 나아가 동질성을 강조하는 점에서는 부족함이 없었다. 그러나 역사의 주체로서 '동포'라는 단어는 아무래도 미흡하였다. '동포'라는 단어는 '애휼'의 이미지, 그리고 '서로 사랑하고 도와야 하는 존재', 더 나아가 '사해동포'의 이미지가 강하였기 때문이다. 따라서 유학생들은 이제 새로운 역사의 주체로서 '민족'이란 단어를 떠올린 것으로 보인다. 이를 가장 잘 보여 주는 글은 일세생一歲生이라는 필자의 「신시대의 사조」라는 글이다. 이 글은 우선 "행

---

124. 岳裔(1910), 앞의 글, pp.3~4.

인지 불행인지 알 수 없으나 오인吾人은 신시대에 출생한 민족"이라고 말하고 있다. 그 이유는 4300여 년 국가의 역사가 일조에 뽕나무 밭이 바다가 되는 급격한 변화를 겪었기 때문이라고 말하고 있다. 즉 국가의 주권을 빼앗긴 상황에서 살게 되었다는 뜻이다. 이 글은 아래와 같이 이어진다.

> 오호라. 금일에 한국에 남아 있는 것이 무엇인고. 이를 정치상에 구하니 통치권의 일부분도 남아 있는 것이 없고, 이를 실업계에 구하니 역시 한 가지도 없고, 사회상에 구하니 역시 한 가지도 없고, 다만 남아 있는 것은 2천만 민족이라. 어시호 오인의 목표는 이 민족적 경영을 이상理想하는 외에 타책他策이 없은즉, 무릇 모든 사업을 이 민족적 주의로 계획하는 것이 제일 건전하니 민족이라 함은 국민의 일부분을 위함이 아니요, 국민 전체를 표준함인즉, 국민의 일 계급의 활동과 국민의 일 지방적 활동은 민족적이라 말할 수 없느니…….[125]

위 글의 필자는 이제 한국에서 정치상·경제상, 그리고 사회상 남은 것은 아무것도 없다고 말한다. 이제 남은 것은 오직 2천만 민족밖에 없다는 것이다. 따라서 이제 이후의 모든 일은 민족이 주체가 되어 경영할 수밖에 없으며, 민족적 경영은 어떤 계급이나 어떤 지방 중심으로 될 수는 없다고 주장한다. 이 글은 이에 대해 좀 더 구체적으로 아래와 같이 말한다. "금일 우리 대한은 국성國性이 이미 다하여 남아 있는 것은 민족뿐이라. 국리민복國利民福을 도모함에 제

---

125. 一歲生(1907), 「新時代의 思潮」, 『태극학보』 제14호, p.19.

일 건전한 정치적 활동은 여지가 다시 없으니 세부득이하야 이 수단을 민족에 구하리로다"라고 말하고 있다.[126] 여기에서는 '동포'라는 개념 대신 '민족'을 역사의 주체로 부각시키려는 의도가 뚜렷이 드러난다.

'민족'의 구성과 성격

대한제국 때 '민족'이라는 용어가 새로이 등장하면서 곧이어 '민족'의 구성 혹은 성격에 대한 논의가 이어졌다. 먼저 『황성신문』이나 『대한매일신보』는 '우리 민족은 원래 단군과 기자의 후예(我民族은 原是檀箕后裔)'라고 주장하였다.[127] 이와 같이 단군과 기자의 자손이라 할 때에는 아래와 같이 대체로 유교적 교화를 강조하는 경우였다.

> 오호라 우리 대한은 동양 반도에 수려한 강산이오. 단군 기자의 신성하신 교화와 본조 5백 년에 윤리를 숭상하는 습속으로 군자의 나라라 칭하며 충후순량忠厚淳良한 종족이라 이르더니.[128]

박은식朴殷植은 서북학회 취지서에서 "우리 대한은 그 강역은 다 함께 백두산의 산맥이며, 그 종족은 다 같은 단군과 기자의 자손이다. 이 나라에 나서, 다 같이 같은 종족으로서 혈기가 서로 통하는 것과, 아프고 가려운 것이 서로 관계되는 것이 실로 천연적으로 단

---

126. 一歲生(1907), 앞의 글, p.22.
127. 「根本的 改良」, 『황성신문』 1908. 3. 12.
128. 「嗚呼曷歸」, 『황성신문』 1908. 3. 27.

합한 성품이 있는 것이다"라고 말하였다.[129] 당시 서북학회에서는 서북 지역이 단군과 기자가 다스린 지역이라는 점을 중시하여 대한 민족이 단군과 기자의 후손이라는 점을 특히 강조하는 경향이 있었다.

그런가 하면 어떤 이들은 '2천만 민족은 동일한 단군의 자손(二千萬民族은 同一檀君子孫)'이라 하여 기자를 빼놓고 말하기도 하였다.[130] 예를 들어 『황성신문』은 "오호라 우리 대한 삼천리강산은 모두 백두의 지맥이요, 2천만 민족은 동일한 단군의 자손이니"라고 하였다.[131] 기자를 빼고 단군만을 강조하는 것은 중국 문화의 영향인 기자의 동래東來와 그 후손임을 강조한 것에서 벗어나는 것을 의미한다. 즉 한국 민족의 독자성을 더욱 강조하기 위해 기자를 빼고 단군만을 강조하기 시작한 것이다.[132]

이처럼 한국 민족은 다 같이 단군의 후예라는 표현이 이 시기 등장하였지만, 실제 혈연적으로 모두 연결된다는 생각을 가진 이는 없었을 것이다. 다만 개국시조 단군이 세운 나라의 후손들이며, 같은 종족 출신이라는 생각을 표현한 것이었다고 보는 것이 더 타당할 것이다. 즉 국조國祖 신앙의 표현이었다고 할 것이다.

그리고 당시에는 이와 같은 주장만 있는 것은 아니었다. 한국 민족은 다종족으로 구성되었다는 주장도 있었다. 단재 신채호는 1908년에 『대한매일신보』에 발표한 「독사신론」에서 "동국東國 민족을 대략 6종으로 나누나니 첫째는 선비족鮮卑族, 둘째는 부여족夫餘族, 셋째

129. 이만열 편(1980), 「서북학회 취지서」, 『박은식』, 한길사, p.35.
130. 「凡今之人은 莫如兄弟」, 『황성신문』 1908. 3. 13.
131. 『황성신문』 앞의 글 참조.
132. 백동현(2001), 앞의 논문, p.169.

는 지나족支那族, 넷째는 말갈족靺鞨族, 다섯째는 여진족女眞族, 여섯째는 토족土族"이라 하였다. 그는 이 가운데 "부여족은 즉 우리 신성한 종족 단군 자손이 바로 이것이니, 4천 년 동토東土의 주인공이 된 자"라고 덧붙이고 있다. 즉 "6종 중에 형질상·정신상으로, 타 5종을 정복하며 타 5종을 흡수하여, 동국 민족 세위世位에 자리한 자는 실로 부여족 1종에 불과하니, 무릇 4천 년 동국 역사는 부여족 성쇠 소장의 역사"라고 주장하였다.[133] 그가 이렇게 부여족을 주 종족으로 보는 까닭은 "단군 적통을 전승한 부여 왕조가 확실히 존재하였으니 설혹 당시 아동我東에 10국이 있었을지라도 주족土族은 부여가 그것이며, 백국百國이 있었을지라도 주족은 부여"라고 보았기 때문이다. 즉 부여는 '당당히 단군의 정통을 이어받은 나라'라는 것이었다.[134]

133. 단재신채호선생기념사업회 편(1972), 『단재신채호전집 상』, 형설출판사, pp.473~475.
134. 단재신채호선생기념사업회 편(1972), 앞의 책, p.481.

4. 식민지 시기 '민족' 개념의 정착과 변화

1910년대 '한국 민족'의 범주에 대한 논의

1910년대는 '민족'이라는 용어가 특히 지식인들 사이에서 크게 확산된 시기였다고 말할 수 있다. 일본 유학생들이 펴낸 잡지 『학지광』에 실린 글을 보면, 대부분의 글은 이 단어를 일부러 기피하면서 대신 '조선인'·'조선 사회' 등의 용어를 쓰고 있는 것을 볼 수 있다. 그러나 주종건朱鍾建·이광수李光洙·현상윤玄相允·안확安廓 등이 쓴 글에서는 '조선 민족'이라는 단어가 빈번히 등장한다. 예를 들어 주종건은 "조선 민족된 제군이여! 하등동물인 개미와 벌도 계통적 사회조직이 있으며 종족을 보안하기 위하여 그들의 제일 귀중한 생명을 희생하거든, 하물며 반만년의 혁혁한 문명 역사를 가진 우리 민족이리오"라고 말하고 있다.[135] 이광수는 "나는 조선 민족은 문화를 산출할 만한 정신력이 있다고 확신합니다"라면서, "우리는 새로운 민족적 이상을 정할 필요가 있으니, 그것은 곧 신문화의 산출이라 합니다"라고 주장하였다.[136] 현상윤은 "우리에게는 아무 이상이 없었다. 적어도 고려 이후로는 우리에게 아무 이상이 없었다. 왜 그러냐 하면 우선 고려조 이래로는 우리에게 '우리'라는 것이 없었다. 원나라나 명나라나 청나라라는 것은 있었으나, '조선 민족'이라 하는 '우리'는 없었던 것이다. 그러기에 그때 우리에게는 우리 민족으로 하야 우리 독특한 이상을 가지고 또는 그것을 실현하려고 애쓰기에는 너무도 우리가 토대를 가지지 못하였고, 너무도 우리가 준비를 게으르고 소홀히 하였던 것이다"라고 주장하였다. 즉 "근천년 동안 아무 공통한 민족적 이상이 없이 항상 남의 이상을 내 이상으로 알거나 또는 몰이상沒理想으로 지내 왔다"는 것이었다. 또한 그는 이광수가 '문화' 한 가지만 언급한 것을 비판하였다. 즉 문화도 잘사는 것을 의미하지만, 잘사는 생활에서 정치를 빼고, 경제를 빼고 어찌 잘사는 생활이 되며, 진보적 생활이 되겠는가 하고 비판하였던 것이다. 즉 정치적 독립 없이 신문화 건설만으로는 민족이 잘살 수 없다는 것을 말한 것이다.[137] 한 유학생은 "우리는 본래 고대로부터 영특한 민족이오, 출수出秀한 민족이라. 그러므로 능히 고대에도 그 문명이 혁혁하였으며, 중간에 당唐의 문명을 수입하는 데도 남이 아직 자각하기 전에 먼저 자각한 것이라"고 주장하였다.[138]

135. 주종건(1915), 「신년을 당하야 유학생 제군에게 묻홈」, 『학지광』 제4호, p.28.
136. 이광수(1917), 「우리의 이상」, 『학지광』 제14호, pp.7~8.
137. 현상윤(1918), 「이광수 군의 '우리의 이상'을 讀함」, 『학지광』 제15호, pp.55~57.
138. 작자미상(1918), 「졸업생을 보냄」, 『학지광』 제17호, p.2.

한편 중국으로 망명한 박은식은 1911년에 쓴 「몽배금태조夢拜金太祖」에서 '민족'이라는 용어를 50회 가까이 사용하였다. 그 용례를 들어 보면, "지금은 세계 각국이 모두 그 전체 민족의 힘으로 경쟁하는 시대인즉, 민족 단체의 힘이 아니면 다른 민족에 대하여 대적할 수 없으며 승리할 수 없다"고 하여, 당 시대를 민족 경쟁의 시대로 파악하였다.[139] 그런데 특기할 것은 이 글에서 조선족과 만주족을 모두 단군의 자손으로 언급하고 있다는 점이다. 박은식은 "조선족과 만주족은 모두 단군대황조의 자손으로 옛날에는 남북을 할거하여 서로 경쟁도 있고, 서로 교통도 있다가 필경은 통일이 되지 못하고 분리가 되어 두만강과 압록강이 하늘이 준 경계가 되어 양쪽 땅 인민들이 감히 이를 넘지 못하고 이에 섞여 살지 못한 지 천여 년이라. 이에 풍속이 같지 않고, 언어가 불통하여 막연히 서로를 전혀 다른 이족처럼 보게 되었다"고 말하고 있다.[140] 박은식은 더 나아가 "금金나라 태조 황제는 우리 평주平州 사람 김준金俊의 9세 손으로, 발상지는 함경북도 회령군이며, 민족 역사로 말하면 여진족은 발해족의 변칭變稱이요, 발해족은 마한족이 이거한 자가 많았다. 금나라는 두만강변 일개 소부락에서 일어나 일거에 요遼를 멸하고 다시 일어남에 북송北宋을 취하여 중국 천지의 주권을 장악하였으니, 이는 우리 땅에서 일어난 것이요, 오족의 사람으로 특별히 천제天帝의 애자愛子가 된 것"이라고 말하고 있다.[141] 앞서 본 것처럼 한말 신채

139. 단국대 동양학연구소 편(1975), 『박은식전서 중』, 단국대출판부, p.286.
140. 단국대 동양학연구소 편(1975), 앞의 책, p.199.
141. 단국대 동양학연구소 편(1975), 앞의 책, p.202.

호는 「독사신론」에서 한국 민족이 6개의 종족으로 구성되었다고 말하였는데, 박은식도 여진족은 조선족과 같은 단군의 자손이라 보고 있었던 것이다. 이와 같은 인식은 만주를 고토로 여기면서 이를 근거로 국권 회복 운동을 전개하고, 언젠가는 다시 회복해야 할 영토라고 생각하였던 데에서 비롯된 것으로 보인다.

한편 국내의 최남선崔南善은 「계고차존」이라는 글에서 고조선과 단군에 대해 서술하고 있다. 최남선은 지금으로부터 5천 년 전에 백산흑수白山黑水 사이에서 대동문명大東文明이 발생하니, 그 주체는 송화강변의 고조선인이었다고 말하였다. 그는 당시 고조선인의 경역境域은 자못 광대하여 송화강을 중심으로 하여 북으로 흑룡강, 흥안령에 달하고, 남으로 황하 근방, 반도 일국을 포함한 곳이었다고 보았다. 그는 조선인의 원주지는 알 수 없으나 멀리 서쪽에서 동쪽으로 와서 남하하여 사방으로 흩어졌을 것이라고 보았다. 그리고 그들은 선주민 혹은 근방의 이민異民과 더불어 각축·경쟁을 하는 동안에 승자가 되기도 하고 패자가 되기도 했으며, 또 각기 흩어진 지역에 따라 부족과 명칭이 달라졌을 것이라고 보았다. 이들은 3천 년 전 당시까지는 '주신'이라는 총 명칭 아래 여러 종족의 이름을 가졌을 것이니, 그 뜻은 지금 알 수 없지만 한자로 써서 숙신肅愼·직신稷愼·식신息愼 등으로 되어 있고, 또는 수신儵侲·숙연肅然·숙근肅謹으로 변하였다고 보았다. 또 뒤에는 맥貊이라는 이름으로 통칭되니 '맥'은 원래 요하 부근에 거주하던 주신인 일족의 명칭으로, 가장 한인漢人에 근접한 이름으로서, 한인들이 '맥'으로 주신인을 통칭하게 된 것이라 보았다. 그는 고조선을 세운 것은 환족桓族이라 불리는 일 민족으로, '환'이란 곧 하늘을 한자로 쓴 것이며, 환인과 환웅에서 '환' 자를 쓴 것은 곧 하늘로부터 내려온 것을 의미한다고 보았다. 그는 태백산 아래 도읍이 바로 신시神市로서, 신시 시대에 대표적인 영주英主는 환웅천왕桓雄天王이었으며, 이족의 동화에 노력하여 남북의 여러 종족이 다 이에 복속하였고, 그 가운데 일족인 신웅씨神熊氏와 혼인하여 아들을 낳으니 곧 뒤의 임검王儉이라고 보았다. 그는 임검은 곧 첫 번째 단군이라고 보았다. 즉 단군이란 역대 임검의 총칭이라고 보았던 것이다. 여기서 단檀은 배달 혹은 박달이라 하여 백산 곧 도읍지를 가리키며, 주상의 칭호는 특별히 따로 없어 대대로 '임검'이라 칭하였으니, '임'은 주主의 뜻이요, '검'은 신神의 뜻으로 양자를 합하면 '신성한 주인'을 의미한다고 보았다.[142]

최남선은 또 단군 말엽 고조선의 환족이 송화강 유역으로 이동하여 세운 나라가 부여국이었다고 보았다. 그는 부여의 왕 해부루의 '해解' 또한 하늘을 의미한다고 보았다. 그는 기자조선은 부여의 중엽, 기자의 인도를 받은 한인들이 요서 하북 지역의 맥족과 연합하여 세운 나라로서 나중에 요동으로 옮기게 되었다고 보았다. 그는 이때 들어온 한인들을 '한교漢僑'라고 불렀다.[143] 그는 또 한강 이남에는 진국辰國과 한국韓國이 있었는데, 뒤에는 한韓이라 칭하게 되었다고 보았다. 그는 이 지역에는 주신인이 처음 남하하였고, 뒤에도 바다와 육지를 통해 잡다한 이민족이 들어와 살게 되었다고 보았다. 따라서 한토韓土와 한인韓人은 가장 잡다한 종족이 동화혼일同化混一된 것이라고 보았다.[144] 이상에서 본 것처럼 최남선은 한국인의

142. 최남선(1918), 「稽古箚存」, 『靑春』 제14호 부록, pp.1~6.
143. 최남선(1918), 앞의 글, pp.19~23.
144. 최남선(1918), 앞의 글, p.41.

모체는 '숙신'이라 불리던 주신인이고, 그 가운데 환족이 고조선과 부여를 세운 것이며, 이후에도 한족이 들어왔고, 또 여러 주신인 종족과 기타 종족이 한반도 남부에 들어와 삼한을 세우게 되었다고 보았던 것이다. 즉 한국인은 여러 종족이 동화되어 만들어진 것으로 본 것이다. 또 한국인의 모체를 숙신, 주신인으로 본다면 이는 뒤의 말갈에서 여진족으로 이어진 만주족도 한국인과 뿌리를 같이 하는 것으로 보는 것이다.

이는 앞서 본 박은식의 생각과 유사한 점이 있다고 말할 수 있지만, 뿌리를 같이한다는 것과 그 이후에도 줄곧 같은 민족으로 보는 것은 다르다. 박은식은 만주족이 현재도 우리와 같은 민족이라고 보았지만, 최남선은 그런 표현은 쓰지 않았다는 점에서 차이가 있었다.

한편 이와 관련하여 신채호는 1920년대 초 쓴 것으로 보이는 『조선상고사』에서 "고대 아세아동부의 종족이 ① 우랄어족, ② 지나어족 두 갈래로 나뉘었으니, 한족漢族·묘족苗族·요족猺族 등은 후자에 속한 자요, 조선족·흉노족 등은 전자에 속한 자니, 조선족이 분화하여 조선·선비·여진·몽고·퉁구스 등 족이 되고, 흉노족이 이동·분산하여 돌궐(지금의 신강족)·헝가리·터키·분란芬蘭 등 족이 되었나니"라 하여, 조선족과 선비족·여진족·몽고족 등은 뿌리는 같지만 분화한 민족이라고 분명히 구분하였다.[145] 조선족과 여진족은 이미 분화한 민족이라고 분명히 말하고 있는 점에서 신채호는 박은식과 생각이 달랐음을 알 수 있다.

---

145. 단재신채호선생기념사업회 편(1972), 「조선상고사」, 『단재신채호전집 상』, p.74.

이후 조선 민족에 대해서는 대체로 최남선이나 신채호처럼 한족·선비족·여진족·몽고족 등과는 별개의 민족으로 간주하는 경향이 일반화한 것으로 보인다.

3·1 운동 이후 '민족' 개념의 확산과 정착

1919년 3·1 운동은 '민족' 개념이 지식인만이 아니라 대중 차원으로까지 확산되고 정착한 계기가 되었다. 3·1 운동 당시 최남선이 쓴 독립선언문에는 '민족'이라는 표현이 11회 나온다. 예를 들면 "민족의 항구여일한 자유 발전을 위하야"라든가, "유사 이래 누천년에 처음으로 이민족 겸제의 통고를 당한지"라든가, "아민족 문화를 토매인우하야"라든가, "이해상반한 양국 민족 간에 영원히 화동할 수 없는"이라든가, "춘만한 대계에 민족적 정화를 결뉴할지로다"라든가 하는 것 등이 그것이다. 또 한용운韓龍雲이 제안한 공약 3장에는 "금일 오인의 차거는 정의, 인도, 생존, 존영을 위하는 민족적 요구"라는 표현이 있고, 서명자를 표시하는 곳에서도 '조선 민족 대표'라는 말이 나온다.[146] 또 당시 뿌려진 각종 지하신문과 전단에서는 '민족'이라는 단어가 자주 발견된다. 예를 들어 천도교 측에서 3월 1일자로 발행한 『조선독립신문』 제1호에서는 '조선 민족 대표', '아 2천만 민족' 등의 표현이 나온다.[147] 또 3월 2일자로 발행되어 4일 종로에 뿌려진 『국민회보』라는 지하신문에서도 '우리 민족', '민족

---

146. 국가보훈처 편(2002), 『3·1운동 독립선언서와 격문』, 국가보훈처, p.37.
147. 국가보훈처 편(2002), 앞의 책, p.40.

자결' 등의 단어가 발견된다.[148] 특히 '민족자결', '민족적 독립'이라는 단어는 빈번히 등장한다. 예를 들어 3월 30일 경성 소격동에서 발견된 전단에서는 "세계 개조의 기운을 승하야 민족적 독립을 확실하게 하려 함이 오인의 근본적 목적"이라 하였고, "세계의 대세에 오인吾人의 시운이 부합하야 민족 자결은 오인에게 여與하시는 천명"이라고 주장하였다.[149] 3월 9일 고양군 용강면 공덕리에서 뿌려진 유인물에서는 "반만년의 역사를 가진 조선 민족", "신성한 우리 민족"이라는 표현이 나온다.[150] 3월 5일 양주군 노해면 중계리에 뿌려진 전단에는 "반만년 역사의 위대한 영광을 대帶한 우리 단제성손檀帝聖孫은 민족적 주의를 발달케 하는 금일"이라는 표현이 나온다.[151] 4월 2일 경성의 전기 회사 직원들에게 교부된 협박문에서는 "우리로 말하면 단기후족檀箕後族의 동일한 자손으로 우리 부조父祖의 백골을 이곳에 파묻었고, 우리도 장차 이 한 몸을 이 땅에 더하지 아니치 못할지니"라고 말하고 있다.[152] 또 4월 2일 고양군 용강면 사무소에 배달된 『충북자유보』라는 이름의 전단에서는 "우리는 4천 년 역사국이오, 20세기 문명을 수입한 신성영민神聖英敏한 민족이라"고 말하고 있다.[153] 5월 23일 경성 종로에서 발견된 민족 대동단의 이름으로 뿌려진 전단에서는 "우리 조선은 단군 이래 완전한 자주 민족

---

148. 국가보훈처 편(2002), 앞의 책, pp.47~48.
149. 국가보훈처 편(2002), 앞의 책, p.144.
150. 국가보훈처 편(2002), 앞의 책, p.70.
151. 국가보훈처 편(2002), 앞의 책, p.61.
152. 국가보훈처 편(2002), 앞의 책, p.173.
153. 국가보훈처 편(2002), 앞의 책, p.183.

으로 4천2백여 년의 장구한 역사를 가진, 실로 세계 유수한 최고最古 문명의 특수 발달을 존속한 자라"고 말하였다.[154] 같은 날 역시 민족 대동단의 이름으로 뿌려진 선언서에서는 "조선 민족은 4천2백여 년간 자립한 국가와 특수한 창조적 문화의 위사偉史를 유有하며, 정의와 인도를 존중하는 평화적 민족이라. 세계 문명의 대주주요, 인류 진화의 일 선구라"고 말하였다.[155] 단군의 후손으로서 오랜 세월 동안 자주권을 유지해 온 민족이라는 점이 강조되었음을 알 수 있다.

그 밖에도 각종 지하신문이나 전단에서는, 특히 공약 3장 부분의 "금일 오인의 차거는 정의, 인도, 생존, 존영을 위하는 민족적 요구"라는 대목이 자주 인용되었다. 물론 당시 전단에 '동포'라는 단어도 자주 등장한다. 하지만 이는 주로 "2천만 동포여"라는 식으로 참여를 호소할 때 사용되었고, 자결의 주체, 독립 의지의 주체, 독립운동의 주체로서는 주로 '민족'이라는 단어가 사용되었다. 이제 '민족'이라는 단어는 독립운동의 주체로서 확고하게 자리를 잡았으며, 대중적 차원의 일상용어가 되었다.

이러한 사정에 대하여 『동아일보』는 1924년 2월 6일자 「미발견의 민중」이라는 사설에서 "우리 조선인은 근년에 민족을 발견하였다. 반만년래未로 민족적 생활을 하여 왔거니와 '우리는 한 민족이다'하는 민족적 의식을 분명하게 가지게 된 것이 곧 민족을 발견한 것이라 할 것이다. 민족을 발견함으로써 여러 가지 민족운동이 일

154. 국가보훈처 편(2002), 앞의 책, pp.359~360.
155. 국가보훈처 편(2002), 앞의 책, p.377.

어난 것이다"라고 말하였다.[156] 즉 이 글은 '민족의식'의 각성이 '민족'을 발견하게 하였다고 말하고 있는 것이다.[157]

1920년 『동아일보』와 『조선일보』 등 신문이 창간되고, 또 『개벽』 등 잡지가 창간된 것도 '민족' 개념의 대중적 확산에 크게 기여하였다. 『동아일보』는 창간 당시 '조선 민중의 표현 기관'임을 내세웠는데, 지령 제100호 신문에서는 '조선 민중'을 '조선 민족'으로 바꾸고, 민족주의·민주주의·문화주의를 지향하는 신문임을 분명히 하였다.[158]

한편 『동아일보』는 1920년 4월 6일자 「세계 개조의 벽두를 당하야 조선의 민족운동을 논하노라」라는 글에서 민족과 역사의 관계에 대해 다음과 같이 말하고 있다.

조선 민족을 낳은 자도 오직 4천 년 역사요, 이를 망케 하는 자도 또한 그 역사로다. ……크도다. 역사의 공효功效여. 그는 과거 열성列聖과 만중萬衆이 노력한 결과로다. 민족은 역사적 발달이며, 역사는 지리와 인종상 관계에 따라서 각각 전혀 다른 발달을 이루나니 따라서 민족은 각각 그 특징이 있으며, 또한 단일한 실체를 구성하야 타와 혼합치 아니하려는 성질을 가지니라. 곧 현대 국가의 기초를 단일민족 위에 구하는 소이로다. 그 단결이 가장 견고함으로 인함이라. 대개 이분자異分子를 혼잡하지 아니하

---

156. 사설 「미발견의 민중」, 『동아일보』 1924. 2. 6.
157. 이는 앞서 본 겔너나 베네딕트 앤더슨의 주장을 떠올리게 한다. 그러나 그렇다고 하여 이 신문이 근년에 와서 민족이 비로소 '형성'되었다고 말하는 것은 아니다. 이 신문은 민족의식의 각성이 민족을 새롭게 '발견'하게 하였다는 점을 강조하고 있을 뿐이다.
158. 동아일보사 편(1975), 『동아일보사사1』, 동아일보사, pp.89~92.

고 공통한 문화의 소유자, 단독으로 국가 생활을 경영하니 어찌 견고한 단결을 이루지 아니하랴.[159]

즉 민족은 역사의 결과 생성된 존재이며, 따라서 민족은 각각 그 고유한 특징을 가지면서 다른 민족과 섞이지 않으려는 속성을 지닌다는 것이다. 그리고 이것이 현대 국가가 단일한 민족 위에 구성되는 이유라고 설명하고 있다. 결론적으로 이 글은 "민족은 그 자신이 일개 실체라. 따라 고유한 의사와 목적이 있으니 이 목적을 달하기 위하야 사회 공동의 의사로 발하는 운동은 곧 민족적 운동이라. 개인적 운동과 상이한 점은 그 '민족적'임에 있도다. '민족적'이라 함이 무엇인고 하면 그는 곧 상술한바 민족의 목적을 역사적 생명의 권위에 의하여 표현함을 의미하는 것이로다"라고 말하고 있다.[160] 민족의 목적을 위한 운동이 곧 민족적 운동이라는 것이다.

그런데 이 신문은 한국 민족의 경우 민족 관념이 박약하다고 거듭 말하고 있다. 예를 들어 재만 동포의 문제와 관련하여 국내에서 이렇다 할 반응이 없는 것에 대하여 "언제든지 오인의 논설하는 바이지만, 재래 조선 민족은 가족의 도덕은 철저하게 발달이 되었으나, 민족 관념은 박약하였으며, 소리소사小利小事에는 열렬히 주장하였으나 대국 전체에 이르러서는 그 원려遠慮가 모자란 것이 사실이라"고 말하였다.[161] 동일한 논조로 이 신문은 아래와 같이 말하고 있다.

159. 사설 「세계 개조의 벽두를 당하야 조선의 민족운동을 논하노라」, 『동아일보』 1920. 4. 6.
160. 『동아일보』 앞의 글 참조.
161. 사설 「만주 일대의 우리 동포를 회(懷)하노라」, 『동아일보』 1922. 11. 19.

원래 조선 민족에게는 유태 민족의 종교와 같은 전통적인 견고한 결뉴結紐 또는 핵심이 없었고, 오직 혈족적 · 지리적 및 정치적 결뉴가 있었을 뿐이었다. 여러 세기 동안 이민족과 접촉함이 없이 태평 속에 지내 온 조선 민족은 순 혈족적인 동성족同性族의 단결, 정치적 이해를 같이하는 반상班常 사색四色의 단결적 의식은 발달하였으나, 전 민족적 의식은 발달할 기회가 없었다. 조선 민족 중에 순 민족적 의식이 각성하고 발달하기 시작한 것은 그네가 정치적 핵심을 잃고 이민족의 통치하에 들어간 이후의 일이었다. 그러므로 조선 민족의 민족적 의식은 비록 강렬은 하다 하더라도 아직 조직적 · 고정적인 것이라고는 할 수 없다. 하물며 이것을 파괴하려는 힘은 날로 그 압력을 가함에랴.[162]

이 신문은 조선 민족은 이와 같이 아직 확연한 핵심을 가지지 못한 상태, 중추신경을 결여한 상태에 있다고 주장하면서 민족의 구심점이 될 수 있는 핵심적 단체를 만들어야 한다고 주장하였다. 즉 "우리가 시급히 해야 할 일이 무엇인가. 그것은 민족적 단결의 핵심을 만드는 것이다. 민족적 이상을 세우고 그 이상을 달성할 계획을 상정하고 그 계획을 실현할 실력을 얻기 위하여 일대 단결을 조직함이다. 이러한 단결이야말로 유태족의 종교에 대신하여 오직 민족적 대단결의 핵심이 되고 결뉴가 될 것이니 이 핵심이 생기는 날이 비로소 조선인의 민족적 생명이 안고安固되는 날이다"라고 주장하였다.[163]

---

162. 사설 「민족적 해체의 위기―조선인은 다 맹성하라」, 『동아일보』 1923. 10. 2.
163. 『동아일보』 앞의 글 참조.

1920~1930년대 '민족' 개념을 둘러싼 논쟁

1) 영속적 문화공동체로서의 '민족' 개념

『동아일보』는 또 1920년 4월 6일자 「세계 개조의 벽두를 당하야 조선의 민족운동을 논하노라」라는 사설에서 '민족'에 대해 다음과 같이 정의하였다.

> 민족은 역사적 산물이라. 역사의 공통적 생명 곧 국민적 고락을 한 가지로 맛본 경험과 국민적 운명을 한 가지로 개척한 사실이 없으면 도저히 민족적 관념을 낳지 못하나니 이 없이 어찌 언어와 습관과 감정과 예의와 사상과 애착 등의 공통 연쇄가 있을 수 있으리오. 이는 곧 민족을 형성하는 요소로다.[164]

즉 민족을 역사적 경험을 같이한 공동체로서 인식하였다. 이 글은 또 "민족은 단순히 개인이 다수 집회한 것이 아니오, 또한 그의 독특한 존재를 구유한 일개 실체이니, 개인은 대대로 그 생사가 변천할지라도 민족이란 '전체'는 영영 계속하야 흐르는 생명"이라고 하여, 민족을 영원한 생명을 가진 존재로 파악하였다.[165] 그런데 이 글은 "민족은 역사적 산물인 고로 혈통 관계는 그다지 중요한 문제가 아니니 천하의 많은 민족 중에 순연히 자기의 혈통만 고수하여 한 점이라도 타민족의 피를 섞지 않은 자 능히 있지 못하도다. 오직

---

164. 사설 「세계 개조의 벽두를 당하야 조선의 민족운동을 논하노라」, 『동아일보』 1920. 4. 6.
165. 이 시기 민족주의자들의 민족에 대한 유기체적 해석에 대해서는 윤해동(2000), 「한국 민족주의의 근대성 비판」, 『역사문제연구』 제4호, pp.58~59 참조.

공통 생활의 역사로 공통한 문화를 가진 자는 곧 한 민족이라 칭할 지니"라고 하여, 혈통보다 문화적 공통성을 민족을 구성하는 중요한 요소로 보았다.

1930년대 이광수도 문화적 측면에서 민족을 파악하였다. 그는 "민족은 엄연한 실재"라고 말하고, "민족은 운명이다. 아무도 민족의 범위에서 초탈할 능력을 가지지 못한다"고 주장하였다. 그는 민족의 본질적 요소를 혈통과 성격, 문화(언어)에서 찾았다. 여기서 '성격'이란 그가 말하는 민족성을 의미한다.[166] 그는 "민족은 영원한 실재"라고 보았다. 즉 "민족 생활은 어느 종교보다도 크고 길고 어느 주의보다도 크고 긴 것"이라고 보았다. 종교나 주의는 있다가도 없어지지만 민족은 그렇지 않다는 것이 그의 주장이었다. 비록 혈통보다는 문화적 요소를 강조하였지만, 민족을 영속적인 존재로 보고 있는 것이다. 그는 "민족은 영원의 실재다. ……이러한 때에 있어서 민족이란 말을 꺼리고 욕하는 자는 마땅히 민족의 죄인이라고 극언하여야 할 것이다"라고 말하였다. 이광수는 사회주의자들이 민족보다 계급을 더 중시하고 있다면서 이를 비판하였다. 그는 "근래에 민족이라는 말을 꺼리는 사람이 있다. 그들은 얼(덜된—인용자) 마르크시스트의 무리다. 그들은 대명大明을 조국이라고 부르던 자와 같은 노예사상을 가진 무리다. 왜 그런고 하면, 적어도 이 세기에 있어서 오인의 인식에 들어오는 실재는 오직 민족이 있을 따름인 까닭이다"라고 주장하였다.[167]

---

166. 이광수(1971), 「조선민족론」(1933), 『이광수전집 17』, 삼중당, pp.326~332.
167. 이광수(1932), 「조선민족운동의 3기초사업」, 『동광』 제4권 제2호, p.13.

안재홍安在鴻은 '민족'이란 "그 문화와 전통과 취미와 속상俗尙(풍속상 좋아하는 것—인용자)과 정치와 경제상의 핍박한 공통적 이해 따위, 공동한 자연적 테(紐帶)의 안에 일정한 특수 생활 경향을 형성한 집단"이라고 이해하였다. 이어서 그는 "이것은 좋거나 나쁘거나를 논치 말고, 일종의 본능적인 경향에 의하여 친절한 동포 의식을 가지고 또 대체로 공동 이해감을 가지고 서로 한 가지로 움직이게 되는 것이다. 그리하여 이러한 감정과 우의의 아래에 동일 민족을 일 단위로서 일정한 사회적 생활 과정을 국제 간의 일 구역에서 가지려 하는 것"을 가리켜 민족주의라 한다고 설명하였다.[168] 동일 민족이 본능과 동포 의식, 공동의 이해 의식 등을 기초로 국제사회에서 일정한 독립된 영역을 갖고 생활하고자 하는 것을 민족주의라고 이해한 것이다.

안재홍은 또 일 국민, 일 민족은 모두 ① 그 향토나 조국의 자연인 풍토를 토대삼아, ② 그 허구한 연대를 통하여 겪어 오고 싸워 온, 생활의 항구한 지속으로서의 종합적인 역사를 주조로 삼고, 공통의 생활 집단의 준칙을 대강령으로 삼아, ③ 각각 그 현실에서의 교호 착종하는 국제적인 여러 세력과 온갖 문화와의 교섭과 융합, 그리고 그로 인한 신자아新自我와 신문화의 건설 또는 창조에 의하여 일진일퇴, 일굴일신하면서 역사적 행진을 해온 것이라고 말하였다.[169] 즉

---

168. 사설 「조선인의 처지에서」, 『조선일보』 1932. 12. 2. ; 안재홍선집간행위원회 편(1981), 『민세 안재홍선집 1』, 지식산업사, p.463.
169. 연재물 「민세필담―민중심화과정」, 『조선일보』 1935. 5. ; 안재홍선집간행위원회 편(1981), 앞의 책, p.481.

민족을 ① 같은 땅 위에서, ② 하나의 생활공동체를 이루고, ③ 오랜 시일 동안 역사적 경험을 같이하면서 같은 문화를 만들어 온 문화적 공동체로서 이해하고 있는 것이었다.

이처럼 1920~1930년대 민족주의자들은 '민족'을 오랜 세월 동안 역사적 경험을 같이해 온 영속적·문화적 공동체로서 이해하였다.

2) 사회주의자들의 '한시적 민족'론

그러나 1930년대 사회주의자들의 '민족'에 대한 이해는 민족주의자들의 것과는 크게 달랐다. 사회주의자들은 민족주의자들의 민족론을 비판하면서 "민족은 역사적 현상"이며, "민족은 인간의 자본주의적 결합 관계"라는 점을 강조하였다. 예를 들어 1931년 『비판』에 실린 박덕창朴德昌의 글은 다음과 같이 말하고 있다.

> 원래 민족이란 것은 프로이트Sigmund Freud가 말한 바와 같이 "자본주의의 발생과 발달의 결과 형성된 사람과 사람들의 통일체로서 그 통일체의 특징은 일정의 경제적 연계와 영토, 국어, 문화 등의 공통성을 내포하고 있는 것이다." 이것을 다시 스탈린은 일반적 의미로 말하여 가로되 "민족이란 것은 언어, 영토, 경제생활 및 문화의 공통성으로써 현현되어 있는 전통적 심리 등의 공통성에 의하여 통일된 인간의 역사적으로 쌓인 영속성이 있는 공통성이다"라 하였다. 이와 같이 결성된 민족이란 것을 마르크스가 말한 바에 의하면, "부르주아지는 생산수단의, 재산의, 주민을 취합하고, 생산 수단을 집중하고, 재산을 소수자의 손에 집적하였다. 그 필연적 결과는 정치상의 중앙집권이었다. 서로서로의 이익, 법률, 정부, 세제稅制를 가졌다. 독립의 여러 지방이 한 개의 민족, 한 개의

정부, 한 개의 법률, 한 개의 전국적 계급 이해, 한 개의 세관 구역이 된다"
라고 하여, 민족의 생성은 자본주의의 '세관 구역'으로서 그 지역의 계급
적 이해를 위한 통일된 조직의 진화인 것을 명백히 제시하였다. 이리하
여 민족적 관념이란 것은 전통적 결성에서 자본주의적 발전에 의하여
부르주아지가 세계를 자신의 용자容姿와 같이 창조하는 데에서 생긴 것
이다.[170]

박덕창은 '민족'이란 자본주의 시대에 자본가계급의 이해에 따라
만들어진 것으로 보았다. 그가 주로 인용한 것은 프로이트, 마르크
스, 그리고 스탈린이었다. 마르크스와 엥겔스Friedrich Engels는 민족 혹
은 민족주의는 근대 이전에는 결코 존재한 일이 없었다고 주장한
바 있다. 그들은 민족 또는 민족주의는 자본주의 시기의 특수한 산
물이라고 보았다. 스탈린도 1913년에 쓴 「마르크스주의와 민족 문
제」라는 글에서 "민족은 단순한 역사적 범주가 아니라 일정한 시
대, 즉 대두하는 자본주의 시대의 역사적 범주"라고 규정하였다. 즉
민족은 자본주의 시대의 산물이기 때문에 자본주의 시대에는 민족
이라는 존재를 인정하지 않을 수 없지만, 민족은 그 자체가 원초적
으로 존재한 것도 아니고, 또 영속적인 것도 아니기 때문에 인간 사
회의 한 발전 단계의 산물에 불과한 것이라고 본 것이다. 그리고 자
본주의 시대가 끝나고 사회주의 시대가 오면 부르주아적인 민족이
아닌 사회주의적 민족이 등장하게 되며, 사회주의 단계를 지나 공
산주의 단계에 이르면 민족은 서로 융합하여 결과적으로는 사멸한

170. 박덕창(1931), 「反解消派의 頭上에 一棒」, 『비판』 제3호 · 제4호, p.27.

다고 보았다.[171]

1932년 정절성은 이러한 입장에서 '민족은 영원한 존재'라는 이
광수의 주장에 대해 이렇게 비판하였다. "현 사회의 허위의 용골龍骨
인 부르주아 과학은 '민족의 부동성不動性'을 표방한다. 그러나 그것
은 인종과 민족을 동일시한 몰분효적沒分曉的 정의인 것이다. 알고 보
면, 인종은 자연적 조건의 결과에서 생성된 인간의 외모적 특징의
총계이다. 그러므로 인종은 자연의 일부분으로서 인간인 것이요,
민족은 인간의 자본주의적 결합의 관계인 것이다. 그러므로 민족은
씨족, 종족의 사회를 거쳐 온 역사적 현상에 불과한 것이다."[172] 이광
수는 일시적 · 역사적 현상인 민족을 영속적 존재로 잘못 이해했다
는 것이었다.

이처럼 민족을 자본주의 시대에 한정된 것으로 이해하는 사회주
의자들은 자본주의 시대 이후에는 민족도 해소될 것이라고 생각하
였다. 예를 들어 황영黃英은 "민족이란 것이 원래 자본주의의 발생
과 더불어 그 시간을 함께하여 발생하였고, 자본주의의 발달과 더
불어 그 보조를 함께하여 발달하였으며, 다시 자본주의의 ××과 더
불어 그 해소의 시간을 같이할 것"이라고 보았다. 따라서 그는 "민
족의 번영을 꾀하는 민족주의가 개인주의와 자유, 경쟁을 기조로

---

171. 박용수(1985), 「마르크스주의와 민족문제—레닌 · 스탈린의 시각을 중심으로」, 『민족이론』,
     문학과지성사, pp.59~81.
172. 丁絶聖(1932), 「인테리겐챠와 민족운동—이광수의 민족운동의 이론을 분쇄함」, 「비판」
     제14호, p.9. 이광수 등 민족주의 우파의 민족운동론에 대한 사회주의자들의 비판에 대해서
     는 지수걸(1988), 「1930년대 초반기(1930~1933) 사회주의자들의 민족개량주의 운동비판」,
     『80년대 한국인문사회과학의 현단계와 전망』, 역사비평사 참조.

하는 자본주의와 더불어 간격을 둘 수 없음은 그 논리가 너무나 간명하다"고 주장하였다. 즉 자본주의가 종언을 고함과 함께 민족주의도 종언을 고하게 될 것이라는 주장이다.[173] 결국 식민지 시기 한국의 사회주의자들은 민족은 자본주의 시대에 나타난 한시적인 현상으로 이해하였으며, 민족주의도 역시 자본주의 시대에 나타난 한시적인 현상으로서, '부르주아 민족주의'와 같은 개념으로만 이해하였다고 정리할 수 있다.

---

173. 황영(1933), 「민족주의 지도원리의 비판」, 『신계단』 제6호, p.7.

5. 해방 이후 '민족' 개념의 변화

분단의 위기와 '단일민족'론의 대두

최근 한 사회학자는 한국의 민족주의를 '에스닉 내셔널리즘ethnic nationalism'으로 규정했다.[174] 즉 한국의 민족주의는 혈연에 바탕을 둔 종족적 민족주의의 성격이 강하다는 것이다. 그는 그 상징적인 표현으로서 '단일민족'설을 들었다. 그러면 '단일민족'이란 말은 언제부터 쓰이기 시작했을까.

식민지 시기에 '한국 민족은 단일민족'이라고 표현한 경우는 아주 드물게 보이는 편이다. 앞서 본 『동아일보』의 1920년 4월 6일자 사설에서 "현대 국가의 기초는 단일민족 위에 있다"고 주장한 대목

174. 신기욱(2009), 『한국 민족주의의 계보와 정치』, 이진준 옮김, 창비.

에서 단일민족이라는 표현이 나온다. 하지만 이 글도 조선 민족이 단일민족이라고 단정적으로 말하지는 않았다. 조선 민족이 단일민족이라는 단정적인 표현은 1930년대 이광수의 글에서 보인다. 이광수는 1933년 「조선민족론」이라는 글에서 "조선 민족이 혈통적으로, 문화적으로 대단히 단일한 민족이라는 것은 우리 조선인 된 이는 누구나 분명히 의식하여 일 점의 의심도 없는 바다"라고 말하였다.[175] 또 국외에서는 중국 관내에서 1937년 민족 진선을 결성하는 과정에서 "본래 우리 민족은 순수한 단일민족이기 때문에 민족 진선을 결성하기에는 남보다 용이할 것이다"고 주장한 글이 있다.[176] 필자가 과문한 탓인지 식민지 시기의 글 가운데에서 한국 민족은 단일민족이라고 직접 표현한 경우를 아직 더 찾지 못하였다.

물론 한말에 처음 '민족'이란 용어가 들어온 직후부터 혈통에 대한 의식이 강한 것은 사실이었다. 예를 들어 『대한매일신보』의 한 논설은 "자기 집 혈통 중에 다른 인종이 들어옴을 허락하지 아니함이 가하니 인종의 분간을 먼저 없어지게 하면 애국심이나 독립심이 어디서 나리오"라고 할 정도로 한국 민족은 단일한 혈통을 유지해 왔다는 의식이 강하였다.[177] 어떤 이들은 '2천만 민족은 동일한 단군의 자손(二千萬民族은 同一檀君子孫)'이라 말하기도 하였다. 또 앞서 본 것처럼 『황성신문』은 "오호라 우리 대한의 삼천리강산은 모두 백두의 지맥이요. 2천만 민족은 동일한 단군 자손"이라고 하였다.[178]

---

175. 이광수(1971), 앞의 글, pp.329~330[이 글은 『동광총서 1~2』(1933. 6~7)에 실린 것임] 참조.
176. 「民族陳線의 第一段階」, 『한민』 1937. 6. 30.
177. 논설 「내외국인의 통혼을 금할 일」, 『대한매일신보』 1909. 1. 10.
178. 「凡今之人은 莫如兄弟」, 『황성신문』 1908. 3. 13.

이와 같은 주장들은 한국 민족은 '단일한 민족'이라는 가정 위에서 있는 것이었다. 하지만 이 같은 혈통을 기초로 한 단일민족론만 있는 것은 아니었다. 한국 민족은 다종족으로 구성되었다는 주장도 있었다. 앞서 본 것처럼 단재 신채호는 1908년에 발표한 「독사신론」에서 동국 민족은 6종족으로 구성되었으며, 다만 부여족은 그 주 종족이라고 말하였다.[179] 또 1910년대 박은식은 「몽배금태조」에서 "조선족과 만주족은 모두 단군대황조의 자손으로 옛날에는 남북을 할거하여 서로 경쟁도 있고, 서로 교통도 있다가 필경은 통일이 되지 못하고 분리가 되어 두만강과 압록강이 하늘이 준 경계가 되어 양쪽 땅 인민이 감히 이를 넘지 못하고 이에 섞여 살지 못한지 1천여 년이라. 이에 풍속이 같지 않고, 언어가 불통하여 막연히 서로를 전혀 다른 이족처럼 보게 되었다"고 하여, 조선족과 만주족은 모두 같은 단군의 자손이라고 말하고 있다.[180]

또 앞서 본 것처럼 1920년대 『동아일보』는 「세계 개조의 벽두를 당하야 조선의 민족운동을 논하노라」라는 사설에서 '민족'에 대해 "민족은 역사적 산물이라. 역사의 공통적 생명 곧 국민적 고락을 한 가지로 맛본 경험과 국민적 운명을 한 가지로 개척한 사실이 없으면 도저히 민족적 관념을 낳지 못하나니 이 없이 어찌 언어와 습관과 감정과 예의와 사상과 애착 등의 공통 연쇄가 있을 수 있으리오. 이는 곧 민족을 형성하는 요소로다"라고 하여 민족을 역사적 경험을 같이한 공동체로서 인식하였다.[181] 그런데 이 글은 또 "민족은

---

179. 단재신채호선생기념사업회 편(1972), 앞의 책, pp.473~475.
180. 단국대 동양학연구소 편(1975), 앞의 책, p.199.
181. 사설 「세계 개조의 벽두를 당하야 조선의 민족운동을 논하노라」, 『동아일보』 1920. 4. 6.

역사적 산물인 고로 혈통관계는 그다지 중요한 문제가 아니니 천하의 많은 민족 중에 순연히 자기의 혈통만 고수하여 일 점이나 타민족의 피를 섞지 않은 자 능히 있지 못하도다. 오직 공통 생활의 역사로 공통한 문화를 가진 자는 곧 한 민족이라 칭할지니"라고 하여, 혈통보다 공통의 역사적 경험과 문화적 공통성을 중시하였다.

또한 1933년 이광수는 앞서 본 것처럼 "조선 민족이 혈통적으로, 문화적으로 대단히 단일한 민족이라는 것은 우리 조선인 된 이는 누구나 분명히 의식하여 일점의 의심도 없는 바다"라고 말하였다.[182] 이와 같이 혈통을 강조하고, 단일민족이라는 용어를 사용한 것은 1930년대 일본의 '단일민족론'에서 영향을 받은 것이 아닌가 여겨진다. 일본에서는 1910년 이래 혼합민족설과 단일민족설이 서로 논쟁을 벌이고 있었다.[183] 이광수는 일본 민족과는 달리 한국 민족은 의심의 여지없는 단일민족이라고 생각하였던 것으로 보인다. 이러한 단일민족론은 1930년대 중반 미나미 지로南次郎 총독이 부임하여 '내선일체'를 강조하고, 일본인과 조선인 간의 혼인을 장려하면서 불온한 것이 되지 않을 수 없었다. 따라서 한국인＝단일민족론은 국내에서는 더 이상 등장하지 않았다.

해방 이후 단일민족 담론을 처음 꺼낸 것은 안재홍으로 여겨진다. 앞서 본 것처럼 안재홍도 1930년대에는 '민족'이란 "그 문화와 전통과 취미와 속상과 정치와 경제상의 핍박한 공통적 이해, 공동한 자연적 테(紐帶)의 안에 일정한 특수 생활 경향을 형성한 집단"이

---

182. 이광수(1971), 앞의 글, pp.329~330.
183. 오구마 에이지(2003), 『일본 단일민족신화의 기원』, 조현설 옮김, 소명출판.

라고 하여, 민족을 주로 역사적·문화적 공동체로 이해하였다.[184] 그런데 1945년 9월에 발표한 「신민족주의와 신민주주의」에서 그는 민족 성립의 요소로서 ① 동일 혈연체, ② 일정한 공간에서의 협동적 생활의 영위, ③ 운명공동체로서의 생활협동체 등을 들었다. 그는 우리 민족은 주변의 여러 민족과 혼혈이 되었지만 오늘날에는 그 형적을 모를 만큼 순수한 혈연을 갖게 되었다고 보았다. 또 우리 민족은 만주와 한반도에서 일진일퇴하면서 그 지역과 풍토를 기반으로 일정한 기질과 성능을 갖추고 연마하였으며, 공동 문화의 유대에서 결속되고 성립된 운명공동체라고 보았다. 따라서 우리 민족은 "그 혈액의 순수 단일한 점에서, 그 동일 지역인 5천 년 조국을 지키어 온 점에서, 동일 언어·동일 문화로써 강고한 운명공동체로서 존속하는 점에서, 단연 독자적 생활협동체로서의 조국을 재건하여 국제 협력의 일 분담자로 될 권리가 있다"고 주장하였다.[185]

안재홍 이후 단일민족론을 언급한 것은 중국에서 임시정부의 일원으로 막 귀국한 신익희申翼熙였다. 신익희는 12월 7일 기자회견에서 "우리 민족은 세계에서도 우수한 단일민족이다. 우리 중에는 왜국과 같이 아이누도 에비스도 아무것도 없다. 그러므로 분열이라는 것은 도저히 생각조차 할 수 없는 것이다. 다만 각자에게 다소 의견의 차이가 있을 뿐이라고 생각한다"라고 말하였다.[186] 이어서

---

184. 사설 「조선인의 처지에서」, 『조선일보』 1932. 12. 2. ; 안재홍선집간행위원회 편(1981), 앞의 책, p.463.
185. 안재홍선집간행위원회 편(1983), 「신민족주의와 신민주주의」, 『민세 안재홍선집 2』, pp.16~19.
186. 「신익희, 국기 친일파 국내분열 등에 관해 기자회견」, 『서울신문』 1945. 12. 8.

김구金九도 '단일민족론'을 언급하였다. 김구는 1945년 12월 19일 서울운동장에서 열린 임시정부 개선 환영 대회에서 "지금 우리 국토와 인민이 해방된 이 기초 위에서, 우리의 독립 주권을 창조하는 것이 무엇보다도 긴급하고 중대한 임무이외다. 우리가 이 임무를 달성하자면 오직 3·1 대혁명의 민주 단결 정신을 계속 발양해야 합니다. 남과 북의 동포가 단결해야 하고, 좌파와 우파가 단결해야 하고, 남녀노소가 다 단결해야 합니다. 우리 민족 개개인의 혈관 속에는 다 같이 단군 할아버지의 성스러운 피가 흐르고 있습니다. 극소수 친일파 민족반역자를 제외한 모든 한국 동포는 마치 한 사람같이 굳게 단결해야 합니다"라고 말하였다.[187] 또 같은 달 23일 서울운동장에서 열린 순국선열추념대회에서 한 연설의 서두에서는 "시조 단군께서 다스림과 가르침으로 문명을 여신 뒤로 유구한 역사가 근 5천 년에 이르는 동안, 흥망의 역사가 어찌 한두 번이리오. 그러나 대개는 같은 민족이 이어받았고, 혹 외세의 침탈이 있었다 할지라도 그 지역에 그쳐, 단군의 후손이 한 갈래로 이어 온 계통은 언제나 뚜렷하였으니, 일제에게 당한 강제병합은 그야말로 역사에 보지 못한 초유의 비극이라"고 하여 '시조 단군'과 '단군의 후손'을 언급하였다.[188] 이와 같은 김구, 신익희의 '단일민족론'은 민족의 단결을 강조하기 위해 나온 것이었다.

그리고 12월 말 모스크바 3상회의의 결과가 발표되자 신탁통치에 반대를 표명한 정당, 단체들은 신탁 반대 논리를 펴는 과정에서

---

187. 김구(2007), 『백범어록』, 도진순 옮김, 돌베개, p.49.
188. 김구(2007), 앞의 책, p.52.

'단일민족론'을 언급하였다. 예를 들어 천도교 청우당은 "저들은 조선 민족이 아직 자주 독립할 만한 자격이 부족하다는 구실을 가진다면 우리는 조선 민족은 세계서 보기 드문 순연한 단일민족으로서 유구 5천 년 독립의 역사와 문화가 자존한다는 그 점을 정시正視하라고 강조하는 일방, 조선 민족의 통일이 아직까지 지연되기는 주로 미소 양군의 남북 분주에 그 원인이 있다는 것을 아울러 역설한다"고 밝혔다.[189] 여운형呂運亨이 이끄는 조선인민당도 반탁성명서를 발표했는데, 여기에서 "조선은 오랫동안 일제하에 눌려 있었으니 주체적 능력이 자력으로 독립 수준에 달達치 않는다는 원칙적 추측에서 나온 것이라 하면 이것은 4천 년 동안 통일적 단일민족의 국가로 독립하여 찬연한 문화를 발전시켜 온 우리 민족의 역사적 전통과 능력을 불고한 바가 아닌가"라고 하였다.[190] 당시 경성 대학의 백남운白南雲 이하 500여 명의 교직원들도 신탁 반대를 표명하는 성명서에서 "우리 조선 민족은 신라로 통일된 지 우금 1300년에 달한 단일민족이다. 우리의 언어 및 문화의 공동체를 예로부터 완성한 세계사적 민족이며 36년 이전까지는 이민족의 통치를 받은 일이 없는 완전한 독립 민족이었던 것이다"라고 주장하였다.[191] 이러한 반탁성명서들에 나오는 '단일민족'론은 한국 민족이 단일민족으로서 오랫동안 국가를 스스로 유지해 왔다는 점을 강조하는 과정에서 나온 것이었다.

189. 「천도교청우당, 반탁결의문을 발표」, 『자유신문』 1945. 12. 30.
190. 「조선인민당, 반탁성명서 발표」, 『자유신문』 1945. 12. 30.
191. 「경성대학교직원, 신탁반대를 결의하고 성명서 발표」, 『서울신문』 1945. 12. 31.

1946년 들어 미소공동위원회가 열렸지만, 6월 들어 미소공동위원회는 장기휴회에 들어갔다. 이는 잠정적인 경계선으로 생각했던 38도선이 민족 분단의 경계선으로 될 가능성이 높아졌다는 것을 의미하였다. 그런 가운데 이승만李承晩은 정읍 발언을 통해 남쪽만이라도 먼저 정부를 세워야 할 것이라는 이른바 '단독정부설'을 언급하였다. 이에 한국 독립당의 엄항섭嚴恒燮은 "단일민족으로서의 최선의 역량을 발휘하여 한국의 모든 문제는 자결하도록 할 것이며, 동시에 미소공동위원회는 우리와 긴밀한 협조 위에 신속히 진행되어 우방 연합국의 한국에 대한 의무를 완전히 수행하기를 바란다. 요즘 항간에는 단독 정부 수립설이 유포되고 있으나, 우리 당으로서는 이에 찬성할 수 없다"고 밝혔다. 단일민족이 분단 정부를 세울 수는 없다는 것을 분명히 한 것이다.[192] 미국에 있던 김용중金龍中도 그해 10월 유엔에 공개 서한을 전달하면서 "단일민족인 조선인은 이러한 분할(미소의 38도선 양분)을 감수하지 못한다"고 말하였다.[193]

그러나 분단 정부의 수립은 점차 현실화되었고, 1948년 봄 남한만의 단독 선거 실시가 발표되었다. 이에 김구는 남북 협상을 통해 분단 정부 수립을 막아 보려는 최후의 노력을 하게 된다. 김구는 평양으로 떠나는 길에 발표한 성명서에서 "과거 미소 양국의 힘으로써 조선 문제가 해결되지 못하였기 때문에 조상이 같고 피부가 같고 언어와 피가 같은 우리 민족끼리 서로 앉아서 같은 민족정신을

192.「남조선단정설에 관해 한독당 반대 담화 발표」, 『서울신문』 1946. 6. 5.
193.「朝鮮人은 單一民族 分割은 甘受 못한다 金龍中氏 UN에 公開狀傳達(워싱톤)」, 『동아일보』 1946. 10. 25.

115
민족

가지고 서로 이야기나 하여 보자는 것이 진의이며 앞으로 얼마 남지 않은 생을 깨끗이 조국 통일 독립에 바치려는 것이 금차 이북행을 결정한 목적"이라면서, "우리가 아무리 서로 다른 이국 사람의 환경 아래 있다 하더라도 5천 년 역사를 가진 단일민족이다. 우리는 서로 같은 피와 피를 통해서 서로 통사정하여 보는 길밖에 이제는 남지 않은 것"이라고 말하였다.[194] 이처럼 김구, 김용중, 한독당韓獨黨의 '단일민족론'은 단일민족이 분단 정부를 세울 수는 없다는 논리를 펴는 가운데 나온 것이었다.

한편 남쪽에서 분단 정부 수립에 참여한 이들도 단일민족론을 강조한 것은 마찬가지였다. 초대 국무총리가 된 이범석李範奭은 취임 회견에서 남북 통일을 위해 어떤 노력을 하겠는가 하는 질문에 대해 "우리는 단일민족이므로 이 강토가 양단되면 완전한 국가로 행동하지 못하게 됨을 잘 알기 때문에 국가 민족을 위하여 적극 추진할 생각이다. 신생 정부의 제일 중대한 과업은 강토 완정完整과 민족 통일을 위하여 모든 것을 적극 추진 준비함에 있다"고 말하였다.[195] 여기서 주목되는 것은 이범석이 국토가 분단된 상황에서는 완전한 국가로 행동하지 못하게 될 것이라는 인식을 갖고 있었다는 점이다.

대통령 이승만도 1948년 9월 30일 국회 첫 시정연설에서 "단군 시조의 전통적인 역사와 단일민족으로서 찬란한 문화를 승계하여 온 우리 대한민국은 역대 순국 선열의 끊임없는 가호와 세계 민주

---

194. 「김구, 남북협상에 임하는 결의 표명」, 『경향신문』 1948. 4. 17.
195. 「국무총리 이범석, 취임소감 피력」, 『서울신문』 1948. 8. 3.

주의 제 국가의 절대한 동정적 성원에 의하여 이제 바야흐로 국권을 회복하고 신생 자주 독립, 민족적 민주주의 국가로 탄생"하게 되었다고 말하였다. 그는 또 "반만년의 유구한 역사를 가진 우리 민족은 전 세대를 통하여 동일한 혈통과 강토를 계승·보유하여 왔으며 공동한 문화와 운명을 창조 짊어져 온 우수한 단일민족"이라면서, 대한민국은 단일민족국가임을 강조하였다.[196]

한편 이승만과 안호상安浩相 등이 주장한 일민주의에서도 "원래 우리 민족은 피가 같고, 전통이 같고, 언어가 같고, 습속이 같고, 생활 방식이 같은 단일민족이다. 단일민족이 한 덩어리가 되어서 통일된 민주주의 국가를 세우고 만민 평등의 사회생활을 영위하라는 일민주의는 전 민족이 같이 나아가야 할 것이다"라고 하여, 단일민족설을 강조하였다.[197]

이상에서 살펴본 바와 같이 해방 직후 본격적으로 제기된 '단일민족' 담론은 민족의 분단 위기 앞에서 "단일민족은 결코 분단되어서는 안 된다"는 것을 강조하기 위해 나온 것이었다. 그리고 분단 정부 수립 이후에는 "단일민족이므로 반드시 통일되어야 한다"는 것을 강조하기 위해서 나온 것이었다.

한편 이러한 단일민족론은 '민족' 개념에 대한 새로운 해석과도 연결되어 있었다. 예를 들어 손진태孫晋泰는 1948년에 낸 『조선민족사개론』의 서설에서 "조선사는 조선 민족사이니, 우리는 유사 이래

---

196. 『시정월보』 창간호 「1949년 1월 5일 李承晩대통령, 제1회 78차 국회본회의에서 시정방침 연설」.
197. 「大韓國民黨과 韓國民主黨, 民主國民黨으로 합당할 것을 결의하고 공동성명서 발표」, 『동아일보』 1949. 1. 27.

로 동일한 혈족이 동일한 지역에서(비록 삼국 시대 말년에 영토의 북반과 그 주민을 이실離失하기는 하였지만) 동일한 문화를 가지고 공동한 운명하에서 공동한 민족 투쟁을 무수히 감행하면서 공동한 역사 생활을 하여 왔고, 이 민족의 혼혈은 극소수인 까닭이다"라고 말하였다.[198] 그는 민족의 특징으로 동일한 혈족, 동일한 지역, 동일한 문화, 공동의 역사 생활 등을 들었는데, 그 가운데 특히 강조한 것은 동일한 혈족이었다.

이처럼 혈통을 강조하는 단일민족론은 이범석, 안호상의 경우에 도 보인다. 이범석은 한 민족을 형성하는 요소는 혈통·영역·문화·운명의 4가지라고 보고, 이 요소들이 오랜 시간에 걸쳐 민족을 형성, 발전시켜 나간다고 생각했다. 여기서 그가 가장 중요하게 생각한 것은 혈통이었다. 그는 혈통의 공통성을 민족 형성의 기본 조건이라고 생각하였고, 이 점에서 "우리 민족은 자랑스러운 전형적인 단일민족"이라고 보았다. 그는 희귀한 단일 혈통, 오랜 동일 영역 유지, 공통의 문화 소유, 철저한 공동 운명 등을 지녔다는 측면에서 한국 민족은 세계에서 가장 빈틈없이 훌륭하게 형성된 민족이라고 생각하였다.[199] '희귀한 단일 혈통'을 강조하는 '단일민족'론이 등장한 것이다.

일민주의자 안호상은 일민주의의 의미를 풀이하면서 이는 '한겨레', 곧 '단일민족'을 강조하는 '한겨레주의'라고 설명하였다. 여기서 그는 우리 민족이 동일 혈통, 동일 운명을 가진 민족임을 특히 강조하였다. 여기서 동일 혈통, '한 핏줄'은 '일민'의 절대적 요소라

---

198. 손진태(1948), 『조선민족사개론』, 을유문화사, p.3.
199. 이범석(1999), 「민족론」, 『민족과 청년』, 백산서당, pp.30~31.

고까지 그는 강조하였다. 안호상의 일민주의는 한국 민족주의 가운데 혈통을 가장 강조한 민족주의였으며, 이는 이후 한국 사회에 '단일민족' 이데올로기를 퍼뜨리는 데 상당히 큰 역할을 하였다.[200]

그러나 해방 이후 모든 사람이 단일민족론에 찬성한 것은 아니었다. 1959년에 출간된 진단학회 편 『한국사』의 「총설」의 의견은 달랐다. 이 글은 "현재 발달된 민족은 다 그렇지만, 우리 민족도 결코 온전한 단일 인종(狹義)으로 형성된 것은 아니다. 그중에는 역시 수 개 이상의 다른 요소가 섞여 있다. 즉 한인漢人, 몽고인, 만주인, 왜인倭人, 기타의 요소가 포함되어 있다. 그러나 그렇게 혼잡다기한 복합체는 아니다. 그래서 그 주된 기본적 요소는 언제 나 우세優勢로 자약自若하고 뚜렷하여 늘 지배적 지위에 있어 다른 요소를 융합하여 왔다"고 쓰고 있다. 한국 민족은 여러 종족으로 구성되었지만, 그 가운데 주된 종족이 있다는 견해였다. 그리고 이 책은 그 주된 종족으로서 '예맥'족을 거론하였다.[201] 이와 같은 '다종족 구성, 주종족 주도론'은 일찍이 한말 신채호가 『독사신론』에서 말한 바였다. 이후 남한 역사 학계에서는 이 문제와 관련된 특별한 논쟁은 전개되지 않았다. 다만 "중·남만주와 한반도 지역에서 청동기 문화를 영위한 예·맥·한족은 일정한 문화적 이질성도 지녔지만, 전체적으로는 같은 문화권에 속한 족속들로서, 이후 삼국 시대를 거치면서 점차 정치적 통합과 사회분화의 진전에 따라 상호 융합을 해 왔으며, 그 과정에서 이 종족들의 일부가 다른 지역으로 이동해 갔

---

200. 안호상(1950), 『일민주의의 본바탕』, 일민주의연구원, p.32.
201. 진단학회 편(1959), 「총설」, 『한국사』, 을유문화사, p.7.

고, 또 다른 종족에 속한 약간의 사람들이 들어와 동화되어 마침내 하나의 민족을 형성하게 되었다"고 보는 것이 일반적 시각이었다.[202] 그리고 이는 더 나아가 다음과 같은 단일민족론으로 정리되었다.

한민족은 세계에서 유례가 드물게, 피를 같이한 단일민족임이 강조되어 왔다. 많은 나라가 여러 인종 또는 종족으로 구성되어 있으며, 거의 모든 나라가 종족의 이동, 정복과 피정복의 반복에 의해 혈통이 복잡하게 구성되어 있다. 한국도 고대에 종족의 이동이 없었던바 아니고, 여러 계통의 피가 끼어들어 왔지만, 일본의 아이누족 같은 특수 종족이 없을 뿐 아니라, 외래 침략자들도 침략 기간 동안에만 머물렀을 뿐이다. 이 때문에 한국인들은 누구나 한 핏줄이라는 의식을 공유하고 있으며, 유전자 등 생물학적 특징으로도 단일성을 퍽 많이 지니고 있다. 한국인들은 유구한 역사 속에서 풍습과 습관·의식주의 공통성을 지녀 오고 있으며, 공통의 언어를 사용하여 왔고, 다른 나라의 역사에서는 희귀하리 만큼 1천 년 동안이나 단일한 국가, 그것도 중앙집권화된 국가에서 살아왔다.[203]

이와 같은 역사 학계의 '단일민족론'은 국사 교과서에도 그대로 실렸고, 따라서 한국인들의 일반화된 상식이 되었다.

단일민족설은 남한보다도 북한에서 더 강하게 강조되고 있다. 북한은 주로 형질인류학적인 연구를 통해 우리 민족에게는 구석기

---

202. 한국사특강편찬위원회 편(1990), 『한국사특강』, 서울대학교출판부, p.36.
203. 한국사특강편찬위원회 편(1990), 앞의 책, p.298.

시대 사람의 형질적 특성이 이후 단절되지 않고 면면히 계승되었으며(우리 민족의 유구성), 인근의 다른 종족과는 뚜렷이 구분되는 유전 집단을 발전시켰고(우리 민족의 독자성), 현재도 지역적으로 거의 동일한 유전 집단을 형성하고 있다(우리 민족의 단일성)는 점이 강조되고 있다. 북한 학계는 일제 어용학자들에 의해 조작된 '조선 민족의 혼혈기원설'은 여지없이 분쇄되었으며, 우리 역사의 유구성과 독자성은 선명히 밝혀지게 되었다고 주장한다.[204]

최근 남한에서는 외국인과의 결혼이 크게 늘어나고, 유엔까지 단일민족설은 인종 차별로 이어질 수 있다는 지적을 한 뒤에 단일민족설은 점차 약화되는 상황이다. 그러나 북한에서는 오히려 남한에서의 외국인과의 결혼으로 인한 혼혈 증가를 비판하면서 단일민족의 혈통을 지켜야 한다고 주장할 정도로 단일민족설을 강하게 고집하고 있다. 하지만 최근 유전자 검사 등을 통해 밝혀지고 있는 바에 의하면, 한국 민족은 북방계와 남방계가 섞여서 이루어졌으며, 남방계가 더 강하다는 설까지 나오고 있는 실정이다. 따라서 단일민족설은 점차 사라져 갈 것으로 보인다.

해방 이후 남북한의 '민족' 개념 변화

해방 직후 사회주의자들은 민족주의자들의 민족관과는 상당히 다른 '민족' 개념을 갖고 있었다. 1948년에 출간된 『사회과학대사전』의 '민족'에 대한 해설 부분을 보면, 다음과 같이 쓰고 있다.

---

204. 안병우·도진순 편(1990), 『북한의 한국사인식 1』, 한길사, p.59 참조.

민족의 단초는 자본주의의 최초 단계와 동일하다. 여러 종족 간의 상업적 상호 관계는 민족의 통일 운동을 환기한 것이다. 계급적 추진력인 근대 부르주아지는 봉건적 경제 제도를 깨뜨리고, 봉건 제후의 모든 장벽을 없이하는 대신, 민족이란 이름으로서의 인간 통일체를 만든 것이 근대 자본주의 사회이다. 그러므로 자본주의의 발전 과정은 동시에 민족의 형성 과정이었던 것이다. 따라서 민족은 자본주의와 같이 발생하고 발전하며 소멸하는 운명에 놓여 있는 것이다.[205]

즉 사회주의자들은 '민족'이란 근대 자본주의 사회에서 형성된 것이며, 자본주의의 소멸과 함께 민족도 소멸할 것이라고 보았던 것이다. 이 사전은 스탈린과 프로이트를 인용하면서 "자본주의적 사회와 민족이란 동일한 운명을 가진 특정한 계급의 인간 집합체"라고 주장하였다. 이와 같은 사회주의자들의 '민족'관은 앞서 본 것처럼 이미 1930년대부터 나타난 것이었으며, 마르크스나 스탈린 등의 민족 이론을 그대로 따른 것이었다.

사회주의자였던 인정식印貞植도 1945년에 쓴 「'민족'의 레닌주의적 개념」이라는 글에서 스탈린의 「민족과 식민지 문제」라는 글을 인용하여, "민족이란 언어와 영토, 경제생활, 문화의 공통성에 표시되는 심리적 정신 상태의 공통성에 의해서 결합된 인간의 역사적으로 형성된 공동체"라고 하였다. 그는 스탈린을 인용하여 민족 형성에 있어서는 언어, 영토, 경제생활, 문화의 어느 한 요소도 빠져

---

205. 이석태(1948), 『사회과학대사전』, 문우인서관 ; 이석태·신흥민 편(1987), 『사회과학대사전』 (영인본), 한울림 참조.

서는 안 된다고 보았다. 그리고 이러한 민족은 자본주의적 관계의 발전 과정에서 형성된다고 보았다. 즉 "이러한 모든 공통성과 모든 제 지표는 경제적·사회적 제 관계와 교통 등이 충분히 발전된 시대에 있어서만 형성될 수 있는 것인데, 이것은 봉건제도의 경제적 분산성을 파괴한 자본주의의 발전에 의해서 가능하게 되었다. 민족은 일반적으로 역사적인 범주일 뿐만 아니라, 그와 동시에 어떤 특정한 시대, 즉 생성하는 자본주의 시대의 역사적 범주이다. 봉건주의의 소청掃淸과 자본주의의 발전의 과정은 동시에 민족 형성의 과정이다. 유럽에서의 사태가 이와 같다. 영국인, 불국인, 독일인, 이태리인 등은 분산적 봉건제도를 극복한 자본주의의 승리의 전진기前進期에 비로소 민족으로서 형성되었다"는 것이다. 그는 또 식민지 시기의 민족 형성도 근대 이후에 비로소 가능했다고 보았다. 즉 "우리는 모든 식민지의 민족운동을 분석할 때에도 동일한 확증을 찾을 수가 있다. 왜 그러냐 하면, 혁명적인 민족 투쟁의 발전과 또 이 투쟁을 위한 여러 부족의 통일은 자본주의적 요소가 이러한 나라에도 침투함에 따라서 성장하는 것이기 때문"이라고 말하였다. 즉 식민지에서도 제국주의자들에 대항하기 위해 여러 부족이 통일되어 민족을 형성하게 되는데, 이는 자본주의의 침투와도 관련이 있다고 본 것이다.[206] 그러면 식민지 조선에서의 경우는 어떠하였을까. 이에 대해서 인정식은 언급하지 않았다.

위와 같은 사회주의자들의 '민족'관에 대해 민족주의자들의 생각은 달랐다. 안재홍은 1945년 9월에 발표한 「신민족주의와 신민주주

---

206. 인정식(1945), 「'민족'의 레닌주의적 개념」, 『혁신 1』, pp.11~15(『인정식전집』4에 실림).

의」에서 우선 "민족과 민족주의는 그 유래가 매우 오랜 것이니, 근대 자본주의 시대의 산물이 아니다"라고 비판하였다. 그는 한국 민족은 순수한 단일 혈통을 가지고, 동일한 지역에서 동일 언어와 동일 문화를 강고하게 지켜 온 운명공동체라는 점을 강조하였다.[207]

그러나 사회주의자들도 모두 위와 같이 민족＝자본주의의 산물이라고 단순하게 이해한 것은 아니었다. 예를 들어 백남운은 "대체로 민족은 국가 형성의 기초인 만큼 국가 성립의 맹아 형태가 부족적 정치 조직의 내부에서 배태된 것으로 볼 수 있다. 이를 전제로 한다면 국가적 자기 형성의 경향과 의식을 가진 민족의 기원은 삼한 때부터로 소급할 수 있을 것이다"라고 말하였다. 물론 그는 그 당시의 민족이 과연 근세적인 민족의식을 가졌는지는 의문이라고 단서를 달았다. 그는 "조선 민족의 인종학적 기원은 오래되었다 할지라도 근대적 의미의 민족의식은 인정할 수 없는 것"이라고 지적하였다.[208] 즉 민족의 기원은 삼한 시대까지 거슬러 올라갈 수 있지만, 민족의식이 형성된 것은 근대 이후라고 본 것이다.

해방 이후 1960년대까지 북한의 '민족'에 대한 이해는 대체로 마르크스·스탈린 등의 '민족은 자본주의 시대의 일시적 현상'이라는 입장을 그대로 따르면서, 다만 민족의 기원에 대해서는 삼국 혹은 그 이전까지 거슬러 올라갈 수 있다는 백남운과 유사한 입장을 취하고 있었다.

그러면 1970년대 이후 민족 형성의 조건과 관련해서 남북한 학

---

207. 안재홍선집간행위원회 편(1983), 「신민족주의와 신민주의」, 『민세 안재홍선집 2』, pp.16~19.
208. 백남운(2007), 『조선민족의 진로 재론』, 범우사, pp.43~44.

계는 어떤 동향을 보였을까. 우선 북한의 경우, 민족 형성의 조건으로서 공통의 언어 · 영토 · 관습 그리고 특히 경제생활을 강조한 스탈린의 설을 그대로 따르고 있었다.[209] 그런데 1973년 발간된『정치사전』에서는 언어의 공통성을 경제생활의 공통성보다 더 강조하기 시작했다. 즉 언어, 문자의 공통성에 의해서만 경제생활, 문화와 심리의 공통성이 이루어질 수 있다고 주장한 것이다. 그리고 1985년에 발간된『철학사전』에서는 아예 경제생활의 공통성 부분을 삭제하고, 대신 핏줄의 중요성을 강조하기 시작했다. 즉 "민족을 이루는 기본 징표는 핏줄 · 언어 · 지역의 공통성이며, 이 가운데에서도 핏줄과 언어의 공통성은 민족을 특징짓는 가장 중요한 징표"라고 강조한 것이다. 이는 김정일金正日의 주장을 그대로 따른 것인데, 이후 "(우리 민족은—인용자) 한 핏줄을 잇고 하나의 언어와 문화를 가지고 한 강토에서 살아온 단일민족"이라는 주장으로 이어졌다.[210]

아울러 북한에서는 민족은 "자주적이며 창조적인 생활을 마련해 나가는 사회생활의 기본 단위이며 혁명과 건설의 투쟁 단위"로 새롭게 설정하였다. 이에 따라 민족은 자본주의 시대의 일시적인 현상이라는 마르크스주의의 주장은 사라지고, 대신 "민족문화는 사회주의 사회에 와서 비로소 형성되고 찬란히 개화하게 된다. ……사회주의 사회에서 근로 인민 대중은 민족문화를 창조하고 발전시키는 데서 진정한 주인이 된다"고 주장하기에 이르렀다. 즉 사회주의

---

209. 김진향(2000), 「한반도 통일과 남북한의 민족개념 문제」, 『아세아연구』 제104호, pp.129~130.
210. 김진향(2000), 앞의 논문, pp.131~133.

사회에 와서 민족은 더욱 활성화될 수 있다는 주장으로 바뀐 것이다.[211] 민족 개념에 대한 이와 같은 변화는 뒤에 보듯이 민족주의에 대한 태도의 변화로 이어지게 된다.

남한의 경우는 어떠하였을까. 남한에서 '민족'의 개념에 관해 구체적으로 언급한 진덕규陳德奎, 신용하, 차기벽車基璧 세 사람의 예를 들어 그들의 견해를 살펴보자.

먼저 진덕규는 민족 형성에 대한 학설을 ① 혈연 집단으로 이해하는 경우, ② 언어나 문화 집단 또는 전통의 동질성에 의해 형성된 집단으로 이해하는 경우, ③ 동질적인 생활환경을 제공하는 일정 영역 내에 거주하고 있는 사람들의 집단으로 이해하는 경우, ④ 국가 제도적인 관점에서 설명하려는 경우 등이 있다고 보았다. 그러나 진덕규는 민족은 역사적 공감성에 의해서 특정 성원 사이에 운명공동체적인 연대 의식을 갖고 있는 인간 집단으로 보아야 한다고 말한다. 즉 민족이라고 말할 때는 비록 같은 혈연이 아니라 할지라도, 또 같은 언어를 사용하지 않는다 할지라도 역사적인 공감대를 이룩하면서 운명공동체적인 '우리' 의식이 존재할 수 있다면 거기에는 '민족'이 존재하게 된다고 보았다. 역사적인 공감성과 운명공동체적인 연대 의식이 '민족'의 규정에 가장 중요하다고 본 것이다.[212]

신용하는 "민족은 한마디로 정의하면, 인간이 객관적으로 언어 · 지역 · 혈연 · 문화 · 정치 · 경제 · 역사를 공동으로 하여 공고히 결합되고 그 기초 위에서 민족의식이 형성됨으로써 더욱 공고히

211. 김진향(2000), 앞의 논문, pp.133~134.
212. 진덕규(1983), 앞의 책, pp.21~22.

결합된 역사적 범주의 인간 공동체"라고 정리하였다. 진덕규와는 달리 민족 형성의 객관적 요소와 주관적 요소를 모두 중시하고 있다. 그는 객관적 요소와 함께 주관적 요소로서의 민족의식이 형성되어 그 구성 요소로 들어갈 때, 더욱 공고한 민족이 형성될 수 있을 것이라 하였다. 그리고 이와 같은 민족 형성의 요소들에 대한 설명은 일반적인 이념형을 제시한 것일 뿐이며, 각각의 민족 형성 과정에서는 일정한 편차가 있을 것이라고 보았다.[213]

　차기벽은 민족 형성과 관련한 학자들이 객관적 요소로서 흔히 들고 있는 혈연적 · 지연적 · 언어적 · 종교적 · 정치적 · 경제적 · 역사적 운명과 같은 것과, 주관적 요소로서 흔히 들고 있는 정신 · 의식 · 감정과 같은 것을 들고 있다. 객관적 요소는 중요한 요건이지만 본질적 요건은 아니며, 그렇다고 해서 객관적 요소의 어느 하나도 공유하지 않으면서 민족이 형성될 수는 없다고 보았다. 즉 객관적 요소나 주관적 요소 사이에는 불가분의 관계가 있으며, 객관적 요소는 필요조건, 주관적 요소는 충분조건으로 볼 수 있다고 하였다. 그는 "네이션(민족—인용자)이란 혈연, 지연, 언어, 종교, 정치, 경제 등의 공동이라는 자연적 · 문화적 조건 밑에 공동생활을 영위하고 공동의 역사적 운명을 거치는 가운데 독자적인 네이션 의식을 갖게 된 인간 집단"이라고 정의하였다. 차기벽은 "네이션이란 독자적인 네이션 의식을 가지는 인간 집단"이라면서, 특히 '네이션 의식'의 공유를 강조하였다.[214] 여기서 그가 말하는 네이션 의식이란 단순한

---

213. 신용하(1985), 앞의 논문, pp.18~39.
214. 차기벽(1990), 앞의 책, pp.50~55.

민족감정, 민족의식, 민족정신이라기보다는 위에서 말한 객관적 요소의 공유에 기초하여 공동의 운명의식을 갖는 것을 말한다. 차기벽은 객관적 요소와 주관적 요소가 각각 강조하는 두 가지 입장을 절충하고 있다고 말할 수 있다.

이처럼 남한의 학자들은 민족 형성과 관련하여 혈연적 · 지연적 · 언어적 · 종교적 · 정치적 · 경제적 · 역사적 운명과 같은 객관적 요소와 민족정신 · 민족의식 · 민족감정과 같은 주관적 요소를 모두 중시하는 경향을 띠면서도, 특히 후자가 중요하다는 경향을 보이고 있다고 말할 수 있다. 또한 북한의 경우처럼 혈연과 언어를 특히 강조한다든가 하는 경향은 보이지 않고 있다.

Part 2

민족주의

1. 서양의 '민족주의' 개념 정의

민족주의는 서양어 내셔널리즘nationalism의 번역어이다. 그러나 내셔널리즘은 동아시아권에서는 민족주의뿐만 아니라 국가주의, 국민주의로 번역되기도 한다. 또 동아시아권에서 내셔널리즘은 일본에서는 국가주의, 한국에서는 민족주의, 중국에서는 애국주의의 의미로 해석되기도 한다.

내셔널리즘이라는 말이 언제부터 사용되었는지는 확실하지 않다. 한 견해에 의하면, 1409년에 세워진 독일의 라이프치히 대학에서 교수들을 구성하고 있는 4개의 나치온Nations들이 각 나치온 성원의 이익을 지키기 위한 조합을 가리키는 말이었다고 한다.[215] 이후

---

215. Smith, Anthorny D.(1983), *Theories of Nationalism*, Gerald Duckworth & Co., p.167 ; 차

이 단어는 별로 사용되지 않다가 18세기 들어 헤르더의 글 속에 나타났지만, '편견'이나 '편협한 생각'의 의미를 갖는 단어로 사용되었다고 한다. 영국에서는 1836년판 옥스퍼드 영어사전에서 "특정한 네이션들이 신의 선택을 받고 있음을 나타내는 교의"라고 풀이하였다고 한다. 그리고 1844년판에서는 이 단어가 집단이기주의와 같은 의미로 풀이되었다.[216]

오늘날 내셔널리즘은 애국주의patriotism 혹은 쇼비니즘chauvinism, 영어로는 jingoism과 같은 뜻으로 해석되기도 한다. 그러나 애국주의는 원래 향토 사랑이라는 말에서 나온 것으로, 고대부터 존재한 것이었고, 내셔널리즘은 근대 이후에 등장한 것으로 상당한 차이가 있다. 굳이 말하면 내셔널리즘은 네이션에 애국주의가 결합된 것이라고 할 수 있다. 그리고 쇼비니즘(징고이즘)은 맹목적 애국주의, 배타적 호전주의라고 번역될 수 있는 말로서 내셔널리즘과는 상당한 거리가 있는 말이다.[217]

그렇다면 내셔널리즘이란 무엇일까. 차기벽은 내셔널리즘이란 다음의 10가지 요소의 복합체라고 설명했다. 그것은 ① 특정 지역, ② 언어 · 관습 · 습관 · 문학과 같은 공통된 문화적 특성, ③ 공통된 정치적 · 사회적 제도, ④ 독립 · 주권 정부 또는 하나가 되려는 갈망, ⑤ 공통된 역사 및 기원에 대한 믿음, ⑥ 같은 네이션 성원에 대한 애정과 존경, ⑦ 네이션이라는 실체에 대한 헌신, ⑧ 네이션의 발

기벽(1990), 앞의 책, p.64 참조.
216. 차기벽(1990), 앞의 책, p.64.
217. 차기벽(1990), 앞의 책, pp.65~66.

전에 대한 공통된 긍지와 그 비극에 대한 공통된 슬픔, ⑨ 반反네이션적 집단에 대한 무관심 내지 적의, ⑩ 네이션의 위대하고 영광된 미래에 대한 희망 등이다. 그는 이러한 여러 요소가 각 시기, 각 지역에서 서로 다르게 결합하여 다양한 모습의 내셔널리즘으로 나타난다고 보았다.[218]

일반적으로 내셔널리즘은 하나의 네이션이 하나의 정치적 단위, 즉 하나의 독립국가를 영위하려는 주장으로 받아들이고 있다. 즉 국가의 경계와 네이션민족의 경계를 일치시키는 것이 내셔널리즘의 본질인 것이다. 물론 이때 국가는 그 자체가 궁극적인 목적은 아니고, 민족의 생존과 발전이라는 목적을 달성하기 위한 하나의 수단이다. 국가는 대내적으로는 그 안에 포괄되는 수많은 개인과 집단의 이해관계를 조절하고, 사회의 안녕과 질서를 유지함을 임무로 한다. 또 대외적으로는 다른 나라의 침략을 막고, 다른 나라와의 국제 경쟁에서 패배자가 되지 않도록 노력함을 사명으로 한다.[219]

한편 민족주의는 좀 더 넓은 의미에서는 "한 민족이 다른 민족과의 대립 및 투쟁 관계에서 자기 보호를 위하여 또는 압박과 예속 관계를 극복하기 위하여 국민 구성원을 여러 가지 공통성과 동질성을 근거로 통합시키는 원리"라고 설명되기도 한다.[220] 민족주의란 다른 민족과의 경쟁을 위해 자기 민족을 통합하는 원리라는 것이다. 차기벽도 민족주의란 민족의 통일과 독립, 번영과 발전을 최고 목표

---

218. 차기벽(1990), 앞의 책, p.72.
219. 차기벽(1990), 앞의 책, p.74.
220. 이상신(1999), 「민족주의의 역사적 발전 국면과 그 기능」, 한국서양사학회 편, 『서양에서의 민족과 민족주의』, 까치, p.7.

와 가치로 신봉하는 이데올로기라고 정의하였다.[221]

학계에서의 민족주의 개념에 대해서는 다양한 해석들이 있다. 먼저 한스 콘은 역사적 관점에서 이를 설명한다. 한스 콘은 민족주의란 개인의식이 집단의식으로 변모된 일종의 '우리 의식'으로서, 하나로 일치된 집단 성원의 정신 상태라고 말한다. 그는 "민족주의란 개개인이 최고의 충성심을 민족국가에 귀착시키고 있는 정신 상태를 말한다. 자기가 태어난 지역에 대한 애착심이라든가 전통에 대한 집착과 일정한 영역을 중심으로 전개되었던 국가 건설에 대한 표현은 지나간 역사를 통해 수없이 반복된 사실이다. …… 최근에 들어와서는 이러한 감정들이 각 민족이라는 집단을 중심으로 하나의 국가, 즉 그들 자신을 위한 국가 형성을 위하여 노력하게 되었고, 이러한 민족국가에는 전 민족 성원의 포용을 당연한 것으로 생각하게 되었다"고 설명하였다.[222] 한스 콘은 민족주의를 민족 구성원의 감정 상태, 집단의식을 중심으로 설명한 것이다.

한편 막스 봄Max Hindelbert Boehm과 같은 학자는 민족주의를 넓은 의미와 좁은 의미, 두 가지로 구분하여 설명하였다. 넓은 의미의 민족주의란 마치 애국주의와 같은 것으로, 개별 민족 그 자체에 절대의 가치를 부여하는 민족 구성원의 전반적인 태도라고 그는 설명한다. 반면에 좁은 의미의 민족주의는 애국주의와 같은 포괄적인 감정이 아니라, 민족의 여러 속성 가운데에서도 가장 강렬한 통합의식을

---

221. 차기벽(1990), 앞의 책, p.257.
222. Kohn, Hans(1965), *Nationalism : Its Meaning and History*, Dovan Nostrand Co., p.9 ; 진덕규(1983), 앞의 책, pp.24~25에서 재인용.

조성시켜 주는 것들, 즉 역사나 언어, 전통 등에 대해 구체적으로 감정과 열정이 모아지는 마치 종교와 같은 것을 의미한다고 말한다. 이러한 감정은 민족의 전체적인 성격보다는 어떤 특정 내용에 대해서만 열렬하게 강한 귀속 의지를 가지게 된다고 보았다.[223]

그런데 한스 콘이나 막스 뵘과 같은 민족주의 개념 정의는 "민족주의는 민족감정이다"라는 식으로 다소 막연하거나 동어반복과 같은 느낌을 준다. 따라서 민족주의를 보다 구체적으로 정의하려는 이들이 있다. 루이스 스나이더Louis L. Snyder는 민족주의를 구성하는 중요한 요소로서 우리라는 집단의식, 공통의 영역, 공통의 언어, 공통의 종교, 공통의 역사와 전통, 공감을 얻을 수 있는 민족의 영웅, 하나로 합쳐야 한다는 통합 의지 등을 들고 있다. 그는 이러한 각 요소가 일정한 계기가 주어지면 민족주의라는 감정 상태를 만들어내게 된다고 보았다. 그 가운데에서도 특히 공통의 영역, 언어, 종교, 역사와 전통이 민족주의 형성의 기본 요소라고 보았다. 그리고 통합 의지를 자극해 주는 것은 우리 의식이나 민족 영웅과 같은 존재이며, 이것들에 의해 하나의 정치제도로 통합되고자 하는 열망이 나타나게 된다고 보았다.[224]

그러면 위와 같은 민족주의는 언제부터 생겨났을까. 일반적으로 민족주의는 서유럽에서 18세기 후반 정치적·산업적 변혁 과정에서 등장하였다고 보고 있다. 이 이념은 19세기 초부터 중엽까지 중

---

223. Boehm, Max H.(1933), "Nationalism : Theoretical Aspects," *Encyclopedia of the Social Science*, Vol.Ⅸ, pp.231~240 ; 진덕규(1983), 앞의 책, pp.25~26에서 재인용.

224. Snyder, Louis L.(1976), *Varieties of Nationalism : A Comparative Study*, The Dryden Press, pp.20~24 ; 진덕규(1983), 앞의 책, pp.26~27에서 재인용.

부 유럽에 전파되었고, 19세기 후반에는 동부 유럽에까지 확산되었으며, 20세기 초부터는 아시아·아프리카 지역에서도 일어났다고 보고 있다.[225]

차기벽은 내셔널리즘의 형성 과정을 유럽의 경우와 제3세계의 경우로 나누어 보고 있다. 그는 먼저 유럽의 경우, 중세에서 근세로 넘어오는 과정에서 절대왕정국가가 등장하면서 절대군주가 부국강병 정책의 일환으로 추구한 중상주의 정책과 식민지 획득전에서 근대적 내셔널리즘의 싹이 트기 시작했다고 보았다. 그리고 이 시기부를 점차 축적해 간 부르주아 계급이 이미 질곡화된 중상주의 경제 정책에 반기를 들고 보다 자유로운 경제 활동을 위하여 일으킨 시민혁명을 통해 근대적인 네이션 스테이트(국민국가)가 등장하게 되었다고 보았다. 시민혁명 이후 영국, 프랑스 등 서유럽의 내셔널리즘은 개인의 자유 확보를 더욱 중시하였고, 그들은 점차 '국가로부터의 자유'에서 '국가에의 자유'로 방향을 바꾸어 국가정책에 적극 참여하게 되었고, 이에 자유주의는 정치적 자유주의가 되고, 더 나아가 경제적 자유주의가 되었다. 그리고 이러한 경제적 자유주의는 밖으로도 뻗어 나가 타국과 갈등을 빚게 되었다. 즉 경제적 자유주의의 대외적 표현인 자유무역주의는 결국 내셔널리즘적 성향을 띠면서 다른 나라의 내셔널리즘과 충돌할 수밖에 없게 되었다는 것이다. 한편 중부와 동부 유럽에서는 아직 부르주아 계급이 성장하지 못하여 내셔널리즘은 우선 학자와 시인 등의 문화 운동으로 나타났다. 그리고 이러한 문화 운동은 점차 정치 운동으로 발전하였는데,

225. 이상신(1999), 앞의 논문, pp.7~8.

그것은 자기 방위 운동 또는 이민족 지배로부터의 독립을 쟁취하려는 운동으로 나타났다. 이러한 내셔널리즘은 결국 개인의 자유보다는 국가의 권력을 찬양하는 경향을 띠게 되었는데, 이는 독일의 내셔널리즘에서 전형적으로 나타났다. 한편 영국에서는 경제적 자유주의가 여러 문제를 낳자 이를 버리고 안으로는 사회 정책을, 밖으로는 제국주의를 추구하게 되었다. 이리하여 19세기 후반 제국주의의 시대가 도래하였고, 유럽 국가 사이에 식민지 쟁탈전이 벌어졌다. 이는 결국 20세기 들어 1910년대 제1차 세계대전으로 귀결되었다. 제1차 세계대전은 내셔널리즘의 시각에서 본다면, 서유럽형 내셔널리즘과 중부·동부 유럽형 내셔널리즘의 대결이었다. 결국 후자의 패배로 동유럽 제국은 해체되고, 민족자결 원칙에 따라 동유럽 일대에서도 수많은 민족국가가 등장하였다. 합스부르크·로마노프 왕조의 제국이 오스트리아·헝가리·체코슬로바키아·폴란드 등 새로운 여러 민족국가로 재편되었다.

차기벽은 제3세계의 내셔널리즘은 서유럽과의 접촉을 통해서 촉발되고, 그 지배를 받으면서 오히려 성숙되어 마침내 그 지배로부터 독립을 쟁취하는 원동력이 되었다고 보았다. 제국주의의 침략과 억압을 받게 된 식민지·반식민지 지역에서는 민족주의가 강력하게 대두하기 시작하였다. 식민지 민족주의는 19세기 말에서 20세기 초에 걸쳐 동아시아에서 서남아시아로, 서남아시아에서 아프리카·남아메리카로 식민지 전역으로 퍼져 나갔다. 식민지 민족주의는 고전적 민족주의와는 크게 달랐다. 고전적 민족주의는 자본주의가 봉건 세력의 억압에 항거하여 성장하는 과정에서 탄생된 민족주의였으므로 한결같이 반봉건적 성격을 띠고 있었으나, 식민지 민족주의의 경우는 제국주의의 압제로 신음하던 식민지에서 일어난 것이었으므로 반제국주의적 성향이 강했으며, 공산주의나 해당 지역의 종교와 결합하는 경우도 많았다.[226]

김영한金榮漢도 제2차 세계대전 이전의 민족주의를 자본주의 중심부의 '팽창적 민족주의'와 주변부의 '저항적 민족주의'로 나누어 보았다. 그는 19세기 전반까지만 해도 유럽의 민족주의는 프랑스혁명의 이념인 자유, 평등, 우애의 이념에 기초하여 진보적인 자유주의의 성격을 띠고 있었다고 본다. 그러나 19세기 후반 산업자본주의의 발달에 따라 제국주의 시대가 도래하면서 국가주의 이데올로기로 변하였다고 보았다. 유럽 열강들은 식민지 쟁탈전에 돌입하였고, 침략 전쟁과 팽창 정책을 호도하기 위해 국민의 애국심과 호전성을 고취하였다고 보았다. 따라서 이러한 형태의 민족주의는 '팽창적·침략적·통합적 민족주의'라고 부를 수 있다고 보았다. 반면에 제국주의 열강의 침입을 받은 아시아와 아프리카의 주변부 국가들은 식민지·반식민지 상태에 놓였고, 이들은 주권을 상실하여 식민지 지배를 받으면서 이에서 벗어나려는 노력을 필사적으로 하였다. 그는 이와 같은 아시아, 아프리카의 민족주의를 '저항적·방어적·해방적 민족주의'라고 부를 수 있다고 보았다.[227]

그런데 세계사적으로 본다면 민족주의내셔널리즘는 그것이 발생한 시대와 지역의 배경에 따라 더욱더 다양한 모습을 띠고 나타났다고

---

226. 이상은 차기벽(1990), 앞의 책, pp.77~81 참조.
227. 김영한(2000), 「국제화시대 한국 민족주의의 진로」, 『한국독립운동사연구』 제15집, pp.134 ~136.

말할 수 있다. 이와 관련하여 웹스터 사전은 민족주의의 유형으로서 시민적 민족주의, 종족적 민족주의, 낭만적 민족주의, 그리고 종교적 민족주의 등 4가지 유형을 들고 있다.[228] ① 시민적 민족주의civic nationalism란 시민들의 능동적 참여, '인민 의지', '정치적 대표권' 등에 기초하여 정치적 정통성을 지닌 국가를 세운 곳에서 볼 수 있는 민족주의의 형태이다. 이러한 곳에서 한 개인은, 국가의 행동은 대체로 그의 의지를 반영하는 것이 되어야 한다고 생각한다. 장자크 루소Jean-Jacques Rousseau는 『사회계약론』에서 이와 같은 뜻을 담은 '일반 의지'라는 개념을 처음 만들어 냈다. 이와 같은 시민적 민족주의는 합리주의와 자유주의의 전통에 토대를 두고 있다. ② 종족적 민족주의ethnic nationalism는 역사, 문화 또는 종족이라는 요소로부터 정치적 정통성을 끌어낸 국가에서 주로 나타나는 형태이다. 이는 Volk라는 개념을 소개한 요한 고트프리트 헤르더에 의해 개발된 것이다. ③ 낭만적 민족주의romantic nationalism(또는 유기체적 민족주의)는 종족의 계승, 계몽주의적인 합리주의 대신 낭만주의적 정신에서 정치적 정통성을 끌어낸 국가에서 볼 수 있는 것이다. 낭만적 민족주의는 역사적인 종족의 문화, 특히 민간에 전승되는 전설 등에 기초를 두고 있다. 브라더스 그림Brothers Grimm은 헤르더로부터 영감을 받고 독일 민족의 것이라고 주장하는 이야기들을 모아 냈다. ④ 종교적 민족주의religious nationalism는 공통된 종교에 기반하여 정치적 정통성을 끌어낸 국가에서 보이는 형태이다. 시오니즘이 대표적인 예이며, 아일랜드의 가톨릭, 인도의 힌두교 등이 여기에 속한다.

---

228. http://www.websters-online-dictionary.net/definition/nationalism(2009.12.1, 최종 검색).

이와 같이 내셔널리즘은 세계사 속에서 다양한 모습을 보여 주었는데, 식민지에서 전개된 민족 독립운동 이념으로서의 식민지 민족주의가 추가되어야 할 것이다.

2. 대한제국기 '민족주의' 개념의 수용

'민족주의' 개념의 수용

한말 '민족주의'와 '제국주의'라는 말이 쓰이기 시작한 것은 1906년 경부터였다. 당시 지식인들은 '민족주의', '제국주의' 개념을 위에서 본 중국의 량치차오와 도일 유학생을 통해 수용하고 있었다.

중국의 량치차오는 "민족주의란 최근 4백 년 래에 점차 발생하여 나날이 발전해 온 것으로서 근세 국가를 형성시킨 원동력이다. 즉 민족주의란 중세에까지 각 민족이 서로 흩어져 각각의 나라를 이루고, 혹은 여러 민족이 하나로 합쳐져 하나의 나라를 이루고 살던 것이 점차 민족 간에 경계가 생기기 시작하여 동족끼리 서로 모이면서 이족 간에는 서로 반발하여 타족이 억압겸제抑壓箝制하는 바 있으면 분골쇄신하여서라도 회복하려는 것이다"라고 설명하였다.[229] 그는 또 민족주의란 세계에서 가장 광명정대하고 공평한 주의로서, 타민족이 아 민족의 자유를 침범하지 못하도록 하고, 아 민족 또한 타민족의 자유를 침범하지 않으며, 본국 내에서는 인권의 독립을, 세계 내에서는 국권의 독립을 지키는 것이라고 하였다.[230] 그는 근대 민족국가가 수립되는 과정에서 등장한 긍정적인 의미의 민족주의는 각국이 서로 국력을 키워 상호 경쟁을 하는 가운데 19세기 말에 이르러 '민족제국주의'로 일변하였다고 보았다.[231]

량치차오의 영향을 가장 많이 받으면서 '민족주의'를 언급한 것은 신채호였다. 신채호는 한말의 시점을 제국주의의 시대, 민족주의의 시대, 자유주의의 시대라고 이해하였다.[232] 그는 당시 '민족주의'를 '타민족의 간섭을 받지 않는 주의', 즉 '아족의 국國은 아족이 주장한다'는 주의로 해석하였고, 제국주의를 '영토와 국권을 확장하는 주의'로 해석하였다.[233] 이와 같은 그의 '민족주의'에 대한 이해는 량치차오의 민족주의와 거의 같은 것이었다. 그리고 신채호는 민족주의는 실로 '민족 보전의 불이적 법문不二的法門'으로서 민족주의가 강건하면 나폴레옹과 같은 대영웅의 강군도 막아 낼 수 있다면서, 제국주의에 저항하는 길은 민족주의를 분휘奮揮하는 데 있다고 강조하였다.[234]

---

229. 梁啓超(1905), 「論民族競爭之大勢」, 『飮氷室文集 上』, pp.1~3.
230. 梁啓超(1905), 「國家思想變遷異同論」, 『飮氷室文集 上』, p.29.
231. 梁啓超(1905), 「論民族競爭之大勢」, 『飮氷室文集 上』, p.3.
232. 단재신채호선생기념사업회 편(1977), 「20世紀新國民」, 『단재신채호전집 별집』, pp.212~213. 이에 대한 자세한 설명은 이만열(1990), 『단재 신채호의 역사학 연구』, 문학과지성사, pp.66~67 참조.
233. 단재신채호선생기념사업회 편(1975), 「제국주의와 민족주의」, 『단재신채호전집 하』, p.108.
234. 단재신채호선생기념사업회 편(1977), 『단재신채호전집 별집』, pp.212~221.

한편 『호남학회월보』에 실린 최동식崔東植의 글을 보면, 민족주의
란 "같은 종족, 같은 언어, 같은 문자, 같은 습속의 사람들이 한곳의
땅을 점거하여 서로 동포로 여겨 함께 독립과 자치에 힘써서 공익
을 도모하고 타족을 막아 내는 것"이라고 이해하였다. 이어서 제국
주의란 "민족주의가 이미 극히 발달하여 다시 일보 더 나아가 안으
로 국민의 실력에 충실하고 밖으로 조국의 특권을 확대하며 남의
경계로 세력을 확장하고 위권威權으로 남의 땅에 들어가는 것", 즉
민족주의가 밖으로 세력을 확장하여 침략적인 성격을 띤 것이라고
보고 있다. 따라서 그는 제국주의를 '민족제국주의'라고 불렀다. 이
는 앞서 본 량치차오의 민족주의, 제국주의의 이해와 거의 같다. 그
리고 제국주의의 침략 방법으로는 "혹은 병력으로써 하며, 혹은 상
무商務로써 하며, 혹은 공업으로써 하며, 혹은 경찰·우편으로써 하
며, 혹은 문자·언어로써 하며, 혹은 차관·척식으로써 하며, 혹은
철로·광산으로써" 하는 등 다양한 침략 방법이 구사되었다고 이
해하였다.[235]

한말 도일 유학생들도 '민족주의'와 '제국주의'에 대해 소개하고
있다. 1909년 10월에 발간된 『대한학회월보』 제8호에는 '라인시'가
쓴 「정치상으로 관觀호 황백인종黃白人種의 지위」라는 글이 다음과
같이 번역되어 실렸다. 이 글에서는 "19세기 말에 국제 관계를 지
배하는 정책의 특징은 민족주의가 저대著大한 세력을 현출現出한 이
것이라. 민족주의라 함은 각 민족 간의 특성을 발휘하야 그 정치적
생활을 완전케 하고자 하는 사상인데 중고中古의 세계 통일주의에

235. 崔東植(1909), 「晨鍾普警(續)」, 『호남학회월보』 제4호, pp.7~8.

대신하여 근대 정치의 권형權衡이 되니라. ……국제 문제를 해결할 것은 사해동포의 이상이 아니오, 협애한 민족주의니라"라고 하여,[236] 19세기 말 이래의 시대는 '민족주의의 시대'라고 주장하고 있다. 이 글은 이어서 서양의 '민족주의'가 점차 배타적 민족주의로 나아가고 궁극적으로는 '민족제국주의'로 발전하게 되는 과정을 다음과 같이 설명하였다.

이 민족주의는 국제정치의 발전과 함께 점차로 과장되어 한갓 민족적 특성을 발휘하려 노력함에 그치지 아니하고 타민족 간에 있는 사물을 모두 비문명非文明으로 여기고 이를 배척하는 경향을 낳으며 국가는 그 습관과 법률의 힘에 의하여 그 특성을 절대적 유지코자 하는 방침을 세우는 데 이르고, 따라서 외교 정략에서도 타국의 심사를 왕왕히 오해하여 각 민족이 각각 신문명의 유지자로서 자임하나니 정치상으로 그럴 뿐 아니라 세계적 성질을 가진 미술·문학·과학상으로도 또한 민족적 경향을 현시現示하고 그 제작물에서도 점점 각 민족의 특성을 표출하는 데 고심하는 상태에 있느니라. 그러면 열국의 정치가는 편벽되이 현실적 정략을 숭상하고 평화·정의·인도라 하는 관념은 낙천가의 공상으로 여겨 국가의 행동은 도리에 기인됨보다도 차라리 자기 중심의 의사로써 일어남으로 여기고 민족적 편파심, 민족적 습관은 철학자의 이론보다도 정치가의 중시하는 바가 되니라. 최근 정치 경향을 본즉 열국은 다시 이 민족주의를 과장하여 민족적 제국주의를 삼으며 그 활동의 범위는 진실로 광대

---

236. 라인시(1908), 「政治上으로 觀훈 黃白人種의 地位」, 韓興敎 옮김, 『대한학회월보』 제8호, p.48.

하니라. ……이 민족적 제국주의의 실행자는 영국으로써 솔선자라 칭하
니라.[237]

이 글은 제국주의의 뿌리가 민족주의에 있음을 밝히면서, 각국은
인구의 증가에 따른 영토의 협소함을 해결하기 위하여 전 세계에
영토를 확장하려는 식민 정책을 경쟁적으로 펴게 되는데, 이때 이
들이 이른바 '문명의 사도'라는 구실을 내세우고 있음을 다음과 같
이 설명하고 있다.

이 영토 확장에 관해서는 열국이 또한 다소 도덕상의 이유가 있다고
성언하여 가로되 세계의 대부분은 그 천연의 힘을 발달시키기 불능한 무
지무능의 민족의 손 안에 있으니 한편으로는 열국의 인구가 매년 증가함
에 따라 원격한 지방의 천연적 부원富源을 개척하여 인류의 행복을 불가
불 증진할 때에 이르러서는 열등 민족을 점령하기 때문에 무단히 이를 미
개한 그대로 놓아 둠은 하늘의 뜻을 배반한 고로 저 우등 민족은 이 열등
민족들을 지휘·감독하여 그 생산을 증가하는 방법을 불가불 강구하겠
다고 하고…….[238]

위의 글은 제국주의 열강들의 이른바 "우등 민족 = 문명의 사도"
라는 '식민주의'를 통렬히 폭로하고 있다고 하겠다. 러일전쟁을 전
후한 시기 일본인들 역시 제국주의 열강을 흉내 내어 '문명의 사도'

---

237. 라인시(1908), 앞의 글, p.49.
238. 라인시(1908), 앞의 글, p.50.

로서 조선을 개화시킬 책임이 일본인에게 있다고 주장하였다.[239] 안타까운 것은 한말 대한제국의 지식인들 가운데 이와 같은 일본의 식민주의 논리를 제대로 비판한 이는 찾아볼 수 없었다.

일본 유학생 최석하는 "현금 20세기는 생존경쟁 시대라 우승열패와 강식약육은 자연의 이세理勢라. 문명 열강의 대세를 관찰함에 연연세세年年歲歲로 인구가 번식하고 토지가 부족하여 자국 내에서는 발전할 여지가 없는 고로 세부득이하여 국외에 영토를 개척하여 국민의 생활상 복리를 도모하느니 이를 칭하여 제국주의라 칭하니라"고 하였다. 최석하는 이처럼 사회진화론적 관점에서 제국주의를 이해하고, 이 같은 제국주의를 막기 위해서는 아국 동포가 '국가사상'을 갖고, 국제적으로 도태되지 않을 수 있는 견고하고 강대한 국가를 만들어야 한다고 주장하였다.[240]

최석하나 앞의 신채호의 예에서 보는 것처럼 당시의 일반적인 민족주의론은 사회진화론과 연결되어 있었다. 즉 우승열패, 생존경쟁의 원리를 국제사회에서도 적용될 수 있는 '공례公例'로 받아들이면서, 그와 같은 국제사회에서 국가를 보존하기 위해 민족주의를 분휘해야 한다고 생각하고 있었던 것이다. 따라서 이 시기 민족주의론은 경쟁 사회에서 살아남을 수 있는 유일한 길은 스스로의 실력을 갖추는 것, 즉 자강운동밖에 없다는 이른바 자강운동론과 결합될 수밖에 없었다. 이처럼 사회진화론, 자강운동론과 결합된 민

---

239. '조선사회정체론'을 만들어 낸 일본의 경제사학자 후쿠다 도쿠조(福田德三)는 1904년에 쓴 「한국의 경제조직과 경제단위」라는 글에서 "일찍 문명 사회가 된 일본이 후진적인 조선을 문명 개화시켜야 하는 사명감을 가졌다"고 주장하였다.

240. 崔錫夏(1906), 「國家論」, 『태극학보』 제1호, pp.18~19. 이때는 아직 '민족주의'는 거론되지 않았고, '국가사상'이라는 말이 주로 쓰였다.

족주의는 제국주의를 한편으로는 비판하면서도 다른 한편으로는 선망할 수밖에 없는 구조를 갖고 있었다. 즉 제국주의자들의 침략 논리를 궁극적으로 극복할 수 있는 논리를 가질 수 없었다. 물론 1909년경에 이르러서 『대한매일신보』의 경우 실력만 양성하면 국권 회복이 될 것처럼 주장하는 논자들에 대해 실력 양성이 국가의 독립에 전제 조건이 되는 것이 아니라 오히려 독립이 부강의 전제 조건이 된다고 지적하는 등 자강운동론에서 서서히 벗어나는 모습을 보이기도 했다. 하지만 이는 소수의 생각이었고, 전체적으로 볼 때 아직은 자강운동론이 민족주의 담론의 주류를 점하고 있었다고 할 수 있다.

'문화적 민족주의'의 출발

앞서 본 것처럼 당시 '민족'의 개념에 대한 이해는 주로 "같은 종족, 같은 언어, 같은 문자, 같은 습속을 가진 사람들"로 되어 있었다. 즉 민족이 문화적 측면에서 주로 이해되고 있었던 것이다. 앤서니 스미스는 내셔널 아이덴티티의 기본 속성으로서 5가지를 들었는데, 그것은 ① 역사상의 영역 혹은 고국, ② 공통의 (조상) 신화와 역사적 기억, ③ 공통의 대중적·공적인 문화, ④ 전 구성원의 공통된 법적 권리와 의무, ⑤ 구성원의 영역적인 이동 가능성이 있는 공통의 경제 등이었다.[241] 이 가운데 대한제국 시기에 지식인들이 특히

---

241. アントニー・D・スミス(1998), 『ナショナリズムの生命力』, 高柳先男 譯, 晶文社, p.52 참조.
한편 앤서니 스미스는 에스니의 기본 속성으로서 ① 집단의 고유한 명칭, ② 공통의 조상에

강조한 것은 ① 국조, ② 역사, ③ 언어였다. 영역, 법적 권리와 의무, 경제 등은 상대적으로 그리 강조되지 않았다.[242] 이러한 점은 이 시기 한국 민족주의가 문화적 성격을 강하게 지닌 '문화적 민족주의'로서 출발하고 있었음을 말해 준다.

1) 국혼론, 국수론

이 시기 '문화적 민족주의'를 상징적으로 보여 주는 단어는 '국혼 國魂'과 '국수國粹'였다. 당시 지식인들은 국혼을 고양하고 국수를 보전할 것을 강조하였다. 이는 앞서 본 민족 형성의 주관적 요소 가운데 하나인 '민족정신'의 강조였다고 할 수 있다. 동아시아에서 국혼을 처음 거론한 것은 일본인으로, 그들은 소위 일본혼으로서 '무사도武士道'를 들고 있었다. 여기에 자극받은 중국의 량치차오는 중국에는 중국혼이 없다면서 중국혼을 만들자고 부르짖는 『중국혼中國魂』이라는 책을 썼다. 유학생 최석하는 이에 맞서 「조선혼」이라는 글을 썼다. 그는 이 글에서 "사람에게 혼이 있듯이 국가에도 국혼이 있어 나라가 살아 있으면 혼이 살아 있고, 나라가 죽으면 혼이 죽어 이 양자는 조금이라도 분리할 수 없는 것"이라면서 나라가 존재한

관한 신화, ③ 역사적 기억의 공유, ④ 하나 또는 복수 집단의 독자적인 공통 문화의 요소, ⑤ 특정한 고국(故國)과의 심리적 결합, ⑥ 집단을 구성하는 인구의 주된 부분에 연대감이 있는 것 등을 들었다[アントニー · D · スミス(1998), 앞의 책, p.39 참조].

242. 앙드레 슈미드 교수는 대한제국기 '민족' 만들기의 과정에서 언어, 역사, 시조 단군, 그리고 영역에 대한 강조가 중요한 역할을 하였다고 보았다. 그는 특히 중국과의 경계 설정, 백두산 정계비, 고토 만주에 대한 애착 등 영역에 대한 관념이 크게 확산되었다고 보았다[앙드레 슈미드(2007), 『제국 그 사이의 한국 1895~1919』, 정여울 옮김, 휴머니스트]. 하지만 장지연의 『대한 강역고』 외에 이렇다 할 지리서들이 나오지 않은 데에서도 알 수 있듯이 단군, 역사, 언어에 대한 강조에 비해서 영역에 대한 강조는 상대적으로 약했던 것이 사실이다.

다면 이미 국혼은 존재하는 것이라고 주장하였다. 그의 주장은 량치차오를 공박하는 것이었다. 그는 한국이 쇠약함을 들어 조선인에게는 조선혼이 없다고 주장하는 이가 있으나 이는 잘못된 것이라고 주장하였다. 그는 을지문덕乙支文德 장군, 윤관尹瓘 장군, 이순신李舜臣 장군이 각각 외적의 침입을 막고 영토를 개척한 것은 조선혼에서 비롯된 것이라고 주장하였다. 그는 오늘날 한국이 쇠약하게 된 것은 1백여 년 이래로 외침이 끊이지 않고 내홍이 계속되고 정치가 문약文弱에 흐르고 민심이 고식에 빠지고 덕교德敎가 허식에 흐르며 교육이 문장에만 매달려 국가의 원기가 소침해지고 인민의 신경이 쇠약하게 되어 조선혼이 어두운 구름 속에 가려진 때문이라고 보았다. 따라서 그는 이 구름을 걷어 내고 은폐되었던 조선혼을 다시 불러일으켜야 할 것이라고 주장하였다.[243] 여기서 '조선혼'이란 나라를 수호하려는 정신을 의미하는 것으로 보인다.

최석하의 '조선혼'은 박은식의 '대한정신大韓精神'의 개념과 비슷하다. 그는 대한자강회의 결성에 즈음하여 이 회의 주지와 목적은 "일반 국민의 교육을 일으키며 식산을 발달시켜서 사람 하나하나가 모두 자강의 실력을 양성코자 하는 것"이며, 그러나 이보다 더욱 중요한 것은 "대한정신을 2천만 형제의 머릿속에 불어넣어 주는 것"이라고 말하였다.[244] 여기서 '국혼'과 '민족정신'은 결국 민족으로서의 각성, 즉 민족의식을 갖는 것을 의미하였다. 그들은 '민족의식'이야말로 민족운동에서 가장 중요한 전제라고 생각하였던 것이다.

243. 최석하(1906), 「朝鮮魂」, 『태극학보』 제5호, pp.19~20.
244. 朴殷植(1909), 「大韓精神」, 『서북학회월보』 제16호.

한말의 민족주의는 대체로 이 같은 '민족의식의 고취'와 이를 위한 '국수(민족정신)의 보전'에 그 중점을 두고 있었다. 이는 곧 한국의 '국수'는 무엇인지에 대한 물음으로 이어졌다. 한말 민족주의자들은 한국의 국수를 국조, 역사, 언어, 종교에서 찾고자 하였다. 여기서 국조에 대한 신앙 강조, 본국사 교육의 강조, 국문 사용의 강조 등이 나타났다.

2) 국조에 대한 신앙의 강조

먼저 국조에 대한 신앙 강조를 살펴보자. 일반적으로 국조는 각국의 국수·국혼의 상징이자 국가 형성의 창도자로서 인식되었고, 따라서 애국주의에서 국조 숭배는 가장 중요한 요소였다. 대한제국 때의 국조에 대한 숭배는 17세기 이래의 단군 숭배와 정통론적 역사 인식의 연장선상에 서 있었다. 17세기 이래 단군과 기자는 국조로서 숭배되었다. 단군은 개국시조로서, 기자는 조선 유교 문화의 개창자로서 숭배되었던 것이다. 단군과 기자, 그리고 마한 혹은 삼한으로 이어지는 정통론적인 역사 인식은 '조선＝소중화'론의 핵심이었다. 이와 같은 단군—기자 중심의 국조 인식은 갑오개혁 이후에도 그대로 이어졌다. 단군과 기자를 자문화自文化의 중심에 놓고 한국이 중국의 종주권에서 벗어나는 근대국가로서 독립하였음을 강조하고 싶었기 때문이다. 당시의 역사교과서들은 개국시조로서의 단군과 성교 개조聖敎開祖로서의 기자를 위대한 성인으로 다루고 있었다.[245] 독립협회에서도 역시 단군의 개국과 기자의 설교說敎를 한

---

245. 조동걸(1998), 『현대한국사학사』, 나남출판, 제2장.

국 역사의 맨 앞에 놓았다.[246] 1906년 이후 자강 계몽 운동 단계에서도 역시 "4천 년 단군·기자의 오래된 나라의 신성한 민족",[247] "단군·기자의 혁혁한 민족"[248] 등으로 표현되듯이 단군과 기자는 함께 국조로서 언급되고 있었다.『황성신문』에서도 "우리는 단군·기자의 신성한 후예"라고 표현하고 있었다.[249]

그런 가운데 신채호는 1908년 「독사신론」을 통해 기자와 그를 잇는 마한 내지 삼한을 정통으로 삼는 이른바 삼한정통론을 비판하고 나섰다. 그는 정통론이란 "우활迂闊한 선비의 완몽頑夢"이며, "노예의 헛소리"라고 비판하였다. 그는 기자가 중국에서 동쪽으로 와서 단군의 자손으로부터 왕위를 넘겨받아 평양에 도읍을 정하고 백성을 교화하였다는 기존의 기자조선설 자체를 부정하였다. 그는 기자가 동으로 오자 부여왕이 작위를 내려 기자는 부여왕의 신하가 된 것이라고 주장하였다. 대신 그는 단군을 "동국을 개창하신 시조"이며, 단군 이후로는 부여족을 주족主族으로 설정하여 부여-고구려-발해의 역사를 더 강조하였다. 그러나 이는 부여나 고구려 중심의 정통론은 아니었다. 그것은 우리 민족의 역사는 부여족을 주족으로 하는 역사라는 것을 강조하였을 뿐이었다.[250]

신채호 이후 기자를 뺀 단군만을 국조로 강조하는 글들이 나오기 시작했다. 예를 들어 문일평文一平은 "우리 조상 단군이 창건하신

246. 안경수(1896), 「獨立協會序」, 『대조선독립협회회보』 제1호, p.1.
247. 김원극(1907), 「경고아평남신사동포」, 『서북학회월보』 제3호, p.3.
248. 윤태진(1909), 「喚起我半島帝國之民族的觀念」, 『대한흥학보』 제7호, p.31.
249. 논설 「祝賀海朝新聞」, 『황성신문』 1908. 3. 4. 이 부분에 대해서는 이지원(2007), 『한국 근대 문화사상사 연구』, 혜안, pp.66~67 참조.
250. 박찬승(1994), 「신채호」, 『한국의 역사가와 역사학(하)』, 창작과비평사, p.88.

4천 년 역사 유훈과 그 후손인 부여족 2천만의 윤리적 사상이 화합하여 우리 국체의 특질을 표창한 자 있으니, 즉 예의속禮義俗이 이것이라"[251]고 말하였다. 단군에 대한 숭배 의식은 국망이 다가오자 더욱 확대·고조되었다. 그리고 단군에 대한 숭배는 마침내 단군교라는 종교로 발전하였다.

단군교는 1909년 1월 나철羅喆의 주도하에 오기호吳基鎬, 유근柳瑾, 이기李沂 등 10명이 서울에 모여 창건한 것이다. 이들은 단군을 국조로 숭배한 종교는 '신교神敎'라는 이름으로 오랫동안 존재했기 때문에 단군교의 창건은 이를 다시 부활시킨 것이라면서 '중광重光'이라는 표현을 썼다. 초대 중광 교주는 나철이 맡았다. 단군교의 사상과 교리는 단군을 국조로 모시고, 그의 가르침을 신앙하고 실천하여 배달국을 다시 건설하자는 것이 주요 골자였다. 단군교는 1910년 7월 교명을 대종교大倧敎로 개칭하였다. 이는 일제의 탄압을 피하려는 의도였던 것으로 보인다.[252]

3) 본국사 교육의 강조

단군에 대한 강조와 함께 역사, 특히 본국사에 대한 인식도 강조되었다. 역사, 특히 본국사가 중요하다는 것은 이미 갑오개혁 때부터 지적된 사항이었다. 1894년 6월 갑오개화파 정권의 군국기무처는 의정부에 편사국을 두자고 제안하였다. 그리고 이듬해에 한성사

---

251. 문일평(1908), 「我國靑年의 危機(續)」, 『태극학보』 제26호, p.23 ; 이지원(2007), 앞의 책, p.69에서 재인용.
252. 신용하(1994), 「단군 인식의 역사적 변천」, 『단군 : 그 이해와 자료』, 서울대학교출판부, pp.183~184.

범학교와 4개의 소학교가 설치되었는데, 그 교과과정에 '본국사' 과목이 들어 있었다. 그리고 그해에 내무아문에서는 각 도에 시달한 훈시에서 인민에게 본국사와 본국문을 가르치라고 강조하였다. 또한 학부에서는『조선역사』,『조선역대사략』,『조선약사』등의 교과서를 편찬·간행하였다. 이후에도 1899년에 김택영金澤榮의『동국역대사략』·『대한역대사략』, 현채玄采의『동국역사』등에 관한 사서를 편찬하였다. 또 1905년에는 정교鄭喬·최경환崔景煥의『대동역사』, 김택영의『역사집략』등의 사찬 사서가 나왔다. 1908~1910년 사이에는『대한역사』,『초등본국역사』,『초등대한역사』,『초등대동역사』,『신찬초등역사』등 초등학교용 역사교과서가 많이 나왔다.[253] 물론 이 책들의 체재나 내용은 많은 문제를 안고 있었지만, 중국사에서 벗어나 본국사를 배우고 가르쳐야 한다는 문제의식에서 다양한 종류의 국사책이 간행되었던 것이다.

역사 교육의 중요성을 가장 강조한 것은 신채호였다. 신채호는 1908년「독사신론」의 서론에서 "국가의 역사는 민족의 소장성쇠의 상태를 서술한 것"이라고 말하고, "민족을 버리면 역사가 없을지며, 역사를 버리면 민족의 그 국가에 대한 관념이 크지 않을지니 오호라 역사가의 책임이 막중할진저"라고 말하였다. 민족과 역사의 불가분의 관계를 강조한 것이다. 그는 또 같은 글에서 "금일에 민족주의로 전국의 완몽頑夢을 깨우치고, 국가 관념으로 청년의 머리를 새롭게 하여, 우열존망의 십자가두十字架頭에 처하여 겨우 명맥을 유지

---

253. 조동걸(1994),「근대초기의 역사인식」,『한국의 역사가와 역사학(하)』, 창작과비평사, pp.14~19.

하고 있는 국맥國脈을 보전코자 할진대 역사를 버리고는 무엇이 있겠는가"라고 하여, 민족주의와 국가 관념의 고취에서 '역사'가 매우 중요함을 지적하였다.[254] 따라서 신채호는 "역사는 애국심의 원천"이라고 강조하였다.[255] 국권 회복 운동을 위한 애국심의 고취에 역사가 매우 중요한 역할을 할 수 있다는 것을 강조한 것이다.[256] 그때 강조하는 역사는 당연히 '본국사'였다. 기존의 역사서들이 중국을 주인으로 하고 한국을 객으로 한 역사, 존화사관과 사대주의 사상에 물든 역사서들이 대부분이었다고 비판하고, 한국을 중심으로 하는 역사, 한국 민족을 중심으로 하는 역사, 그리고 단군-부여-고구려를 중심으로 한 고대사를 강조하였다.[257]

4) 국문 사용의 강조

대한제국 때 '민족' 결집을 위한 또 하나의 중요한 기제는 '국문', 즉 한글 사용의 강조였다. 이 문제를 처음 강조한 것은 1880년대의 유길준俞吉濬이었다. 유길준은 이미 『서유견문』을 집필하면서 국한문 혼용체를 사용하였다. 이는 그동안 지식층이 순 한문으로만 글을 써오던 것에 대한 일종의 혁명적 도전이었다. 따라서 그에 대한 비판도 당연히 거세었다. 그러나 자신이 국한문 혼용체를 사용한 것에 대해 "언어와 문자는 나누면 둘이 되고 합하면 하나가 되는

---

254. 박찬승(1994), 앞의 글, p.86.
255. 단재신채호선생기념사업회 편(1977), 「許多古人之罪惡審判」, 『단재신채호전집 별집』, p.120.
256. 신용하는 이를 '역사 민족주의'라고 불렀다[신용하(2004), 『한말 애국계몽운동의 사회사』, 나남출판, pp.341~342].
257. 신용하(2004), 앞의 책, pp.343~345.

것이다. 우리글은 곧 우리 옛 임금 대에 애써 만드신 인문"이라고 설명하였다. 즉 말과 글은 하나가 되어야 한다는 '언문일치'를 주장하면서 세종이 만든 우리글을 써야 한다고 주장한 것이다. 그는 "세상의 만국을 돌아보건대 각기 자기 나라 언어가 독특한 고로 문자가 역시 같지 아니하다"고 말하였다. 즉 언어가 다르면 문자도 다른 것이 당연하다고 생각한 것이다. 유길준은 1909년에 지은『대한문전』에서는 "우리 민족이 단군의 신령스럽고 뛰어난 후예로 고유한 언어가 있고, 고유한 문자가 있어 그 사상과 의지를 성음聲音으로 발표하고 기록으로 전하여 보이니 언문일치의 정신이 4천여 년의 세월을 지나서 역사의 진면목을 보전하고 관습의 실정을 증명하였도다"라고 말하였다.

유길준은 이처럼 '언문일치'를 강조하면서 "문자로 말하면 우리나라의 글이 천하에 제일이요, 한문도 쓸 데 없고 일본문도 쓸데없고 영국문은 더군다나 쓸데없으니 우리나라 사람들에게는 우리나라의 국문이라 하지요. 우리가 이러한 좋은 글이 있는데 어찌하여 배우지 않고 나라에 무식한 사람이 많소"라면서 우리글을 배우지 않는 것을 비판하였다. 그는 "수백 년 동안 한문을 숭배하는 풍조가 전국을 휩쓸어 중국에서 빌려다 쓴 외래 문자가 국민의 바른 소리를 쫓아내어 국문이 선비의 책상에서 떠나고 글 쓰는 사람의 붓끝에서 멀어지게 되었다"고 지적하였다. 그 결과 국문에 대해 "대대로 연구하는 공부를 더하지 않았으며, 발음의 잘못으로 음운의 차이가 생기고 자형字形의 추이로 부호의 잘못이 보이되 교정하는 법을 행하지 아니하여 금일에 이르러서는 그 용법이 정곡을 벗어난 것이 많을뿐더러 문전文典이라는 이름은 꿈에도 미치지 못하였다"고 지적하였다. 즉 지식층이 국문을 쓰지 않고 연구를 하지 않음으로써 제대로 된 문법이 없다는 지적이었다.

그러면서도 유길준은 순 국문보다는 국한문 혼용을 선호하였다. 그는 "한문은 폐지하되 한자는 폐하지 못하느니라. 한자를 연철連綴하여 구두句讀를 이룬 후에만 비로소 문文이 이루어지니 개개 글자를 따로따로 사용함이 어찌 한문이라고 할 수 있으리오. 또 대저 우리가 한자를 빌려 쓴 지가 오래되어 동화된 습관이 국어의 일부를 이루었으니, 진실로 그 훈독하는 법을 사용한즉, 그 형태는 비록 한자이나 즉 우리 국어의 부속품이며 보조물이다. 영국 사람이 로마자를 취하여 그 국어를 기록함과 같으니 한자를 취용하였다고 하여 누가 감히 대한 국어를 가리켜 한문이라 하리오"라고 주장하였다. 한자는 이미 국어의 부속품, 보조물이 되었으니 혼용해서 써도 좋다는 것이 그의 주장이었다.[258]

유길준이 이와 같이 언문일치, 국문의 사용을 강조한 것은 '어문민족주의'라고 말할 만한 것이었다.[259] 유길준은 『서유견문』에서 "무릇 국가라고 하는 것은 일단의 민족이 일정한 토지를 점거해 가지고 언어와 법률·정치·습속 및 역사를 같이하며, 한 임금과 정부를 섬기며 이해와 국방치란(治亂)을 함께하는 것을 말한다"고 하였다.[260] 이처럼 국가의 구성 요소의 하나로서 언어를 들었던 유길준이 언문일치와 국문 사용을 강조한 것은 당연한 일이었다.

258. 이상 유길준에 대해서는 고영근(2004), 「유길준의 국문관과 사회사상」, 『어문연구』 제32권 제1호, pp.405~418 참조.
259. 신용하(1977), 「주시경의 애국계몽 사상」, 『한국사회학연구』 제3권 제1호 참조.
260. 유길준(1976), 『서유견문』, 김태준 옮김, 박영사, p.39.

유길준의 어문민족주의는 주시경周時經에게 계승되었다. 주시경도 민족은 기본적으로 ① 역域(영역), ② 종種(종족), ③ 언言(언어)의 세 가지 요소로 구성된다고 보았다. 이 세 요소로 이루어진 민족이 국가를 이루어 독립하게 되는데, 이때 영역은 독립의 기基요, 종족은 독립의 체體요, 언어는 독립의 성性이라고 보았다. 여기서 그가 말하는 성性은 본성, 즉 본질을 의미한다. 그에 의하면 성이 없으면, 체가 있어도 체가 아니요, 기가 있어도 기가 아니다. 따라서 성이 가장 중요한 것이다. 즉 민족을 구성하는 본질은 언어이며, 따라서 언어는 국성國性이라고 그는 불렀다. 주시경은 민족을 본질적으로 언어공동체라고 본 것이다. 이러한 관점에서 문자의 독립이 민족국가의 독립을 나타내는 것이라고 보았다. 그는 민족 경쟁의 시대에 언어와 문자가 갖는 중요성을 인식하고, 우리나라의 독립과 발전이 국어 · 국문의 연구 · 보급과 직결되어 있다고 보았다. 주시경은 『국어문전음학』이라는 책에서 "자국을 보존하며 자국을 흥성케 하는 길은 국성國性을 장려함에 있고, 국성을 장려하는 길은 국어와 국문을 숭상하고 이용하는 것이 가장 중요"하다고 강조하였다. 국가의 보존과 흥성이 국어와 국문의 이용과 발전에 달려 있다는 주시경의 이와 같은 주장에 대해 신용하는 '어문민족주의'라고 불렀으며,[261] 앙드레 슈미드Andre Schumid는 '한글의 민족화nationalization'라고 표현하였다.[262]

여기서 주시경의 주장을 좀 더 살펴보자. 그는 국문이 창제된 지 450여 년 동안 한문漢字 공부에만 힘쓰고 국문의 정리는 소홀히 한

---

261. 이상 주시경에 대해서는 신용하(1977), 앞의 논문 참조.
262. 앙드레 슈미드(2007), 앞의 책, p.187.

탓에 국문을 잘못 쓰는 폐해가 두드러지게 되었다고 보았다. 즉 사람마다 달리 쓰는 바람에 한 가지 말을 글로 쓸 때 수십 가지가 되었으며, 이는 결과적으로 글과 말이 달라 '언문이 부동不同'한 상태가 되었다는 것이다. 주시경은 일정한 지역에 인종이 각기 모여 살다 보면, 각기 다른 언어를 가지게 되고, 이를 표현하는 글은 각기 다를 수밖에 없다고 생각하였다. 따라서 그는 '국문은 국어의 그림자요, 국어의 사진'이라고 말하였다. 그는 한자는 우리말을 표현하는 글이 아니며, 또 미개한 시대에 사용하던 상용 문자라고 비판하였다. 한글과 같은 표음문자야말로 문명한 시대에 적합한 문자라고 주장하였다. 주시경은 표음문자로 말을 적으면 언문이 일치되고, 표의 문자로 적으면 언문이 일치하지 않는다는 생각에서 표음문자인 국문의 우위성을 강조하였다. 그는 우리의 말소리와 괴리를 보이는 한자의 폐해를 지적하고, 언문일치를 위해 국문의 사용을 역설하였던 것이다. 주시경은 나아가 그동안 국문법에 대한 연구가 제대로 되지 않아 국문 표기가 제멋대로 되고 있기 때문에 이를 통일하는 것이 급선무라고 생각하였다. 국문의 수정과 표준화, 그리고 통일이 무엇보다 중요하다고 생각하였던 것이다. 따라서 그는 국어 문법 연구에 매진하였다.[263]

이상에서 살펴본 바와 같이 대한제국 때에 민족주의를 수용하던 지식인들은 국혼(國粹)을 강조하고, 국조에 대한 신앙을 강조하였으며, 본국사 교육과 국문 사용을 강조하였다. 이와 같은 경향은 한국의 민족주의가 문화적 민족주의의 성향을 강하게 띠고 출발하였음

263. 정승철(2003), 「주시경과 언문일치」, 『한국학연구』 제12집, pp.33~39.

을 말해 준다. 이와 같은 문화적 민족주의의 경향은 1910년대 민족주의자들의 국혼의 강조, 1920년대 『동아일보』의 민족의식 고취를 위한 문화 운동, 1930년대 초 조선학 운동과 정인보鄭寅普 · 문일평 등의 '조선의 얼', '조선심'을 찾기 위한 역사 연구 등으로 이어지게 된다.

3. 1910년대 민족평등주의론과 문화적 민족주의론

민족평등주의론의 대두

1910년대에 들어서도 사회진화론에 입각한 민족주의론은 주류를 점하였다. 그러나 일부 민족주의자들은 점차 사회진화론에서 벗어나 민족평등주의에 입각한 민족주의론을 제기하기 시작하였다. 이는 1911년에 박은식이 쓴 「몽배금태조」에서 확인할 수 있다. 박은식은 여기서 무치생의 입을 빌려 "약육강식을 공례라 하고, 우승열패를 천연天演으로 인식하여, 나라를 멸하며 종족을 멸하는 부도불법으로써 정치가의 양책을 삼되 소위 평화재판이니 공법담판이니 하는 문제는 강권자와 우승자의 이용물에 불과할 뿐이요, 약자弱者 열자劣者는 그 고통을 호소하고 원통함을 펴나갈 곳이 없으니 상제上帝의 일시동인과 성인의 만물일체에 대해 유감"이라고 말하였다. 이어서 금 태조의 입을 빌려 박은식은 "하늘이 만물을 낳음에 모두 함께 길러 서로 피해가 없게 한 것이지만 그 물物이 자생자육自生自育의 힘이 있는 자는 생존을 얻을 것이요, 자생자육의 힘이 없는 자는 생존을 얻지 못함이라"고 말하였다. 이어서 그는 "세계 인간들의 생활 정도 역시 그러하여 고시대의 정도는 중고 시대에 적합하지 못하고, 중고 시대의 정도는 오늘날의 시대에 적합하지 못한 까닭으로 가로되 적자를 생존케 한다 하느니라"라고 하였다.[264] 따라서 박은식은 "조선의 2천만 민중이 모두 그 국민의 의무와 국민의 정신으로 그 기능과 직업을 닦아 나가야 독립의 자격과 자유의 능력이 생겨 이 인종 경쟁의 시대에 도태되는 화를 면하고 생존의 복을 누릴지니라"고 말하였다.[265] 여기까지는 사회진화론적 인식이 강하게 남아 있음을 볼 수 있다.

그러나 이 글에서 박은식은 주목할 만한 언급을 하고 있다. 그는 금 태조의 입을 빌려 "조선은 이미 전부터 오랫동안 다른 나라의 부용附庸 대우를 받아 평등 지위를 잃은 나머지 또 오늘날과 같은 망극한 치욕과 무한한 고통을 겪게 되었으니, 마땅히 열혈남자가 격렬한 구국주의로 조국의 동포에 대하여 세계 인도의 평등주의를 큰 소리로 부르짖어, 동포로 하여금 하등의 지위를 벗어던지고 상등의 지위로 진전할 사상을 격발해야 할지니라. 또한 세계 각 사회에 대하여 동정을 요구할지로다"라고 말하였다. 세계 인도의 평등주의를 부르짖을 것을 그는 제창하고 있는 것이다. 박은식은 "조선

---

264. 단국대 동양학연구소 편(1975), 「몽배금태조」, 『박은식전서 중』, pp.214~216.
265. 단국대 동양학연구소 편(1975), 앞의 글, pp.243~244.

동포로 하여금 세계의 우등 민족에 대하여 평등 지식이 있고, 평등 자격이 있으면 부도불법의 강력 압제를 벗어나 평등 지위를 차지할 능력도 가질 것이다. 하물며 평등주의는 황천이 허하시고, 시대의 기운이 추향趨向하는 바이요, 또한 세계 문명사회가 동정하는 바이라"고 말하였다.[266] 즉 다른 민족과 평등한 자격이 있으면 다른 민족에 대해 평등한 지위를 요구할 수 있으며, 평등주의는 시대의 추세라는 것이었다. 그는 또 무치생의 입을 빌려 "소위 20세기에 들어와서 멸국멸종滅國滅種으로 공례를 삼는 제국주의를 정복하고, 세계 인권의 평등주의를 실행하는 데 있어서 우리 대동민족大東民族이 선창자가 되고 주맹자主盟者가 되어 태평의 행복을 세계에 두루 미치게 한다면 참으로 끝없는 은택이요, 더없는 영광"이라고 말하였다. 그는 "다윈이 강권론을 제창함으로부터 소위 제국주의가 세계에서 둘도 없는 유일한 기치가 되어 나라를 망치고 종족을 멸하는 것을 당연한 공례로 삼아 전쟁의 화가 점차 극도로 비참하게 되었으니, 진화의 상례로 추론할지라도 평등주의가 부활될 시기가 멀지 않았도다"라고 말하였다. 그는 "오늘날은 강권주의와 평등주의가 바뀌는 시기이니 이 기회를 맞이하여 최종점에 도달했을 정도로 극심한 압력을 받는 것이 우리 대동민족이요, 압력에 대한 감정이 가장 극렬한 것 또한 우리 대동민족이라. 장래에 평등주의의 기치를 높이 들고 세계를 호령할 자가 우리 대동민족이 아니고 그 누구이겠는가"라고 말하였다.[267] 즉 설사 강대국과 비슷한 정도로 국력이 미치

---

266. 단국대 동양학연구소 편(1975), 앞의 글, pp.274~275.
267. 단국대 동양학연구소 편(1975), 앞의 글, pp.309~310.

지 않는 약소국이라 할지라도 강권주의 시대가 가고 평등주의의 시대가 온다면 독립할 수 있는 것이라고 생각하였던 것이다. 그는 전국 시대에 묵자墨子의 가르침을 따라 강국을 억제하고 약한 나라를 도와 붙드는 '억강부약抑强扶弱'주의의 기풍이 강하였던 것을 예로 들면서, 억강부약주의와 같은 평등주의를 대동 민족이 앞서서 제창하여야 한다고 주장하였던 것이다.[268]

박은식의 민족평등주의는 이후에도 계속 발전되었다. 1917년 신규식申圭植·박은식 등의 주도에 의한 「대동단결 선언」은 제의提議 제4강에서 "독립 평등의 성권聖權을 주장하야 동화同化의 마력과 자치의 열근劣根을 방제防除할 것"이라고 주장하였다.[269] 독립과 평등을 신성한 권리로 주장하면서 일제의 동화 정책과 조선인 일부의 자치론를 비판·봉쇄하려 하였던 것이다.

그러나 사회진화론과 대립되는 민족평등주의가 1910년대 국내외 지식인, 민족운동가에게 일반화된 인식은 아니었다. 국내의 지식인들과 일본 유학생들은 국권을 회복하기 위해서는 교육의 진흥(특히 실업 교육과 과학 교육)과 산업의 발전이 가장 중요하다고 생각하였다. 이와 같은 생각 위에서 만든 것이 1915년에 나온 조선산직장려계였다. 물론 이에 참여한 이들도 궁극적으로는 국권 회복을 목표로 하였지만, 현실적으로는 실력 양성을 목표로 한 합법적 단체를 조직하였던 것이다. 그러나 총독부 당국은 이러한 단체도 용납할 수 없었다. 결국 일부 회원들은 보안법 위반으로 구속되었고, 조선산직

---

268. 단국대 동양학연구소 편(1975), 앞의 글, p.274.
269. 「대동단결 선언」(1917), p.11.

장려계는 강제로 해산되었다.

1918년 들어 윌슨Thomas Woodrow Wilson에 의해 민족자결주의가 제창되고 이에 따라 국내외 지식인들이 동요할 때에도 일부 유학생들과 지식인들은 한국 민족은 실력이 모자라기 때문에 독립은 시기상조라고 생각하는 경우가 많았다. 예를 들어 한 일본 유학생은 "조선의 현상은 사회와 가정이 모두 양호한 발달을 하지 못하였다. 이 같은 현상으로써는 가령 일본의 기반羈絆을 완전히 벗어나는 것은 불가능하다"고 말하였다. 뒤에 2·8독립선언에 참여한 서춘徐椿조차도 한때 "개인 간에는 정의·인도·자유·평등을 대등하게 주장할 수 있지만, 나라와 단체 사이에서는 실력이 없으면 하등의 이익을 누릴 수 없다. 요컨대 우리는 우선 실력 양성에 노력하고 그 뒤에 정의, 인도를 고창할 수 있다고 믿는다"고 말하였다.[270]

1917~1918년 안창호安昌浩도 민족운동 진영 일부에서 대동단결을 주창하고 독립운동 개시를 주창하는 데 대해 비판적이었다. 그는 「대동단결 선언」에 대해 대동단결을 위한 전제 조건이 미비하다고 보고 이에 참여하지 않았다.[271] 또 독립운동 개시에 대해서도 일부에서 독립 전쟁을 하자거나 외교 운동을 통해 윌슨 대통령에게 독립 승인을 요구하자고 하지만, 이는 독립 전쟁에 어떤 준비가 필요한지도 모르고 하는 소리이며, 외교 운동을 한다 해서 일본이

---

270. 姜德相 解說(1977), 『現代史資料 26』, みすず書房, p.11, p.16.
271. 안창호는 1918년에 쓴 「전쟁종결과 우리의 할 일」의 '해외 한인의 대동단결을 주선하여 볼까'라는 대목에서 "해외 한인이 대동단결을 이루겠느냐 하면 아직은 몽상뿐이요 실로 못될 일이로다. 대동단결을 이루려면 몇 가지 먼저 요구되는 것"이 있다면서, 그 전제로서 대동집합할 상식, 큰 단체를 옹호할 만한 중추력, 중추의 중심으로 단체를 통어할 만한 인물이 있어야 한다고 주장하였다[도산기념사업회 편(1990), 『안도산전서(중)』, 범양사, p.85].

한국을 쉽게 내줄 리 만무하다고 비판하였다. 그는 외교 운동이나 독립선언 등을 통해 한인이 일본의 기반羈絆을 원치 않는다는 뜻을 발표하는 것은 훗날 다소 도움이 될지 모르지만 오늘에는 아무 효과가 없으리라고 주장하였다. 그는 "한국이 독립하려면 한국 민족이 정신상 독립과 생활상 독립부터 먼저 되어야" 한다고 말하고, 당시의 시점에서 "독립의 운동을 생각하는 것은 요행을 바라는 이의 일"이라고 주장하였다.[272] 안창호의 이 같은 태도는 그의 냉정한 현실 인식에서 비롯되었고, 이는 그의 지론인 준비론으로 연결되었다.

그러나 역사는 그의 준비론처럼 항상 단계를 차근차근 밟아 가며 진전되는 것은 아니었다. 그는 3·1 운동과 같은 전 민족적 만세 운동과, 그 성과로서 임시정부가 구성될 것을 전혀 예견하지 못하였다. 더 중요한 것은 독립을 위해서는 먼저 실력을 길러야 한다는 그의 준비론이 사회진화론, 근대주의, 그리고 '문명의 사도'를 주장하는 식민주의자들의 이론을 제대로 극복하지 못한 것이었다는 점이다.

문화적 민족주의의 발전

1910년대의 민족주의자들의 민족주의 운동론은 국혼론에서 출발하였다. 예를 들어 신규식은 『한국혼韓國魂』1914이라는 글에서 "아아, 우리나라는 기어코 망해 버리고야 말았구나. 가령 우리의 마음

---

272. 도산기념사업회 편(1990), 앞의 책, pp.83~84.

이 아직도 죽어 버리지만 않았다면 비록 지도가 그 빛을 달리하고 역사가 칭호를 바꾸어 우리의 대한이 망하였을지라도 우리 사람마다의 마음속에는 스스로 하나의 대한이 있는 것이니 우리의 마음은 곧 대한의 혼인 것이다"라고 하여, 이 혼을 잘 간직하여야 한다는 것을 강조하였다.[273] 신규식은 "오직 국민의 애국심이 남아 있어 일치단결하여 백번 죽어도 굽히지 않고 끝까지 버티어 나아가면 인심이 죽지 않는 한 나라는 비록 망하였을지라도 망하지 않음과 같은 것이다"라고 말하였다.[274] 그는 "나는 원컨대 우리 동포들이 다시는 큰 소리로 떠들지만 말기를 바란다. 극단의 이상주의라거나 극단의 사회주의 같은 것은 잠깐 덮어 두기로 하자. 요컨대 오늘의 세계는 국가주의와 민족주의가 서로 경쟁하는 하나의 철혈 세계인 것이다"라고 하여, 민족주의로써 독립운동의 주지로 삼아야 함을 강조하였다. 그는 "우리들이 진실로 민족주의를 품어 조국의 광복을 뜻하여 실력을 진행하며 간험艱險한 것을 피하지 않는다면 그러한 사람은 적관籍貫이나 교파敎派나 노소나 남녀나 원근이나 친소를 묻지 말고, 유명이건 무명이건 단체건 단독이건 온건하건 급진이건 비밀이건 공포되었건, 공工이나 상商이나 농農이나 사士나 할 것 없이 모두 우리의 동지인 것이다. …… '실력 준비' 운운하는 것은 우리가 마땅히 국민의 표탕飄蕩한 정신을 만회시킨 다음 다시 올바르고 굳은 의지를 결정해야 할 것이다"라고 하여,[275] 민족주의 운동은 '민족

---

273. 申圭植(1971), 『韓國魂』, 민필호 편, 普信閣, p.16.
274. 申圭植(1971), 앞의 책, p.47.
275. 申圭植(1971), 앞의 책, p.46, p.56.

정신'의 고취를 근간으로 한 운동이 그 중심이 되어야 한다고 주장하였다.

그런데 그들이 생각하기에 민족의식의 고취를 위해 가장 중요한 것은 바로 '국수國粹'였다. 한말 『대한매일신보』의 한 사설은 '국수'란 그 나라에 역사적으로 전래하는 풍속·습관·법률·제도 등의 정신을 가리키는 것으로, 국민 정신의 유지와 애국심의 환기는 이 국수에 근거하여 이루어질 수밖에 없는 것이기 때문에 '국수의 보전'은 꼭 필요한 것이라고 강조하였다.[276] 국수 보전은 1910년 국망의 위기가 닥칠수록 더욱 강조되었다. 그 결과 1909년 일부 인사들은 국수 보전의 일환으로 단군 숭배의 민간신앙을 근대적인 종교로 탈바꿈시켜 대종교를 창건하였다. 이후 단군 숭배를 핵심으로 하는 '국수 보전'의 사상은 1910년대 초 민족주의계 인사들의 광범위한 대종교 입교와 신채호·박은식·이상룡李相龍 등의 민족주의 역사학을 낳았다.

박은식은 1910년대 『한국통사韓國痛史』를 서술하면서 "옛사람이 이르기를 나라는 멸할 수가 있으나 역사는 멸할 수 없다고 하였으니 그것은 나라는 형形(형체)이고 역사는 신神(정신)인 때문이다. 이제 한국의 형체는 허물어졌으나 정신만은 독존할 수 없는 것인가. 이것이 통사를 저작하는 소이이다. '신'이 보존되어 멸하지 않는다면 '형'은 부활할 시기가 있을 것이다"라고 하였다.[277] 또 그는 "무릇 국교國敎·국학國學·국어國語·국문國文·국사國史는 혼魂에 속하는 것

---

276. 논설 「國粹保全論」, 『대한매일신보』 1908. 8. 12.
277. 박은식(1915), 「緖言」, 『韓國痛史』 ; 단국대 동양학연구소 편(1975), 『박은식전서 상』 참조.

이고, 전곡錢穀 · 졸승卒乘 · 성지城池 · 선함船艦 · 기계器械는 백魄에 속하는 것이다. 혼은 백을 따라서 죽지는 않는 것이기 때문에 국교와 국사가 망하지 않는다면 그 나라도 멸망한 것이 아니다. 오호라 한국의 백은 이미 죽었지만 소위 혼은 살았는가 죽었는가"라고 하였다.[278] 이처럼 박은식은 '역사'를 '나라의 정신' 혹은 '국혼'으로 간주하고 있었다. 그는 또 "우리 대한의 언어를 말하고, 우리 대한의 풍속을 풍속으로 하며, 우리 노래를 노래하고, 우리 예절을 예로 하며, 우리의 옷과 밥을 입고 먹는 우리나라의 국성國性은 다른 민족과는 특히 구별된다. 이러한 여러 가지가 우리나라의 국혼을 생성시키고 우리의 국혼을 강하고 견고하게 만들었다. 이는 결코 다른 민족이 능히 동화시킬 수 있는 것이 아니다"라고 하였다.[279] 박은식이 말하는 국교 · 국학 · 국어 · 국문 · 국사 등의 국혼은 사실은 위에서 본 '국수', 즉 민족문화의 정수를 의미하는 것이었다. 그는 민족문화의 정수를 보전함으로써 민족정신의 고취가 가능하다고 생각하였던 것이다.

당시 이들이 말하는 국혼, 국수의 정점에는 '단군'이 있었다. 앞서 본 것처럼 한말에 이미 시작된 단군 국조에 대한 강조와 대종교의 창건은 1910년대 국외 민족운동가들의 공통된 신앙으로 이어졌다. 1910년대 이후 국외의 많은 민족운동가들이 대종교에 입교하였는데, 이상룡 · 유인식柳寅植 · 박은식 · 신채호 · 신규식 등이 대표적

---

278. 단국대 동양학연구소 편(1975), 「결론」, 『박은식저서 상』 참조.
279. 박은식(1920), 「머리말」, 『한국독립운동지혈사』 ; 단국대 동양학연구소 편(1975), 『박은식저서 상』 참조.

이었다.[280] 이들이 대종교에 입교한 것은 일제의 침략에 맞서 싸우기 위해서는 확고한 민족의식이 필요하고, 민족의식의 고취를 위해서는 민족의 상징인 단군에 대한 신앙이 중요하다고 생각했기 때문이다. 단군에 대한 신앙은 단군의 역사화로 이어졌다. 이상룡·유인식·신채호·김교헌金敎獻 등은 단군을 중심으로 하는 고조선의 역사를 새롭게 쓰고자 하였다.[281]

국내의 신지식층도 '단군'에 대한 숭배를 강조하기는 마찬가지였다. 단군과 고조선은 조선 문명사에 최초의 문명의 씨앗을 뿌린 시대로서 인식되었다. 최남선은 "우리 반도의 역사는 본토 민족의 건국적 천재와 국민적 특장特長을 발휘함으로써 시초始初하니 단군조선의 건국 당시로 말하면 이 세계는 거의 다 야만초매인野蠻草昧人의 소유요, 겨우 한 팔 한 발이나마 문명에 들어놓은 자는 이집트·지나와 인도의 두세 곳뿐이라. 그런데 우리 반도에는 그때부터 혹 그 이전부터 이미 문명의 정도가 국가=제도=군장을 필요할 만큼 진보하였으며"라고 하여, 단군조선 시대가 세계의 3대 문명과 발생 시기, 문명의 정도가 유사할 만큼 진보한 시대였다고 주장하였다.[282]

신지식층의 국조 단군에 대한 강조는 유교사상에 대한 극복과 신사상에 대한 적극적인 수용의 주장과 연결되었다. 예를 들어 송진우宋鎭禹는 아래와 같이 주장하였다.

우리 사회는 공교孔敎를 수입한 이후로…… 신엄神嚴한 민족정신은 이

---

280. 이지원(2007), 앞의 책, p.119.
281. 한영우(1994), 『한국 민족주의 역사학』, 일조각, pp.9~14
282. 최남선(1918), 「稽古箚存」, 『청춘』 제14호 ; 이지원(2007), 앞의 책, p.132에서 재인용.

로 말미암아 파괴되었으며, 장렬한 무용사상武勇思想도 이로 말미암아 쇄침鎖沈되었으며, 찬란한 미술 공예는 이로 말미암아 잔멸殘滅되었도다. 이에 국수國粹 발휘를 급규急叫코저 하오니 오인吾人의 생명은 태백산 신단수에서 신성 출현하신 대황조大皇祖께서 창조하셨나니, 대황제께옵서는 영토 가옥을 개창하셨으며, 예악 문물을 제정하셨으며 혈육 정령을 분포하셨으니, 오인의 생명을 집합하면 4천 년 전의 혼전渾全한 일체一體가 될지요, 분포하면 2천만 족의 분파된 지류가 될지로다. 그렇다면 오인이 대황조를 숭봉崇奉하며 존사尊祀함은 사선추원事先追遠의 지극한 정성이요, 계후개래啓後開來의 당연한 의무가 될지라.[283]

송진우는 유교 수입 이후 민족정신·무용 사상·미술 공예 등이 모두 잔멸되었다면서 이에 국수를 다시 발휘하여 신문명을 건설하려면 새로운 문물을 창조했던 대황조 단군의 시대정신으로 돌아가야 하며, 이를 위해서는 단군에 대한 숭봉과 존사는 후손으로서 당연한 일이라고 주장하였다.[284] 송진우는 이를 실천에 옮기기 위해 1917년 단군 선양을 위한 삼성사三聖祠 건립 기성회를 조직하고 이를 남산에 세우려고 계획하기도 하였다.[285]

---

283. 송진우(1915), 「사상개혁론」, 『학지광』 제5호, pp.3~4.
284. 이지원(2007), 앞의 책, p.133.
285. 이지원(2007), 앞의 책, p.139.

4. 3·1 운동 전후의 민족주의론

민족자결주의론

1918년경 미국 대통령 윌슨은 민족자결주의를 제창하였다. 이 소식을 들은 국내외의 민족주의자들은 1910년대 초 이래 자신들이 주장해 온 민족평등주의가 국제적 반향을 얻게 되었다고 판단하였다. 이에 민족평등주의를 본격적으로 앞세워 민족의 독립을 주장할 필요가 있다고 생각하였다. 3·1 운동은 여기에서 시작되었다. 따라서 3·1 운동의 기본 이념은 1910년대 이래 일부 민족주의자들이 주창해 온 민족평등주의에 있었다고 할 수 있다.

이는 3·1 운동기에 나온 각종 선언문에서 잘 드러난다. 우선 33명이 서명한 「3·1독립선언서」를 살펴보자. 이 선언서에는 민족자결주의라는 말은 단 한마디도 없었다. 대신 '인류 평등의 대의'라는 용어만이 나올 뿐이다. 이 글은 "오등吾等은 자玆에 아조선我朝鮮의 독립국임과 조선인의 자주민임을 선언하노라. 차此로써 세계만방에 고하야 인류 평등의 대의를 극명하며 차此로써 자손만대에 고하야 민족 자본의 정권正權을 영유永有케 하노라"라고 하여 '인류 평등의 대의'로써 독립국과 자주민임을 선포하였던 것이다. 이 선언은 이어서 독립선언은 "인류적 양심의 발로에 기인한 세계 개조의 대 기운에 순응 병진하기 위한" 것이며, "전 인류 공존동생권共存同生權의 정당한 발동"이라고 주장하였다. 이 선언문은 침략주의와 강권주의를 '구시대의 유물'이라고 규정하고, 이제 "신천지가 안전眼前에 전개되도다. 위력의 시대가 거去하고 도의의 시대가 래來하도다. 과거 전 세기에 연마 함양된 인도적 정신이 바야흐로 신문명의 서광을 인류의 역사에 투사하기 시始하도다"라고 천명하였다. 그리고 공약 3장에서는 "금일 오인의 차거此擧는 정의, 인도, 생존, 존영을 위하는 민족적 요구"라고 규정하였다. 즉 조선 민족의 독립선언은 인류 평등주의의 시대, 정의와 인도의 시대를 맞아 조선 민족이 요구하는 정당한 권리의 주장이라고 말하고 있는 것이다.

「3·1독립선언서」에서 또 하나 주목하는 것은 "장래의 위협을 삼제芟除하려 하면, 민족적 양심과 국가적 염의廉義의 압축 소잔銷殘을 흥분신장하려 하면, 각개 인격의 정당한 발달을 수遂하려 하면, 가련한 자제에게 고치적苦恥的 재산을 유여遺與치 아니하려 하면, 자자손손의 영구완전한 경복慶福을 도영導迎하려 하면, 최대 급무가 민족적 독립을 확실케 함"이라고 선언하고 있다는 점이다. 이는 한말 이래의 국권 회복 운동론 가운데 주류를 이어 온 '선 실력 양성 후 독립'론에서 벗어나 '선 독립'의 노선을 명확히 천명한 것이라 할 수 있다.

3·1 운동이 진행되면서 민족자결주의의 용어가 인류평등주의
와 함께 사용되었다. 노령에서 3월 17일 발표된 「조선독립선언서」
에서는 '민족자결주의'가 등장하였다. 이 선언서의 첫머리는 "무릇
인도人道 문제에 대하여는 현시現時에 있어서와 같이 그 참신한 의의
를 엄숙히 선명되었던 일이 없다. 평화는 영구히 구출되지 아니하면
아니 된다. 자유·평등·동포주의 및 민족자결주의의 불변의 정의
는 개조된 세계적 생활의 기초 위에 안치되어야 할 것이다"로 시작
된다. 즉 새롭게 개조되고 있는 시대의 이념으로서 자유·평등·동
포주의·민족자결주의를 들고 있었던 것이다. 「조선독립선언서」는
이어서 일본 군국주의의 한국 침략 과정과 지배 정책에 대해 신랄
하게 비판하고, 이와 같은 "일본 군국주의의 발전은 세계의 평화,
세계적 민주주의 대 이상의 확립, 정의 및 민족의 자유스런 문명적
발전의 명의 하에 인용認容할 수 없는바"라고 비판하였다.

1919년 3월음력 2월 길림에서 발표된 「대한독립선언서」도 첫머리
에서 "아대한동족남매我大韓同族男妹와 아편구우방동포我遍球友邦同胞여.
아대한은 완전한 자주독립과 아등我等의 평등복리平等福利를 자손 여
민黎民에 세세상전世世相傳키 위하야 자玆에 이족전제異族專制의 학압虐壓
을 해탈하고 대한민주의 자립을 선언하노라"고 하여 한국 민족의 자
주 독립과 평등 복리를 위하여 자립을 선언한다고 하였다.

3월 20일에 훈춘에서 대한국민의회의 이름으로 발표된 「선언서」
도 "소위 제국주의와 침략 정책은 파리회의와 함께 영원히 소멸할
것이며, 정의 인도의 자유주의는 이로써 시세時勢가 되어 더욱더 밝
게 빛날 것이다. 바꾸어 말하면, 금일의 세계는 윌슨 씨가 제창한바

민족자결주의의 시대라, 고로 동서양의 어느 민족을 막론하고 강포
强暴한 이족의 병탄을 받은 자는 진실로 자치의 능력과 독립의 자격
이 있다면 그 기반羈絆에서 벗어나 자주자결하는 것이 천하의 공리
이다. 병탄한 강국도 그 민정에 따라 독립을 돌려주고 함께 자유와
행복을 사랑하는 것이 또한 천하의 공리이다"라고 선언하였다. 이
는 한말 자강운동론자들이 약육강식과 생존경쟁이 천하의 공리이
기 때문에 먼저 실력을 길러야 한다고 주장했던 것과는 상당한 차
이가 있는 것이었다.[286] 비록 힘이 약한 민족이라도 자치와 독립의
자격만 있다면 자주와 자결권을 가져야 한다고 생각하게 된 것이
었다.

　이와 같은 민족자결주의는 각 민족 간의 평등을 주장하는 인류
평등주의나 마찬가지였다. 이로써 본다면 3·1운동 시기의 민족자
결주의는 윌슨의 민족자결주의의 영향도 있었겠지만, 기본적으로
는 1910년대 민족운동가 사이에서 형성된 민족평등주의론이 발전
하여 제1차 세계대전의 종전, 국제연맹의 추진, 윌슨의 민족자결주
의 제창이라는 시대적 전환기를 만나 민족자결주의라는 용어로 새
롭게 표현된 것이라고 보아야 할 것이다. 3·1운동 전후 한국 민족
주의의 가장 커다란 특징은 바로 이와 같은 '민족평등주의', '민족
자결주의'에 있었다.

---

286. 이와 관련한 글로는 조동걸(1989), 「3·1운동의 이념과 사상」, 『3·1운동과 민족통일』, 동
　　아일보사.

공화주의와의 결합

3 · 1 운동 전후 한국 민족주의의 또 하나의 특징은 공화주의를 확실하게 수용한 것이었다. 한말 신민회가 이미 공화주의를 연구하고 있었지만, 그것은 소수의 관심에 국한된 것이었다. 1910년 대한제국이 멸망하고, 1911년 중국에서 신해혁명이 일어나자 공화주의에 대한 관심이 크게 높아졌다. 이제 국내외의 민족운동가 가운데 다수가 공화주의는 새로운 시대의 대세라고 생각하게 되었다.

그러나 1915년 중국 상해에서 결성된 신한혁명당은 아직도 보황주의保皇主義를 내세우고 있었다. 그것은 1914년에 발발한 제1차 세계대전은 독일의 승리로 귀착될 것이며, 이 전쟁의 승리 후 독일은 그 예봉을 동양으로 향하여 일본을 공격할 것이고 이에 중국도 연합하게 될 것이라고 예상하였기 때문이다. 따라서 독일이나 중국과 같은 '제국'의 망명 정부를 세워 이들과 연합하는 것이 필요하다고 생각하였던 것이다. 아울러 영 · 미 · 러 등도 이에 합세함에 일본은 고립됨이 분명하니 이를 독립 회복의 적기로 활용하자고 생각한 것이다. 신한혁명당에 참여한 이들은 이상설李相卨 · 신규식 · 박은식 · 유동열柳東說 · 이춘일李春日 · 유홍열劉鴻烈 · 성낙형成樂馨 등이었는데, 보황주의를 내세워 가장 적극적으로 활동한 이는 외교부장을 맡았던 성낙형이었다. 신규식은 이미 중국의 신해혁명을 지지하고 이에 직접 참여할 정도로 공화주의를 자신의 신념으로 삼고 있었지만 당시의 정세를 고려하여 일시적으로 보황주의를 따랐던 것으로 보인다.[287]

---

287. 강영심(1988), 「신한혁명당의 결성과 활동」, 『한국독립운동사연구』 제2집.

신한혁명당의 실험은 국제 정세의 변화와 국내에 잠입한 성낙형 등의 검거로 실패로 돌아갔다. 이후 신규식 등은 동제사·대동보국단 등을 중심으로 활동하다가, 1917년의 「대동단결 선언」을 주도하였다. 「대동단결 선언」은 한국 민족주의의 역사에서 공화주의의 이념을 확고하게 한 계기가 되었다. 신규식·조소앙趙素昻·김규식金奎植·박용만朴容萬·신석우申錫雨 등이 서명한 이 선언은 "융희 황제가 삼보三寶를 포기한 8월 29일은 즉 오인 동지가 삼보를 계승한 8월 29일이니 그사이에 순간도 정식停息이 무無함이라. 오인 동지는 완전한 상속자니 저 제권소멸帝權消滅의 때가 곧 민권발생民權發生의 때요, 구한舊韓 최종의 날은 즉 신한新韓 최초의 날"이라고 주장하였다. 즉 "경술년 융희 황제의 주권 포기는 즉 아국민 동지에 대한 묵시적 선위禪位니 아 동지는 당연히 삼보를 계승하야 통치할 특권"이 있다고 주장한 것이다. 대한제국 고종 황제의 주권 포기는 외국에 대한 주권의 양여가 아니라 국민에 대한 주권 양여로 보아야 한다는 것이다. 그것은 주권의 양여는 한인 간에만 이루어질 수 있는 것이지 외국에 대해서는 이루어질 수 없는 불법적인 것이라고 보기 때문이었다. 이는 고유주권론 혹은 주권불멸론이라 할 수 있는 것이었다. 이러한 이론 위에서 이제 대한제국의 주권을 국민이 계승하였다는 국민주권론이 확실하게 천명되었다. 이상설·신규식·박은식 등이 1910년대 신한혁명당 등에서 주장했던 보황주의는 이 선언을 통해 종언을 고하였다고 할 것이다.

특히 「대동단결 선언」에서는 민족운동가들에게 7개항을 제의하는 가운데 제1항에서 "해외 각지에 현존한 단체의 대소 은현隱顯을 막론하고 규합 통일하야 유일무이의 최고 기관을 조직할 것"을 제의하고, 제2항에서는 "중앙 총본부를 상당한 지점에 두어 일체 한족韓族을 통치하며 각지 지부로 관할 구역을 명정明定할 것"이라 하여, 최고 행정부를 두고 그 산하에 지역별로 지부를 두자고 하였다. 이는 결국 임시정부 또는 임시의정원과 각처의 연락처를 구상한 것이라고 할 것이다.[288]

1919년 3 · 1 운동 시기 임시정부가 구성되는 과정에서 공화주의는 대세로 자리 잡았다. 그러나 복벽주의를 주장하는 세력이 없었던 것은 아니다. 국외의 민족운동가들은 대체로 공화주의에 입각한 정부를 수립하는 것을 당연하게 생각하였다. 또한 국내의 천도교나 기독교 계통의 인사들도 역시 공화주의를 대세로 받아들이고 있었다. 3월 3일자 『조선독립신문』 제2호에는 이미 "가정부假政府(임시정부) 조직설, 일간 국민대회를 열고 가정부를 조직하며 가대통령假大統領을 선거하얏다더라"고 기록하였다.[289] 가정부의 수반으로 대통령이 명기되었던 것이다. 그리고 국내에서 '한성정부' 안을 발표한 4월 23일의 국민대회 추진 과정에서 공화주의는 대세가 되었다. 한편 상해에서 임시정부 수립을 주도한 것은 이미 1917년 「대동단결 선언」을 주도했던 신규식 등이었기 때문에 공화주의에 입각한 임시정부가 수립된 것은 당연한 일이었다.[290] 이리하여 한국의 민족주의는 공화주의와 결합하게 되었고, 이후 일부 복벽주의자들이 있었지만 공화주의의 대세를 결코 뒤집지는 못하였다.

288. 조동걸(1987), 「임시정부 수립을 위한 1917년의 〈대동단결선언〉」, 『한국학논총』 제9집.
289. 국사편찬위원회 편(1975), 『한국독립운동사 자료 5』(3 · 1운동 편), 국사편찬위원회, p.2.
290. 윤대원(2006), 『상해시기 대한민국임시정부 연구』, 서울대학교출판부, pp.24~26.

5. 1920~1930년대의
민족주의론

민족주의 우파의 민족주의론—『동아일보』를 중심으로

1) 문화적 민족주의론[291]

3·1 운동 이후 지식인들은 민족주의와 제국주의에 대해서 어떻게 생각하고 있었을까. 『동아일보』는 1920년 창간사에서 민족주의는 자유주의에서 발전한 것으로 보았다. 프랑스혁명에서 비롯된 '국권민유國權民有', 즉 주권재민의 자유주의 사상은 이후 발전하여 국내 정치에서는 입헌주의가 되고, 민족 간에는 민족주의가 되었다

---

291. 이 부분은 박찬승(2007), 『민족주의의 시대』, 경인문화사, pp.91~98을 요약·수정한 것이다.

고 파악하였다. 이 국제 간의 민족주의는 결국 제국주의로 발전하여 큰 죄악을 저지르게 되었다고 보았다. 이 글은 제국주의는 강력 전제주의强力專制主義이며, 약육강식주의로서 식민지에 대한 폭정으로 민족자결을 전제로 하는 민족주의의 파멸을 가져왔다고 보았다. 그리고 이에 대한 반동으로서 구주대전(제1차 세계대전)이 일어났으며, 이는 약육강식주의를 청산하고 민족자결주의, 정의와 인도, 자유와 평등에 기초한 새로운 세계 질서를 만드는 계기가 되었다고 파악하였다. 즉 세계 개조가 시작되었다고 본 것이다.[292]

그러나 이와 같은 생각은 그리 오래가지 않았다. 베르사유강화조약, 워싱턴 회의 등에서는 일부 민족의 독립과 승전국을 중심으로 한 식민지의 재편이 논의되었을 뿐, 식민지 민족 일반의 민족자결주의는 받아들여지지 않았다. 여기서『동아일보』는 약육강식의 세계 질서는 바뀌지 않았다는 것, 따라서 아직은 우리 민족이 실력을 길러 독립을 준비해야 한다는 것으로 논리를 바꾸게 된다. 그런 가운데 당시 한편에서는 인류평등주의나 세계동포주의(세계일가주의)와 같은 이상적인 주장을 하는 이들도 있었다. 이에 대해『동아일보』는 다음과 같이 비판하였다.

물론 우리가 인류애를 고조하여 세계동포주의를 이상할 때에는 하루라도 영토적 경계선이 철폐되며 종족적 편견이 소멸되기를 간절히 원한다. 그러나 각 민족의 문화적 우열이 크게 다르고 세력적 강약이 서로 다

---

292. 사설「세계 개조의 벽두를 당하야 조선의 민족 운동을 논하노라」,『동아일보』1920. 4. 2
~3.

를 때에는 인류평등주의와 세계 일가의 이상은 약자의 애걸 소리이며 빈
승貧僧의 공염불이다. 그러면 정말로 인류평등, 세계 일가의 이상을 실현
하는 방법은 무엇보다도 각 민족의 문화적 평등을 도모할 것이며, 또한
세력적 균형을 요할 것이다.[293]

아직은 인류평등주의나 세계 일가의 이상을 말할 때가 아니라는
것이다. 이 글은 이어서 "이러한 의미에서 우리가 진실로 민족적 평
등을 요구하며 세계적 연합을 주장할진대 먼저 조선 민족 자체가
문화상으로 우자優者가 되고 세력상으로 강자가 되어야 할 것"이라
고 주장하였다. 여기서 이 신문은 실력 양성과 신문화 건설을 위한
문화 운동을 제창하게 된다. 이 신문은 이미 1920년 창간 당시부터
문화 운동을 제창한 바 있었다. 그 내용으로는 신문명 수용, 경제
발달, 교육 확장, 구습 개량 등이었다.[294] 이와 같은 문화 운동은
1920년경부터 각 지방의 청년회를 중심으로 활발하게 전개되다가
1923년 이후에는 침체 상태에 빠지게 된다.

그러나 『동아일보』는 이후에도 계속하여 신문화 건설을 위한 문
화 운동을 제창하였다. 1926년 이 신문은 문화 운동이 왜 이같이 침
체 상태에 빠졌는가에 대해 "오인의 관찰에 의하면, 첫째로 우리가
일반이 조선인이다 하는 민족적 의식이 아직도 철저히 보급되지 못
한 점이며, 둘째는 현대적 사조가 재래 누천년 동안 이어져 오던 문
화적 토대와 도덕적 기초가 근본적으로 차이가 현격한 까닭"이라고

---

293. 사설 「모든 방법의 근저(1)」, 『동아일보』 1924. 2. 18.
294. 사설 「세계 개조의 벽두를 당하야 조선의 민족 운동을 논하노라」, 『동아일보』 1920. 4. 7.

분석하였다. 따라서 이 글은 "그러므로 우리가 오늘날 신문화를 건설하여 신생명을 창조하는 데 있어서는 무엇보다도 첫째로 조선인이라는 의식을 환기하는 동시에 단결을 이룰 것이며 사업을 일으킬 것은 물론이며, 둘째는 신문화를 건설하기 전에 먼저 구관누습舊慣陋習을 개조혁정改造革正할 필요가 있을 것은 물론이다"라고 주장하였다.[295] 『동아일보』의 1920~1930년대 문화 운동의 슬로건은 이 두 가지로 요약된다. 즉 첫째는 조선 민족의식의 각성과 단결이며, 둘째는 구습 개혁과 신문화 수용이다.

조선인의 민족의식 각성에 대해서 『동아일보』는 다음과 같이 쓰고 있다.

여러 세기 동안 이민족과 접촉함이 없이 태평 속에 지내 온 조선 민족은 순 혈족적인 동성족同性族의 단결, 정치적 이해를 같이하는 반상사색班常四色의 단결적 의식은 발달하였으나 전 민족적 의식은 발달할 기회가 없었다. 조선 민족 중에 순 민족적 의식이 각성하고 발달하기 시작한 것은 그네가 정치적 핵심을 잃고 이민족의 통치하에 들어간 이후의 일이었다. 그러므로 조선 민족의 민족적 의식은 비록 강렬은 하다 하더라도 아직 조직적 고정적인 것이라고는 할 수 없다.[296]

조선인의 민족의식이 한말 일본에 의해 침략을 받으면서 형성되기 시작하였지만 아직은 제대로 굳어지지 못한 단계라고 보았던 것

---

295. 사설 「신문화건설의 근본의의―舊慣陋習부터 개혁」, 『동아일보』 1926. 5. 14.
296. 사설 「민족적 해체의 위기―조선인은 다 맹성하라」, 『동아일보』 1923. 10. 27.

이다. 따라서 이 신문은 이후에도 '민족의식', '민족애'를 가질 것을 강조하였다.[297] 그같이 민족애를 강조하는 까닭은 다름이 아니었다. 이 신문은 "조선인이 최후의 일거—擧로 할 일이 무엇인가. 첫째는 민족의 총동원이다. 총동원이라 함은 민족의 각원은 금일부터 민족적 대난大難과 분투하는 용사가 됨을 뜻한다. 용사에게는 정신과 기백이 있어야 한다. 개인적 이해욕利害慾을 잠깐 잊고 민족적 이해를 위하여 재산과 총력을 바치자 함이 이 용사의 정신"이라고 주장한다.[298] 민족을 위해 희생하고자 하는 정신, 즉 민족정신으로 무장한 이들을 총동원하는 것, 이것이 이 신문이 궁극적으로 기대하는 바였다. 즉 민족운동이 민족정신으로 무장한 대중들을 동원하기 위하여 민족의식의 고취를 주장하고 있는 것이다. 1910년대 주로 국외의 민족운동가들은 국혼, 민족혼, 국수 보전 등을 강조하면서 민족의식의 고취를 주창해 왔다. 이제 1920년대 국내 민족주의 우파의 논자들은 이 같은 국수주의적 용어는 피하면서, 민족의 문화적 공통성을 강조하는 문화적 민족주의에 입각하여 민족의식의 고취를 주장한 것이다.

민족의식의 고취를 전제로 하여 당시 『동아일보』를 비롯한 민족주의 진영에서 주장하였던 민족운동의 방향은 대체로 네 가지로 집약되었다. 위의 『동아일보』 사설은 이를 다음과 같이 잘 요약하고 있다. 첫째, 정치적으로 민족적 핵심 단체를 조직하는 일이었다. 그

---

297. 사설 「民族愛—人類愛는 民族愛에 始한다」, 『동아일보』 1923. 10. 28.
298. 사설(압수분) 「大難에 처하는 道理 —舍己的 努力과 團結」, 『동아일보』 1923. 11. 3(『동아일보사설선집』 권1, p.343).

들은 우선적으로 조선 민족의 정치적 의사를 대표할 수 있는 단체를 조직할 필요가 있다고 역설하였다. 주지하듯이 이는 연정회의 결성 시도로 이어졌다. 둘째, 경제적으로 각종 단체를 조직하여 산업 운동을 일으키는 일이었다. 이는 물산 장려 운동으로 현실화되었다. 셋째, 민족 교육을 목적으로 하는 교육적 결사를 조직하는 일이었다. 교육적 결사는 대학에서 소학교에 이르기까지 교육 기관을 설립하는 운동을 전개하기 위한 것이었다. 이는 민립 대학 기성회 운동, 고보 설립 운동 등으로 현실화되었다. 넷째, 수양 단체를 조직하여 수양 운동을 전개하는 일이었다. 당시 그들은 청년의 도덕적 타락을 막고, 신사회의 일원이 될 만한 공민으로 훈련시킬 수 있는 수양 단체를 만드는 일이 시급하다고 생각하였다. 이는 수양동맹회와 같은 단체의 조직으로 이어졌다.[299]

『동아일보』는 이후에도 여러 논설을 통해 가족 의식의 탈피, 민족의식의 무장을 주장하였다. 예를 들어 1926년 9월 12~21일까지 무려 11회에 걸친 「폐습누관弊習陋慣부터 개혁하자」라는 연재 사설에서 이 신문은 조선인의 생활 전반에 걸친 구관누습의 개혁을 주장하였다. 여기서는 의복, 관혼상제, 족보열, 양반심, 관존민비, 황금숭배열, 지방열, 도회숭상병, 노동의 천시, 노년숭배 관념, 가족주의 등을 들어 이를 개혁할 것을 주장하였다. 그런데 이 연재 사설의 마지막 회는 「가족에서 민족으로」라는 부제가 붙어 있다. 이 글은 조선 민족을 쇠하게 하고 약하게 하고 열劣하게 하고 패하게 한 근본 원인은 바로 가족제도에 있다고 단언하였다. 즉 조선 왕조 5백

---

299. 『동아일보』 앞의 글 참조.

년을 통해 가장 실천궁행하여 오던 주의와 이상은 가족주의였으며, 가장 완비된 제도와 의식儀式도 가족제도였다는 것이다. 반면에 조선에는 민족 사회에 대한 공덕적公德的 관념은 전무하였으며, 가문일족에 관한 사덕적私德的 관념만 장족의 진보를 했다고 비판하였다. 결국 이 글은 민족적 부활을 간절히 원한다면 모름지기 가족주의에서 벗어나 민족적 의식과 단결을 위해 일대 수련과 노력을 해야 할 것이라고 주장하였다.[300] 가족주의의 청산과 민족의식의 강화를 주장한 것이다. 이후에도 이와 같은 주장은 간간이 실렸지만 1927년 신간회가 결성되고 문화 운동은 사실상 맥이 끊긴 상황에서는 그 빈도수가 크게 줄어들었다.

그러나 『동아일보』는 1930년대에 들어서 신간회가 해산되고 정치 투쟁이 사실상 불가능하자 다시 '문화혁신론'을 들고 나오면서 문화 운동 재개를 제창하였다.[301] 1932년 4월 『동아일보』는 「문화혁신을 제창함」이라는 사설을 싣고, 조선에 신문화가 수입된 지 반세기가 지났지만 아직은 신문화의 껍데기만 수입한 것에 지나지 않는다고 지적하였다. 이 글은 신문화의 특징은 '과학적'이라는 데 있으나, 조선인의 생활을 보면 고등 교육을 받은 극소수 사람들을 제외한 다수 민중은 아직도 소극적이고 비과학적인 구사상舊思想의 미궁에서 벗어나지 못하고 있다고 지적하였다. 또 신사상 운동을 한다는 지식분자들도 그 대다수는 근본적 사상 내지 행동에서는 2백년 전의 당쟁을 그대로 계속하고 있다고 주장하였다. 따라서 조선

---

300. 사설 「弊習陋慣부터 개혁하자(11)」, 『동아일보』 1926. 9. 21.
301. 이에 대해서는 이지원(1994), 「1930년대 전반 민족주의 문화운동론의 성격」, 『국사관논총』 제51집 참조.

인은 "신사조를 수입하기는 하나 그것을 이해하고 소화하는 자 심히 적고 구사조의 탁류는 의연히 잠재하여 조선인 사회생활의 전반을 부단히 모독하고 있다"고 주장하였다. 이 사설은 "그러므로 문화의 혁신, 사상의 혁신을 주창한다"면서, 이것이 무엇보다 급선무라고 주장하였다. 이 글은 문화의 혁신은 민족운동, 정치 운동, 경제 운동 기타 온갖 운동의 새로운 기초를 마련하는 운동이라고 보고 있었다.[302] 신문화의 보다 철저한 수용을 위한 문화 운동을 주장한 것이다.

그리고 이 신문은 1930년대에는 단순히 민족의식의 각성만을 부르짖던 데에서 한 걸음 더 나아가 민족적인 것에 대한 연구를 주창하였다. 1932년 「다시 우리 것을 알자」라는 사설은 "우리는 우리 것을 알자. 부르짖은 지 오래다. 우리의 언어를 알고, 우리의 문자를 알고. 우리의 역사, 우리의 문학, 우리의 철학을 알자고. ……그러나 대세는 도도히 신문화, 신사상의 수입 및 연구에 여념이 없었다"고 반성하였다. 즉 신문화 건설만을 부르짖으면서 민족문화에 대해서는 이렇다 할 관심을 기울이지 않은 데 대해 반성한 것이다.『동아일보』는 1920년대 이후 구래의 전통 문화를 '구관누습'이라 하여 비판의 주된 대상으로 삼아 왔다. 이 글은 "그러나 고요히 내면을 관찰하면 우리에게는 좀 더 우리 것에 대한 이해와 연구가 필요한 것을 깨닫겠다. 우리는 우리 것을 연구한다. 하지만 우리 글로 된 자전字典 하나가 없으며, 우리 글자로 된 자랑할 만한 역사 하나가 없으

302. 사설 「문화혁신을 제창함—새로운 생활은 새로운 사상에서」,『동아일보』 1932. 4. 18.

며, 우리의 회화, 건축 등이 소개 선전되지 못했다"고 지적하였다.[303]

「조선을 알자」라는 사설도 조선은 갑오개혁 이후 미몽에서 깨어났으나 이후 서양 문화에 놀란 '유신개화'는 다시금 구식 사대에서 신식 사대로 급격한 전환을 하여, 선진 문화를 제대로 배우지도 못하는 가운데 자기를 방기하고 빈척擯斥하는 데 주력하였다고 비판하였다. 즉 "주체를 잃고 객체에 붙잡힌 결과는 마침내 선망보다는 자조自嘲가 앞섰고, 발분보다는 자굴自屈이 앞섰던 것"이라고 보았던 것이다. 따라서 자기를 알자, 조선 문화를 알자는 주장은 과거 조선 문화를 찬미하는 회고적 감상주의가 아니며, 과거를 팔아 현재의 자위를 삼자는 것도 아니라고 주장한다. 즉 스스로를 재인식하여 제 문화를 진흥하고자 하는 데 본의가 있는 것이라고 이 글은 주장하였다.[304] 이와 같은 민족문화 진흥론은 한말 이래 1910년대까지의 국수보전론을 계승한 것이라 할 수 있다.

「다시 우리 것을 보자」라는 글은 "민족의 문화, 역사, 제도 등을 연구 · 선양함으로써 무의식중에 어떤 주의主義를 주입하려는 방편은 아니다"라고 주장하였다. 하지만 "역사를 가진 민족으로서, 고유 독특한 민족문화를 완성하는 주체로서 민족"을 확인하는 것은 문화적 민족주의 운동의 가장 중요한 영역임은 말할 것도 없다. 그리고 이 같은 문화적 민족주의론은 항상 민족주의가 '조선인의 지도 원리가 되어야 한다'는 것으로 이어진다.[305] 이상에서 본 것처럼

---

303. 사설 「다시 우리 것을 알자」, 『동아일보』 1932. 7. 12.
304. 사설 「조선을 알자」, 『동아일보』 1933. 1. 14.
305. 사설 「조선인의 지도원리―가족주의로서 민족주의에」, 『동아일보』 1932. 12. 27.

『동아일보』의 민족주의는 전체적으로 '문화적 민족주의'의 성격을 띠고 있었다고 할 수 있다.

2) 『동아일보』의 단군 숭배론

『동아일보』는 창간 당시부터 단군에 대한 숭배를 강조하였고, 이는 1920년대와 1930년대 초까지 이어졌다. 『동아일보』는 1920년 6월 사설을 통해 다음과 같이 주장하였다.

조선인의 정신은 조선혼에서 나오는 것이며, 조선인의 생활은 조선식으로 영위하는 것이니, 이 조선식과 조선혼은 그 역사가 실로 오래된 것이니라. 성조聖祖 단군께서 그 식式과 그 혼을 창조하신 후 지금 4천여 년에 반도의 지축에 그 혼이 깊이 인각되고, 반도의 지면에 그 식이 널리 충만하야 이에 그 혼으로 조선인을 낳으며, 그 식으로 조선인을 기르니, 그 혼으로 낳은 자가 어찌 그 혼을 잊으며, 그 식으로 길러진 자가 어찌 그 식을 벗어나리오.[306]

앞서 본 것처럼 송진우는 이미 1910년대부터 단군을 선양하기 위한 삼성사 건립 기성회를 조직한 바 있었다. 송진우는 『동아일보』 창간에 참여한 뒤 이와 같은 생각을 실천에 옮기기 위해 먼저 '단군 영정 현상 모집'을 실시하였다. 『동아일보』는 당시 광고문에서 이렇게 말하였다.

306. 사설 「自精神을 喚하고 舊思想을 論함」, 『동아일보』 1920. 6. 22.

단군은 우리 민족의 종조宗祖이시오. 우리 근역槿域에 건국하신 제1인이시오. 가장 신성하신 혼령이 엄연하시고 건국하신 사업이 역역歷然하시고 경국經國하신 역사가 찬연하시고, 신성하신 혼령이 엄연하시사, 금일 오등吾等 자손에 전傳케 되시고 승承케 되신지라. 우리는 존숭을 난금難禁하는 충심衷心으로써 숭엄하신 단군 존상尊像을 구하야 제자諸者와 공히 배拜하려고 이에 본사는 현상하야 감히 존상을 모집하오니 강호 형제는 응모하시오.[307]

『동아일보』는 음력 3월 15일의 어천절御天節과 음력 10월 3일의 개천절開天節에 대해 매년 자세히 소개하였다.[308] 이 신문사는 1922년 3월부터 각 지방 청년회와『동아일보』지국, 천도교 등이 연합한 재외 동포 위문 사업을 전개하였는데, 이 사업에서 '민족의식', '민족의 단합'을 강조하면서 그 중심에 아래와 같이 단군을 설정하였다.

단군을 위시하야 상하 5천 년에 허다한 풍상과 무수한 곤란을 열력하면서 '조선인' 3자가 불멸 불소하고 혼연히 민족적 문화를 형성하며 정연히 사회적 제도를 창설하여 인류 역사에 일부를 첨재添載하고 세계지도에 일구一區를 점거하게 된 것은 다 전 조선민의 심혈을 경주하고 정력을 진쇄하여 난적이 침입하면 소탕하였고, 기근이 습래하면 구조하였고, ……현재 민족에게 미치게 된 것이라.[309]

307. 『동아일보』1920. 4. 11.
308. 이지원(2007), 앞의 책, p.225.
309. 사설 「재외동포위문과 전조선의 열광」,『동아일보』1922. 3. 8. 이지원(2007), 앞의 책, pp.226~227에서 참조.

즉 단군으로부터 비롯된 민족문화의 유구성을 강조하여 '동포' 의식을 고취하고자 하였던 것이다. 이에는 한말 이래의 '단군을 중심으로 한 민족의 결집'이라는 의식이 잘 드러나고 있다.

『동아일보』는 1926년을 전후하여 최남선을 앞세워 단군론을 펼쳤다. 최남선은 1925년 「불함문화론」을 발표한 바 있었는데, 이 글은 「조선을 통하여 본 동방 문화의 연원과 단군을 계기로 한 인류 문화의 일부면」이라는 부제를 달고 있었다. 이 글은 주지하듯이 대단군 민족주의를 제창하는 것이었다. 1926년 최남선은 『동아일보』 객원으로 활동하면서 「단군檀君 부인否認의 망妄」, 「단군론—조선을 중심으로 한 동방문화연원」 등 8편의 단군 관련 글을 발표하였다. 『동아일보』는 이와 같은 글들을 배경으로 사설에서 다음과 같이 쓰고 있다.

> 단군은 조선 및 조선심의 구극적 표지이다. 역사 위에서는 그가 조선 국토의 개척자요, 조선 문화의 창조자요, 조선 생활의 건설자며, 혈연상으로는 그가 조선 민족의 도조상都祖上이요, 조선 권속의 대종조大宗祖요, 조선 문화의 주동량主棟梁이며, 신앙상으로는 그가 조선 정신의 인격자요, 조선 이상의 최고조요, 조선 원리의 총괄점이시니, 조선의 일체를 수약收約하면, 단군의 밀密로 퇴장退藏하고, 단군의 밀을 개방하면 조선의 일체를 현현함과 같이 얼른 말하면 단군 즉 조선이시다.[310]

즉 단군은 조선 문화의 창조자, 조선 생활의 건설자, 조선 민족의

---

310. 사설 「檀君계의 表誠(상)—조선심을 구현하라」, 『동아일보』 1926. 12. 9.

최고 조상, 그리고 궁극적으로는 조선심의 궁극적 표상이라는 것이었다. 단군은 이제 단순히 조선의 국조일 뿐만 아니라 조선 문화, 조선 정신의 상징으로서 강조되었다.

이와 같은 단군 숭배, 단군 표상론은 1930년대에 들어가 대대적인 단군 유적 보존 운동으로 이어졌다. 1932년 평안남도 강동 대박산의 단군묘로 알려진 능이 황폐해지자, 이 지방의 유지들이 수호각을 세우기 위해 '단군릉수축기성회'를 발기하였다. 『동아일보』는 이를 대대적으로 보도하여 전국적인 관심을 불러일으켰다. 『동아일보』는 오기영吳基永을 현지에 파견하여 기행문을 싣고 이 능이 단군릉임을 강조하고, 이를 방치한 조선 민족 전체의 반성을 촉구하였다. 그리고 이 신문은 단군릉 수축을 위한 성금 모집을 촉구하고 나섰으며, 사회부장 현진건玄鎭健을 단군 성적聖跡 순례의 특파원으로 파견하였다. 순례지는 묘향산, 평양의 단군굴, 강동 대박산, 황해도 구월산, 강화도 마니산 등이었다. 단군릉 수축 사업은 모금이 여의치 않아 1935년에 가서야 완료되었다. 당시 이 사업은 일제에 의해 일선 동조론이 다시 강조되는 가운데, 일본 민족과는 다른 조선 민족의 독자성을 강조하려는 의식이 바탕에 깔린 것이기도 하였다.[311]

한편 마르크스주의 역사학자인 백남운은 단군을 민족의 시조로 받들고 이를 역사화하려는 민족주의자들의 시도에 대해 1933년에 발간된 『조선사회경제사』를 통해 비판하고 있다. 그는 단군은 '주권자의 지배적 계급의 존호'에 불과한 것이라고 보았다. 즉 단군은

---

311. 이지원(2007), 앞의 책, pp.325~327.

"신화적으로는 천손天孫, 문자적으로는 천군天君, 종교적으로는 주제자主祭者 등 아무리 다면적인 특징을 부여한다 해도 실재적·특정적 인격자가 아니며, 묘향산의 산신도 아니고, 단목檀木의 영령도 아니며, 민족의 아버지도 아니다. 현실적으로는 농업 공산 사회의 붕괴기에 원시귀족인 남계추장男系酋長의 칭호에 불과한 것"이라고 주장하였다.[312]

그는 "우리 선배 제공은 단군 신화를 조선 문화의 효모, 아니 동방 문화의 연원으로까지 믿고 있지만, 이는 그리스인의 문화를 그 신화에서 유래한 것으로 보는 것과 마찬가지에 속한다. 그리스의 씨족 공산 사회는 그들에 의해 창조된 신神들과 반신半神들을 갖춘 신화보다 더 오래전부터 존재하였고, 그리스 문화를 꽃피운 온상으로 발전한 것을 충분히 이해한다면 단군 신화의 역사적 지위도 쉽게 깨달을 수 있을 것이다"라고 말하였다.[313] 즉 단군 신화로 역사가 시작된 것이 아니라 그 이전부터 역사는 있었다는 것이다.

민족주의 좌파의 민족주의론 — 안재홍을 중심으로[314]

1) 국제주의와 민족주의에 대해

1920년대 이후 사회주의자들은 민족주의 무용론을 주장하였다. 이에 대해 민족주의 좌파(비타협적 민족주의)의 입장에 서 있던 안재홍은

---

312. 백남운(1994), 『조선사회경제사』, 하일식 옮김, 이론과실천, p.33.
313. 백남운(1994), 앞의 책, p.33.
314. 이 부분은 박찬승(2007), 앞의 책, pp.264~269를 요약·수정한 것이다.

다른 생각을 갖고 있었다. 안재홍은 "어떠한 시대, 특별한 색채 및 정책을 붙인다 하더라도 그로써 전연 민족적 견지 및 그 정감情感, 이해利害를 무시 혹은 말살할 이유로는 되지 않는다"고 생각하였다. 즉 어떤 시대가 온다 할지라도 민족주의를 말살할 정당한 이유는 없다는 것이 그의 생각이었다. 그는 한 민족이 경제적으로 어려운 지경에 처했다 한다면, 그것은 그 민족이 새로운 정책과 새로운 생활양식을 선택해야 할 단계에 봉착했음을 의미할 뿐, 다른 민족이 이에 간여할 하등의 정당한 이유는 없다고 보았다. 또 동일 민족 내에 일부 혹은 소수의 반민족적 태도를 가진 자가 있더라도 이를 이유로 민족주의를 말살 혹은 부인할 수는 없다고 보았다. 그는 또 "만일 일 민족 집단의 속에 이해를 달리할 밖에 없는 2개 이상의 계급이 생장된다면 그는 일종의 중대한 모순이나, 그러나 그것으로써 꼭 민족적 존재를 말살 부인치 아니하면 안 될 이유로는 아니 되는 것"이라고 주장하였다. 그는 "이해가 충돌되는 점에서 항쟁할 것이요, 조화될 범위에서 조화될 것"이며, "만일 일 계급이 일 계급을 영도 지배하는 변혁의 도정에 약진한다 하면 그것은 결국 일 민족의 사회적 기구에 일대 변화가 생겼음을 의미"할 뿐이라는 것이다. 즉 계급 혁명이 일어난다 해도 그것은 일 민족사회 내의 변화를 의미할 뿐이라는 것이 그의 생각이었다. 결론적으로 그는 "침략적인 허다한 기만적인 이유를 갖는 현대의 소위 선진한 국가주의 그것이 아닌 한, 민족주의는 아무 말살 저주할 이유를 갖지 않았다"고 주장하였다.[315]

315. 사설 「조선인의 처지에서」, 『조선일보』 1932. 12. 2.

1930년대 들어 사회주의 운동가들은 프롤레타리아 국제주의를 주창하면서 민족주의자들을 '민족개량주의자' 혹은 '파시스트'라고 본격적으로 비판하고 나섰다.[316] 안재홍은 이에 대해 "세계 인류는 다 동포이다. 그러나 세계주의는 국제주의와 구별되나니 세계 인류를 사랑한다는 것은 그 관념에서 좋되 실제에서는 너무 추상적인 자이니, 각 민족, 각 국민이 세계적인 또 인류의 처지에서 자기의 민족 또는 국가를 사랑하고, 그리고 그것을 좁다란 배타이기적인 처지를 힘써 벗어나서 국제적 공존과 호애를 목표로 하는 데에 현대인의 진면목이 있는 것"이라 주장하였다. 그는 세계주의 곧 사해동포주의와 같은 것은 너무 추상적인 것이며, 각기 민족과 국가를 사랑하면서 배타적이 아닌 상호 공존의 태도를 취해야 한다고 생각한 것이다.[317] 그는 국경을 초월하여 계급적으로 단결하자는 것이 하나의 새로운 주조이지만, 민족 또는 국민의 동일 혈통, 동일 문화, 그리고 오랜 세월 동안의 같은 생활 전통의 유대에서의 운명공동의 의식 또는 상호 독특한 친애 및 결합은 아직 마음대로 벗어버릴 수 없는 것이라고 보았다. 따라서 그는 각각의 민족이 민족애의 처지에 굳건히 서면서 국제주의적 인류애의 대도로 나아감이 현대인이 걸어야 할 정도라고 주장하였다. 그는 "민족애는 존귀한 역사적 생산물"이라고 말하였다. 안재홍은 사람은 누구나 자기 동족에 대해 남다른 책임 및 의무를 가진다고 보았다. 왜냐하면 국제주의가 아무리 왕성한 인민이라도 결국은 자기들이 함께 살고 있는

---

316. 이에 대해서는 지수걸(1988), 앞의 논문 참조.
317. 사설 「許久한 동무~民族愛는 尊貴」, 『조선일보』 1931. 11. 10.

소속 국민을 통하여 세계에 대한 책무를 다할 수 있기 때문이라는 것이다.[318]

안재홍은 1930년대 초반의 국제 정세가 국제주의보다는 국민주의 혹은 민족주의가 더욱 강화되는 추세라고 보았다. 그는 당시 무솔리니Benito Amilcare Andrea Mussolini의 이탈리아, 푸앵카레Jules Henri Poincarè와 브리앙Aristide Briand의 프랑스가 당시 유럽에서 국민주의 또는 애국주의의 부활에 선봉을 맡았다고 보았다. 그리고 독일의 우익 국민주의가 마침내는 히틀러류의 국권당의 출현을 낳았고, 영국에서도 보수당이 국민주의 내지는 국가주의를 노골화하고 있다고 그는 보았다. 그는 필리핀의 독립을 계속 미루기만 하는 미국도 국가주의적 입장에서 벗어나지 못하고 있다고 보았다. 그는 구미만이 아니라 동아시아에서도 그와 같은 경향은 마찬가지라고 보았다. 즉 소장군인 층과 그의 영향 아래 있는 기성 세력층을 중심으로 움직이는 일본이나, 신흥 군벌과 상공업자·소시민·학생층과 노동계급을 합하여 격동 중인 중국, 그리고 영국의 반동적인 영향하에 움직이는 인도 등이 모두 그러한 예라고 보았다.[319]

안재홍은 당시의 국제 정세를 일 제국, 일 국민의 충돌의 관계에서 국민주의 또는 민족주의가 자못 하늘을 찌를듯한 기세를 보이고 있다면서 강력한 국민주의와 민족주의의 시대가 다시 도래한 것으로 보았다. 따라서 그는 일부에서 국민주의만이 아니라 민족주의에 대해서까지도 냉소하는 경향이 있지만, "그러나 일 인민이 낙후된

---

318. 『조선일보』 앞의 글 참조.
319. 사설 「國民主義와 民族主義―간과치 못할 현하 경향」, 『조선일보』 1932. 2. 18.

처지에서 진지한 생존 노력의 투쟁적인 역량을 길러 내는 데는 반드시 한 번 지나가는 필요한 계단으로 동류 의식과 연대감으로써, 그리고 연소되는 정열이 실로 순화, 정화, 심화 또는 단일화의 존귀한 작용으로 되는 것이다"라고 하여, 민족주의의 단계를 한 번은 거쳐야 한다고 주장하였다.

그는 "만일에 이러한 민족주의적 세련 과정을 치름이 없이 산만한 공식론적 국제주의에의 고답적 행진을 하는 인민이 있다면 그는 실로 심상치 않은 불행일 것"이라고 주장하였다.[320] 안재홍은 제국주의 국가들의 입장을 국가주의 혹은 국민주의라고 표현하고, 식민지 민족의 입장을 민족주의라고 표현하고 있다. 그리고 앞의 국가주의 혹은 국민주의는 물론 부정적인 것이라고 보는 반면, 뒤의 민족주의는 불가피하게 거치지 않으면 안 되는 한 단계라고 본 것이다.

또 민족주의적 입장에서 조선적이거나 민족적인 것에 관심을 갖는 것이라고 해서 반드시 보수 반동적이거나 감상적 복고주의가 아니며, 소부르주아적 배타주의도 아니라고 주장하였다. 그는 후진적이고 낙오한 우리 민족과 같은 경우에는 민족적인 각성과 염원이 진보적이고 점진적, 그리고 세계적인 것이 된다고 주장하였다.[321]

안재홍은 20세기 현 단계의 인류 문화의 특징은 한편으로는 각개 민족의 세계적 대동의 방향, 즉 국제주의적 방향을 향하여 움직

---

320. 『조선일보』 앞의 글 참조.
321. 안재홍선집간행위원회 편(1981), 「『조선일보(1935년 6월 연재물)』 민세필담(속)」, 『민세 안재홍 선집 1』, p.511.

이는 구심 운동이 나타나고 있지만, 다른 한편으로는 각개 민족이 세계적, 즉 국제적 영향 아래 있으면서 오히려 각자의 민족문화를 순화, 심화하려는 의욕과 노력이 나타나고 있다고 보았다. 그는 온건하고 타당한 각 국민과 각 민족의 태도는 민족으로부터 세계로, 또 세계로부터 민족으로 교호되고 조화되는 '민족적 국제주의', '국제적 민족주의'를 형성하는 모습을 보이고 있다는 것이었다. 이와 같은 인식 위에서 안재홍은 우리는 고루한 옛 조선에서 출발하여, 세계의 끝까지 돌아 '세계로부터 조선에'로 되돌아와야 한다고 주장하였던 것이다.[322] 이것이 바로 그가 말하는 '민족에서 세계로, 세계에서 민족에로'라고 표현되는 이른바 '민세주의'였다.

그는 국제주의와 민족주의는 중층적으로 공존할 수 있으며, 실제로 회통의 성격을 갖는다고 보았다.[323] 그는 국제주의를 제일로 준봉하는 특정한 사회일지라도 각 민족이나 혹은 각 소국가의 특성이 용인되어 각자의 언어, 풍속, 습관, 문화의 특수성은 존중되는 것이 현하 세계의 엄중한 현실이라고 지적하였다.[324]

안재홍은 당시 사회주의자들이 역사의 보편성만을 강조하는 데 대하여 보편성과 특수성을 동시에 살펴야 한다고 주장하였다. 그는 인류의 역사 과정에서는 각각의 단계가 차례로 전개되는데, 이때 전 국제적 유기적 관련성은 각개의 지역과 각개의 민족에게 각각의 '일원다양－元多樣의 특수성'을 부여한다고 보았다. 그것은 각 민족이

---

322. 안재홍선집간행위원회 편(1981), 앞의 글, p.511.
323. 안재홍(1935), 「조선과 조선인」, 『신동아』 1월호, p.14.
324. 안재홍선집간행위원회 편(1981), 「『조선일보(1935년경)』 천대되는 조선」, 『민세 안재홍선집 1』, p.552.

역사적·정치적 사회 현실을 달리하고 있기 때문이라는 것이다.[325] 여기서 주목되는 것이 '일원다양성'이라는 표현이다. 그는 역사 발전 과정은 일원적인 것이지만, 그것이 각 나라와 각 민족에서 발현되는 형태는 다양할 수밖에 없다는 것을 주장하고 싶었던 것이다.

한편 그는 후진 사회에서는 필연적으로 그에 따른 역사적 특수성이 나타날 수밖에 없다고 본다. 그리고 그 특수성은 정치, 문화의 중층성이라고 그는 설명하였다. 당시 조선의 일부 신진 사상가들이 조선 문화의 단일성을 갈망할 수는 있겠지만, 조선의 현실은 본래의 후진성에 덧붙여서 일본의 문화 침식의 억압 정책이 겹쳐져 특수성을 띠지 않을 수 없는 상황에 있다는 것이었다. 그는 이를 갑산의 고지대의 자연과 한강 이남의 따뜻한 지역의 자연을 비유하여 설명하였다. 남쪽의 경우 계절에 맞는 꽃이 차례대로 피지만, 추운 북쪽의 경우에는 메밀꽃과 감자꽃이 한꺼번에 피어 여름과 가을이 동시에 나타나지 않을 수 없다는 것이다.[326] 안재홍은 이를 문화의 중층성, 즉 여러 단계의 문화가 동시에 중층적으로 나타난다고 표현한 것이다.

안재홍은 신진 사상가들에게 '조선 문화의 중층성'을 인식해 줄 것을 당부하였다. 그는 구래의 문화를 한꺼번에 모두 결산하고, 선진 문화를 순식간에 받아들이기는 어려운 것이라고 보았다. 그는 국제화, 즉 선진 문화의 수용은 인류 생활에 자동적이고 필연적인

---

325. 안재홍선집간행위원회 편(1981), 「『조선일보(1936.1)』 국제연대성에서 본 문화특수과정론」, 『민세 안재홍선집 1』, pp.558~559.
326. 안재홍선집간행위원회 편(1981), 「국제연대성에서 본 문화특수과정론」, 『민세 안재홍선집 1』, pp.559~560.

것이라고 받아들였다. 그러나 '자동적'인 것인 만큼 '인위적'으로 될 수 있는 것이 아니라는 것이 그의 생각이었다. 따라서 그는 조선은 후진적인 민족주의의 세련 과정의 단계를 거쳐야 한다고 생각하였다. 그는 '민족적'인 것이 '역사적으로 이미 시대에 뒤진' 19세기의 유물이라고 볼 수도 있지만, 그러나 조선에서는 아직 그것이 당면한 과제요, 중요한 현안이 될 수밖에 없는 실정이라는 것이다.[327] 조선인은 아직 근대 민족으로서의 결집 과정을 충분히 거치지 못하였다는 것, 조선에서는 아직도 민족 문제, 즉 민족의 독립 문제가 현안이라는 것을 안재홍은 지적하고자 하였다.

2) 안재홍의 문화적 민족주의론

1930년대 안재홍은 신간회가 해소되고 정치 운동이 사실상 불가능하자 민족문화 운동론을 제창하였다. 그는 이 시기 문자 보급 운동, 생활 개신 운동, 충무공 현창 운동, 그리고 조선학 운동을 제창하거나 혹은 간여하였다. 특히 안재홍은 조선학 운동을 사실상 주도하면서 다산 정약용丁若鏞의 『여유당전서』를 교열하여 펴내는 등 활발한 활동을 펴고 있었다. 그는 이 같은 운동들에 대해 '개량주의' 혹은 '파시스트 운동'이라면서 비판적이었던 사회주의자들에 대해 반론을 제기하였다. 그는 역사 과정이 최악인 경우에는 도피하지 않고 문화 운동이라는 개량적 공작이라도 펴는 것이 진지한 사람의 책무일 것이라고 반론을 제기하였다.[328]

---

327. 안재홍선집간행위원회 편(1981), 앞의 글, pp.565.
328. 안재홍선집간행위원회 편(1981), 「민세필담(속)」, 『민세 안재홍선집 1』, p.510.

안재홍은 좀 더 구체적으로 문화 운동론을 제기하였다. 그는 우리는 문화적인 세계인으로서보다는 문화적인 조선인으로서, 향토인 자연을 즐기면서, 지나온 역사에 걸맞은 조선적인 정취에 기대면서, 그리하여 변동하는 시대에 세계적 대동의 조류에 합류하면서 살아가야 할 것이라고 말하였다.[329] 안재홍은 일 국민이나 일 민족의 정치적 성쇠는 ① 역사적 인과율에서 벗어날 수 없고, ② 거대한 국제 풍운상의 불운한 일대 운세이므로, 이 같은 상황에서는 오히려 '냉정 평온한 문화적 보급 및 그 승진 또는 심화에 전력'해야 한다고 주장하였다. 그는 이 같은 시대가 아니라도 향토와 역사에 대한 연구, 타민족의 문화와의 접촉을 통한 문화 발전은 조금도 소홀히 해서는 아니 되는 문제라고 강조하였다.[330] 그의 조선학 운동론이 이로부터 나오게 되었다.

그는 1934년 9월 정인보에 의해 조선학이 제창되었을 때, 조선학은 광의와 협의 2종이 있을 수 있는데, 광의의 조선학은 온갖 방면으로 조선을 연구 탐색하는 것이고, 협의의 조선학은 조선의 고유한 것, 조선 문화의 특색, 조선의 독특한 전통을 천명하여 학문적으로 체계화하는 것이라고 정의를 내렸다. 그는 이때 조선학의 목적은 "세계 문화에 조선색을 짜넣는 것"에 있다고 말하였다.[331]

이후 그는 조선학을 보다 이론화하는 작업을 시작하였다. 그는 "일정한 지역에서, 일정한 사회적·단결적 또 문화적으로 유기적

329. 안재홍선집간행위원회 편(1981), 「文化建設私議」, 『민세 안재홍선집 1』, p.529.
330. 안재홍선집간행위원회 편(1981), 「민세필담—민중심화과정」, 『민세 안재홍선집 1』, p.481.
331. 안재홍(1934), 「신조선춘추」, 『신조선』 10월호, p.41.

인 생활의 역사를 가지고 온, 동일 언어와 동일 문화의 집단이 그 향토적 전통적인 일정한 취미와 속상과 동일한 동향을 가짐은 타당하고 당위적인 것"이라 하여, 역사적으로 공통된 경험을 가진 민족이 공통된 문화를 갖는 것은 부인할 수 없는 일이라고 지적하였다. 그는 당시의 조선은 모든 일에서 후진적이고 특수한 사회에 처하여 그 민족의 기풍·정조·취미·속상과 의도·지향이 지리하고 산만하며, 잡박하고 혼효하여 국제 생존의 장에 나서야 하는 오늘날의 정세에서는 그 품격과 동작이 매우 어설프고 완성되지 못하였다고 평가하였다. 따라서 그는 조선 민족은 일개 민족으로서 순화醇化·심화·정화淨化의 노력과, 사색, 조속操束 및 운동이 있어야 한다고 주장하였다. 다시 말하면 국제 생존경쟁의 장에서 살아남기 위해서는 민족문화의 순화 과정이 필요하다는 것이다. 그는 이 같은 민족문화의 순화 과정은 국제적으로 문화가 교호 작용을 하는 시대에는 하나의 문화적 주체로서 가지는 의무라고 주장하였다.[332]

그는 조선인은 현실에서 후진·낙오자이므로 향상과 약진을 꾀해야 하며, 이로써 자기 자신을 낙오된 쇠퇴의 구렁에서 구할 수 있다고 보았다. 그리하여 우리 자신의 문화와 그 사상에서 조선적이면서 세계적이요, 세계적이면서 조선적인 세련된 신자아를 창건해야 한다고 주장하였다. 그는 이러한 향상과 약진은 조선인 자신의 배타적이고 고립적인 쇄국 시대, 구시대의 문화적 잔재로써는 되지 않으며, 따라서 다른 나라의 인민과 상호적·교환적·병존적·협조적인 개방된 세계적 자아관에 섰을 때 비로소 가능하다고 주장하

---

332. 樗山(1934), 「조선학의 문제」, 『신조선』 12월호, p.3.

였다. 그는 "오늘날 20세기 상반기에 가장 온건타당한 각 국민 각 민족의 태도는 민족으로 세계에…… 세계로 민족에 교호되고 조제 되는 일종의 민세주의를 형성"하는 것이라고 하여, 바야흐로 민족 문화가 다른 세계의 문화와 서로 교호되는 '민세주의'의 시대가 왔 다고 주장하였다. 민세주의란 '민족과 세계가 서로 교호되고 조제 되는 주의'였다. 안재홍은 당대의 시대적 이념을 단순한 '민족주의' 보다는 '민세주의'에서 찾고자 한 것이다. 그는 이를 각 민족이 서 로의 문화를 '주면서 받고, 다투면서 배우는' 연속의 과정 속에서 자기의 향상과 발전이 있고, 획득과 생장이 있다고 보았다.[333] 이것 이 그가 민세주의를 제기한 이유였다. 각 민족의 문화가 서로 교호 되고 접촉되는 상황일수록 우리는 조선에 대해서 더 깊은 인식이 있어야 한다는 것이 안재홍의 생각이었다. 그가 '조선학'의 필요성 을 주장하는 근거는 여기에 있었다. 즉 민세주의는 조선학 운동론 을 제기하는 과정에서 나온 것이었고, 조선학 운동론을 뒷받침하기 위해 나온 것이었다.

그는 당시 조선인은 그 생존에서 두 가지 문제에 부딪치고 있다 고 보았다. 그 하나는 가장 가까운 인민 집단인 일본인과의 관계이 며, 다른 하나는 위대한 물리적 압력과 함께 좁혀 들어오는 서양 문 화 앞에서 어떻게 일개 단일 문화 집단으로서 문화적·사회적 적응 을 해야 할 것인가 하는 문제였다. 여기서 그는 우리가 전연 남의 것만을 빌려서 살려는 무계획적인 신시대의 집단적 룸펜일 수는 없 다면서, "세계 문화를 채취하고 적용하는 긴장된 도정에서 어떻게

---

333. 樗山(1934), 앞의 글, p.3.

조선색朝鮮色과 조선소朝鮮素를 그 수용의 주체로서 확립할 것인가"가 과제라고 지적하였다.[334] 즉 세계 문화의 수용 과정에서 조선색과 조선소를 주체로서 확립하기 위하여 필요한 것이 바로 조선학이라는 것이었다.

1935년 안재홍은 국제적으로 비상한 시기의 새해를 맞이하여 '최선의 차선책'으로서 조선인의 조선인으로서의 문화적 순화, 심화, 정화, 정진을 공통의 과제로 삼아야 한다고 주장하였다. 그는 당시와 같이 정치적 약진이 불리한 상황에서는 차선책으로서 문화 운동에 노력을 해야 한다고 주장한 것이다.[335] 그리고 그가 주창한 문화 운동의 핵심은 조선 문화 운동, 즉 조선학 연구였다.

334. 樗山(1934), 앞의 글, p.4.
335. 樗山(1935), 「조선과 문화운동」, 『신조선』 1월호, pp.1~3.

6. 1930년대 민족주의와 파시즘의 만남

1930년대 중반 이후 조선총독부는 식민지 조선에서의 사상 통제, 황민화 정책을 본격적으로 시작하였다. 1935년에 카프를 해산시키는 등 사회주의 단체에 대해 철퇴를 내렸고, 1937년에는 「황국신민서사」를 제정하였으며, 1938년에는 일본어 상용과 조선어 교육 폐지 조치를 내렸다. 1940년에는 창씨개명과 총독부 기관지인 『매일신보』를 제외한 모든 조선어 신문의 폐간, 신사 참배의 강요 등의 조치를 취했다. 또 전쟁열의 고취와 전장에의 동원 분위기 조성을 위해 일본 본국에서 만들어진 국민정신총동원연맹의 조선연맹을 1938년 6월 만들었다. 이 단체에는 대동민우회, 시중회 등 59개 단체와 윤치호尹致昊 등 개인 56명이 참여했다. 그 강령은 황국 정신의 현양, 내선 일체의 완성, 근로 보국, 총후보국 등이었다. 이 단체는 『총동원』 등의 기관지를 발행했다. 국민정신총동원조선연맹은 1940년 '국민총력조선연맹'으로 개칭되어 내선일체, 멸사봉공을 앞세우고 국방 국가 체제의 완성, 대동아 신질서의 건설 등을 그 목표로 삼았다.

이와 같은 상황에서 조선의 일부 지식인 가운데 이미 파시즘을 자발적으로 수용하고 있던 이들은 이제 '조선 민족의 유지'를 전제로 한 '민족 파시즘'에서 '일본 민족으로의 동화'를 전제로 한 일본 파시즘으로 전환하게 된다. 양자의 파시즘은 그 구조가 동일하였으나 다만 그 숭배 대상이 '민족'이냐 '천황'이냐의 차이가 있었다. 그 대표적인 인물이 이광수였다. 이광수는 '조선 민족'의 개념을 해체하고, 이를 '일본 국가＝천황' 또는 '대일본제국의 신민'으로 대체하였다. 그리고 그는 당시 조선총독부의 '황국 신민화' 정책에도 적극적으로 동조하고 나섰다.

이광수가 후일 회고한 바에 의하면 그가 '조선 민족'을 버리고 '대일본제국의 신민'이 되기로 결심한 계기가 된 것은 중일전쟁과 미나미 지로 총독의 부임이었다고 한다.[336] 즉 중일전쟁은 아시아의 장래 운명과 일본의 국가적 의도 및 정신을 보여 주었으며, 미나미 총독은 "대동아신질서의 건설은 내선일체를 기초로 한다"고 하면서 교육 차별 철폐, 지원병 제도 실시, 창씨개명 등을 실행하여 총독부 당국의 조선 민중에 대한 평등한 대우를 믿을 수 있게 되었기 때문에 생각을 바꾸게 되었다는 것이다.[337] 그는 중일전쟁에 의해

---

336. 이하 이광수에 관한 서술은 박찬승(2007), 앞의 책, pp.379~386.
337. 「同胞に寄す」(「동포에게 부침」. 여기서 동포란 일본인을 가리킨다. 즉 한국인과 일본인이 동포가 되었다는 뜻이다), 『경성일보』 1940. 10. 1~9. 이경훈 편(1995), 『춘원 이광수 친일문학전집 2』,

아시아의 재건설이라는 성전이 시작되어 대일본제국의 신민이 되는 것을 자랑스럽게 여기게 되었다고 말하였다.[338] '힘에 대한 선망'이 그로 하여금 "조선 민중의 목표는 완전한 황민皇民이 되는 것"이라고 생각하게 한 것이다. 그는 "조선인은 이제 결코 식민지인이 아니다. 약소민족도 아니다. 패전 국민도 아니다. 위세가 당당한 대일본제국의 신민臣民이다"라고 외쳤다.[339] 이는 이광수가 이제 조선인도 내선일체 정책에 의해 식민지 백성에서 벗어나 대일본제국의 신민, 즉 제국주의 국가의 국민의 일원이 될 수 있다고 하는 생각을 갖고 내선일체 운동에 앞장섰음을 말해 주는 것이다.

이광수는 조선인에게 남아 있는 유일한 희망은 평등하고 동등한 일본 국민이 되는 것이라고 말하고, "이미 일본으로부터 분리하자는 따위의 공상은 버렸다"고 말하였다. 그는 "자자손손 평등하고 동등한 일본 국민으로서 광영을 누릴 수 있다면 무엇 때문에 고생스럽게 대일본제국이라는 넓고 넓은 일터를 버리고 좁은 소국가를 세우고자 하는 나쁜 마음을 일으키랴"라고 말하였다.[340] 이광수는 해방 이후 쓴 「나의 고백」이라는 글에서 "만일 일본이 전쟁에 이긴다면 우리는 최소한도로 일본 국내에서 일본인과 평등권을 얻을 수 있을 것"이라고 생각했다고 한다. 그는 또 조선인들이 징병·징용에 능동적으로 자진해서 나간다면 그에 대한 대우도 나을 것이요,

평민사, p.129.

338. 香山光郎(1940), 「내선일체와 국민문학」, 『조선』 3월호 ; 이경훈 편(1995), 『춘원 이광수 친일문학전집 2』, pp.67~68.

339. 香山光郎(1940), 「황민화와 조선문학」, 『매일신보』 1940. 7. 6. ; 이경훈 편(1995), 앞의 책, p.76.

340. 「同胞に寄す」, 이경훈 편(1995), 앞의 책, pp.134~135.

조선 민족에 대한 '내선 차별'도 사라질 것이라고 생각했다고 한다.[341] 그러나 그의 목표는 단순한 차별의 철폐가 아니라 '힘을 가진 제국의 신민'이 되는 데 있었다.

이광수는 명실상부한 황국 신민이 되기 위해서는 먼저 조선인은 '과거의 민족적 관념'을 제거해야 한다고 주장하였다.[342] 이광수는 「참회」라는 글을 통하여 자기 자신이 조선 민족만을 생각하고 천황을 잊어 온 것을 참회하였다. 그는 조선인을 조선인으로만 생각하고 천황의 신민, 일본의 국민으로 생각하지 않은 것은 착오였다고 말하였다. 따라서 자신은 중일전쟁 이전의 문학작품에서 조선인의 민족의식을 고취하는 글을 썼을 뿐, 황군이라든가 일본국민의 애국심을 언급한 일이 없었다고 반성하였다. 그는 이러한 착오를 완전히 청산하고 쓴 첫 번째 작품이 「무명」이라고 말하였다. 결국 그는 "조선인은 과거의 민족 관념을 발전적으로 해소하고, 2천3백만 동포라는 관념을 1억(일본인까지 포함―인용자)으로 확대하고, 삼천리 반도만이 아니라 일장기 휘날리는 전 국토를 내 조국으로 사랑해야 할 운명에 있으며, 이는 지극한 환희요, 영광임을 자각해야 한다"고 주장하였다.[343]

그는 자기 자신은 스스로 대일본제국의 신민이라는 자각을 하지 못하고 마지못해 일제에 복종해 왔다고 말하였다. 그는 또 "조선에

---

341. 이광수(1971), 「나의 고백」, 『이광수전집 13』, p.268.
342. 香山光郎(1941), 「긴박한 시국과 조선인」, 『신시대』 9월호, pp.28~31 ; 이경훈 편(1995), 앞의 책, p.288.
343. 香山光郎(1941), 「조선문학의 참회」 『매일신보』 1940. 10. 1. ; 이경훈 편(1995), 앞의 책, pp.120~121.

서 산업이 발달하면 할수록 문화가 높아지면 높아질수록 나는 그 부분들에게 생기는 나쁜 면을 극명하게 수집해서 이것들이 내 행복과 생명을 해치는 것이라는 결론에 도달했었다"고 말하였다. 하지만 이는 모두 양부養父를 모신 양자養子의 근성에서 비롯된 잘못된 것으로서, 이제 제대로 눈을 뜨고 보니 "과거 30년간 나를 위해 행해진 모든 것을 어느 것이든지 나를 생각하옵시는 대어심大御心(천황의 마음—인용자)이 나타난 것이었다는 사실이 확실해지네. 교통이 열리고, 교육이 보급되었으며, 위생 시설이 완비되었네. 치안은 확보되고 산업은 진흥되었네. 우리는 20년 전과 비교해 아주 높은 문화를 향수하고 있네"라고 말하여, 일본의 조선 지배 정책을 총체적으로 긍정하기에 이르렀다.[344]

이제 조선인들은 대일본제국의 신민으로서의 확신을 갖고, '황도 정신' 곧 '일본 정신'으로 무장해야 한다고 그는 주장하였다. 그는 "황도 정신의 일본 문화는 세계에서 가장 아름다운 문화"라고 말하고, "일군만민—君萬民, 충효일치忠孝—致의 이 정신이야말로 만국만민이 다 배워야 할 정신"이라고 주장하였다. 그는 이 정신은 구미의 개인주의적 인생관과는 완전히 대립적인 것으로서, "일군(천황)을 위해 살고 일하고 죽기를 인생의 본분으로 하는 일본 정신과, 자기 개인의 이해 고락을 표준으로 하는 구미 정신 사이에는 그 윤리적 격차가 엄청난 것"이라면서, 전자야말로 지상에 평화의 이상향을 건설할 정신이라고 주장하였다.[345] 그는 서양의 개인주의란 국가는 개

---

344. 「同胞に寄す」, 이경훈 편(1995), 앞의 책, pp.125~126.
345. 香山光郎(1941), 「人生과 修道 —半島 六百萬 靑年男女에 고하노라」, 『신시대』 6월호.

인을 위해서 있고, 개인은 국가를 초월하여 존재할 수 있다는 사상이지만, 일본주의란 "개인은 천황의 것이며, 인민과 국토도 모두 천황의 것이며, 개인은 천황을 사모하고 섬김으로써 인생의 목적을 삼고 영광을 삼는 것"이라고 해석하고 있었다.[346]

이광수는 "황국 신민에게는 영미식 자유의 개인이 없고 오직 대어심大御心을 본받아서 천황이 하랍시는 일을 순순히 할 따름입니다. 이것을 충忠이라고 합니다. 모든 선善 오직 천황께 충성하려는 데 있습니다. 이것이 일본 정신입니다"라고 말하였다. 그는 "영미인英美人은 개인 중심입니다. 그리고 그들의 목표는 개인의 행복입니다. 그들에게 있어서는 국가도 개인의 행복을 위한 수단에 불과합니다. '인민의, 인민에 의한, 인민을 위한' 것이라는 것이 그들의 국가 관념이거니와 이것은 일본의 국체에는 어그러지는 것입니다. 황국 신민은 천황의 무사지성無私至聖하신 대어심을 본받음으로써 개인으로서, 아들로서, 아버지로서, 인류의 일원으로서 의무를 다하는 것이니 이것이 일본인의 신념입니다"라고 설명하였다. 개인을 잊고 천황과 국가에 대해 무조건적으로 충성하는 것, 이것이 그가 생각하는 일본 정신이었다. 그리고 그는 이와 같은 일본주의, 일본 정신은 진리성·정의성·보편성을 가지며, 이는 동아시아, 더 나아가서 전 세계를 구원하게 될 것이라고까지 주장하였다.[347] 1930년대 초반 '조선 정신'의 부활을 주장하던 그는 이제 '황도 정신', '일본 정신'으로 이를 대체하였는데, 내용상으로는 국가에 대한 충성, 전체를

346. 香山光郎(1943),「國民文學 問題」,『신시대』2월호, pp.62~63.
347. 香山光郎(1940),「내선일체와 국민문학」,『조선』3월호 ; 이경훈 편(1995), 앞의 책, p.71.

위한 개인의 희생 등으로 서로 통하는 것이었다. 따라서 이광수로 서는 별 거부감 없이 '황도 정신'을 받아들일 수 있었을 것이다.

여기서 또 하나 주목할 것은 개인과 민족, 국민 간의 관계에 대한 그의 생각이다. 이광수는 먼저 개인주의와 세계주의에 대해 격렬히 비판한다. 그는 완전히 독립된 개인이 존재할 수 없는 것처럼, 완전히 보편화된 인류도 존재하지 않는다고 주장하고, "우리가 현실적으로 인식할 수 있는 것은 실로 민족과 국민뿐"이라고 보았다. 그는 국민적 성격이나 전통 등이 사상되고 남은 개인이란 그림자보다도 얇은 것이며 생명력이 없는 것이라고 주장하였다. 따라서 그는 "우리는 개인주의나 세계주의의 이름으로 통하는 모든 인생관을 잘못된 것으로 배제하지 않으면 안 된다. 그런데 소위 자유주의의 이름으로 통한 정치 사상, 문학 사상은 개인주의적인 것이며, 소위 사회주의라고 통한 정치·경제·사회 내지 문학·예술에 대한 사상은 세계주의적인 것으로, 둘 다 잘못된 견해에 속하는 것"이라고 주장하였다. 그는 지난 30년 동안 조선의 문학은 인도주의, 사회주의, 예술지상주의에 빠져 있었다고 지적하면서, 이를 청산하고, 충효일치의 일본 정신에 입각한 국민 문학을 건설해야 한다고 주장하였다.[348] 그는 고노에 후미마로近衛文郞 내각에서 문부대신이었던 하시다 구니히코橋田邦彦가 교학敎學의 방침으로써 "국민 생활에서 유리된 학술 사상을 배척하고, 자유주의의 잔해를 씻어 버리고 국민 일체 국가 봉사의 실實을 구현하는 체제를 확립해야"한다고 말한 데 전적으로 동조하면서, 이는 내일의 일본의 모든 부문에서 적용되어

---

348. 香山光郞(1940), 앞의 글,『조선』3월호.

야 할 표어라고 찬양하였다. 그는 '국가 봉사를 제일의第一義로 하는 국민 도덕의 확립'은 국민과 각 개인의 생존 목적이라 말하였다.[349] 결론적으로 그는 "신체제 하의 문학과 영화는 개인주의 사상과 자유주의 사상을 버리고 전체주의 사상 밑에서 국가를 위하고 다시 한 걸음 더 나아가서 대아시아주의 사상 밑에서 동아 신질서 건설과 동아공영권의 수립을 위한 문화 활동을 계속해야 할 것"이라고 주장하였다.[350]

1939년 이광수 · 김동환金東煥 · 박영희朴英熙 등 문인들은 조선문인협회를 조직하고 친일 문학 활동에 나섰다. 이들은 전시하에 점차 긴박해지는 시국을 맞이하여 문인들이 걸머지고 있는 책임이 크다면서, 문인 각자의 개인적 행동을 제한하고 문장을 통해 시국에 공헌하자고 주장하였다. 이들은『인문평론』이라는 선전 잡지를 발행하였다. 이 잡지도 1941년에는 다른 한글 잡지 21종과 함께 폐간되고 이를 모두 통합한『국민문학』으로 명맥이 이어졌다.『국민문학』은 전시 체제 아래 조선의 국민문학의 수립을 그 목적으로 내세웠다.[351]

『국민문학』의 주간을 맡았던 최재서崔載瑞에 의하면 국민문학이란 국민의식에 기초한 문학이며, 국민의식이란 "자신은 한 사람의 개인이 아니고 한 사람의 국민이라는 의식, 따라서 자기 하나만으로는 의미나 가치가 없는 존재로서 국가에 의해 비로소 자기는 의

---

349. 「藝術の今日明日」,『매일신보』1940. 8. 8.
350. 香山光郎(1941), 「新體制下의 藝術의 방향 ―文學과 映畵의 新出發」,『삼천리』1월호.
351. 송민호(1991),『일제말 암흑기 문학연구』, 새문사.

미와 가치를 부여받는다고 하는 자각"이라고 말하고 있다.[352] 최재서도 이광수와 거의 같은 논리로써 개인주의를 비판하고 있었다. 그는 개인주의의 중심 가치는 개성, 즉 독특한 본질을 가지는 인격이라고 말하고, 이러한 개성을 철저히 개발하고 그 능력을 최대한 발휘케 하여 소우주로서의 원만한 인격을 완성하는 것이 인간 최고의 목적이며 최대의 목적이라고 보는 것이 바로 개인주의라고 설명하였다. 그는 각 개인이 자기의 소양과 능력을 최대한 발휘할 수 있게 한다는 점에서 개인주의의 의의를 인정하였다. 하지만 개인주의는 민족과 국가를 전혀 고려하지 않고 세계주의적 세계관을 갖고 있다는 점에서 문제가 있다고 보았다. 그는 개인주의자들이 모든 개인은 민족과 국토와 직접 관계를 갖고 있는 구체적인 현실을 무시하고 코즈모폴리턴이라는 관념론에 빠져 있다고 그는 비판하였다. 개인주의자들이 결국은 유기적 전일체인 민족과 국가의 해체를 가져올 위험이 있다고 그는 주장하였다.[353] 여기서 그는 개인주의 문학, 코즈모폴리턴 문학을 비판하고 일본주의에 입각한 국민문학을 주장하였던 것이다. 이광수류의 사고는 그 한 사람만의 것이 아니었던 것이다.

---

352. 崔載瑞(1941), 「國民文學の要件」, 『국민문학』 창간호, pp.35~36.
353. 崔載瑞(1942), 「文學者と世界觀の問題」, 『국민문학』 10월호.

7. 해방 직후의 민족주의론

안재홍의 신민족주의론[354]

안재홍은 1945년 8월 15일 해방을 맞이하자 「신민족주의와 신민주주의」라는 논설 집필에 들어가 9월 22일 이를 탈고하였다. 이 글은 그의 '신민족주의' 이론을 정리한 것이었다. 안재홍은 이 글에서 우선 민족과 민족주의는 그 유래가 매우 오랜 것으로, 근대 자본주의 시대의 산물이 아니라고 주장하였다. 그는 민족 성립의 요소로서 ① 동일 혈연체, ② 일정한 공간에서의 협동적 생활의 영위, ③ 운명공동체로서의 생활협동체 등을 들었다. 그는 우리 민족은 주변의 여러 민족과 혼혈이 되었지만 오늘날에는 그 형적을 모를 만큼 순

354. 이 부분은 박찬승(2007), 앞의 책, pp.269~276을 요약 · 수정한 것이다.

수한 혈연을 갖게 되었다고 보았다. 또 우리 민족은 만주와 한반도에서 일진일퇴하면서 그 지역과 풍토를 기반으로 일정한 기질과 성능을 갖추고 연마하였으며, 공동 문화의 유대로 결속되고 성립된 운명공동체라고 보았다. 따라서 우리 민족은 "그 혈액의 순수 단일한 점에서, 그 동일 지역인 5천 년 조국을 지키어 온 점에서, 동일 언어·동일 문화로써 강고한 운명공동체로서 존속하는 점에서, 단연 독자적 생활협동체로서의 조국을 재건하여 국제 협력의 일 분담자로 될 권리가 있다"고 주장하였다. 따라서 그는 민족 자존의 생활협동체의 지도 이념인 민족주의는 거룩하다고 주장하고, 이 점이 바로 그가 신민족주의를 제창하고자 하는 이유라고 말하였다.[355]

그는 유물사관이 사회 발전의 도정을 규정하는 하나의 준승準繩(法式)은 될 수 있지만, 오랜 시일 동안 풍토·역사 등 국제 관계 속에서 구체적으로 연성鍊成된 과정을 간과하는 오류를 범할 수 있다고 지적하였다. 또한 각 민족은 그 자체가 고유한 문화를 가지고 있기 때문에 어느 민족의 현재의 사태와 그 전도를 형성하는 데 반드시 그 민족의 과거로부터 영향을 받기 마련이라고 주장하였다. 즉 한편에서는 인류의 역사가 있지만, 다른 한편에서는 각자의 민족의 역사가 있다는 것이다. 여기에서 그는 새로이 세워야 할 나라의 국체와 정체도 우리 민족의 역사적 성격에 맞게 결정되어야 한다고 생각하였다. 한 인민에게 적정하고 타당한 법이란 그 인민의 과거 문화의 총화인 역사의 소산이라야 한다고 생각한 것이다. 따라서 그는 문

---

355. 안재홍선집간행위원회 편(1983), 「신민족주의와 신민주주의」, 『민세 안재홍선집 2』, pp.16~19.

화의 전통을 무시한 채 무조건 국제주의를 추수하는 것보다는 민족의 개성을 적정하게 발휘하여 전 국제 협동의 분야에서 각각 독자의 이채를 발휘하는 것이 더 중요하다고 생각하였다.[356]

그는 국경의 철폐나 민족의 해소는 미래의 전망으로서는 해볼 수 있는 일이지만, 인공적으로 국경이나 민족을 부인 말살하려는 것은 옳지 않다고 보았다. 그는 제2차 세계대전의 과정에서 공산주의자들이 국가를 부인하는 경우가 있었지만 이는 이미 과거의 잔재가 되었다고 보았다. 그는 소련에서도 최근에는 여러 형태로 러시아적 요소가 강화되고 찬미되는 등 러시아적 민족의식의 고조가 나타나고 있다고 보았다. 따라서 그는 한국도 민족주의를 필요로 한다고 보았다. 그러나 그는 독일이나 일본의 민족주의를 본받아서는 안 된다고 주장하였다. 독일 민족주의는 너무 주관적 · 배타적 · 독선적 · 인위적으로, 즉 기획을 통하여 강대한 민족을 만들고 천하의 지배권을 탈취하려 한 데에서 결국 실패하였다고 보았다. 또 일본 민족주의의 경우에도 독립 자존에 머물지 않고 과대와 자대自大가 습성이 되어 정복적 · 침략적 의욕을 고무함을 국책 · 국풍으로 함으로써 그 출발이 잘못되었으며, 결국 대륙경략과 세계 제패를 부르짖어 복멸하게 되었다고 보았다.[357] 여기서 그는 한국의 민족주의는 "밖으로 인류 대동의 이념에 적응하고, 안으로 민족자존의 의도"를 갖는 것이 되어야 한다고 주장하였다.[358] 그는 한국의 민족주

---

356. 안재홍선집간행위원회 편(1983), 「신민족주의와 신민주주의」, 『민세 안재홍선집 2』, pp.20~21.
357. 안재홍선집간행위원회 편(1983), 앞의 글, pp.22~28.
358. 안재홍선집간행위원회 편(1983), 「국민당선언」, 『민세 안재홍선집 2』, p.61.

의는 배타 독선의 폐에 흐르는 완고한 국수주의적 경향에 빠지지 않도록 면밀히 주의해야 한다고 강조하였다.[359]

그는 민족은 조국 고토의 단일 혈연 집단으로 엄숙히 존재하는 것이고, 국제적으로 관계를 맺을 때에는 반드시 국제 협동·인류 대동을 추진하여 세계 일가를 자유의지로써 지향해야 한다고 보았다. 그러나 아무리 우호적이고 국제주의적인 국민일지라도 하나의 강대국이 하나의 이민족을 포용하는 경우, 그것은 반드시 지배적이요 예속적인 것으로 기울어지고, 따라서 하나의 민족은 반드시 독립 자주, 독립 자활의 정치적 체제를 자력으로 보장받기를 요구하기 때문에, 민족주의는 변함없이 존귀하고 준엄한 현실 객관의 존재라고 보았다.[360] 이를 통해 보면 그는 인류 대동, 세계 일가의 지향은 필요하지만, 그것이 하나의 국가, 하나의 체제를 지향하는 것이 되어서는 안 된다고 보고 있음을 알 수 있다. 앞서 1930년대의 민세주의에서 국제주의와 민족주의의 병존을 강조한 것과 거의 같은 내용이다. 그리고 그는 민족과 민족국가는 인류가 생존하는 동안 영원히 존재할 수밖에 없고, 그것이 오히려 바람직하다고 생각한 것으로 보인다. 이는 1930년대 민세주의 단계에서도 민족주의는 어떤 시대가 온다고 하더라도 말살될 수 없는 것이라고 생각했던 것과 거의 같다. 그는 민족주의는 인류가 생존하는 한 근원적인 이념이 될 수밖에 없는 것으로 간주하고 있었다.[361]

359. 안재홍선집간행위원회 편(1983), 「국민당 정강·정책 해설」, 『민세 안재홍선집 2』, p.76.
360. 안재홍선집간행위원회 편(1983), 「역사와 과학과의 신민족주의」, 『민세 안재홍선집 2』, p.242.
361. 안재홍선집간행위원회 편(1983), 「신민족주의와 신민주주의」, 『민세 안재홍선집 2』, p.23.

그러면 그가 말하는 신민족주의의 구체적인 내용은 무엇일까. 그는 1930년대의 민세주의 단계에서는 미처 언급하지 못하였던 정치적 측면에서의 신민족주의의 내용을 내놓았다. 그는 과거의 민족주의는 왕실·귀족, 지주·자본가, 군벌·종파 등이 부富·권權·지智 등을 독점적으로 지배하고 노동을 면제받는 이른바 지배와 피지배, 압박과 피압박, 착취와 피착취가 존재하는 계급 분열 및 대립적인 독점 지배 계급 본위의 국가주의 또는 민족주의였기 때문에 이것을 온전한 민족주의라고 보기는 어려웠다. 이제는 균등 사회·공영 국가를 지향, 완성하는 신민족주의, 즉 진정한 민주주의의 토대 위에 존립되는 전 민족 동일 운명의 민족주의가 되어야 한다고 주장하였다. 따라서 그는 자신이 주도하여 만든 국민당의 강령 안에 '국민개로國民皆勞와 대중공생大衆共生을 이념으로 신민주주의의 실현을 기함'이라는 조항을 넣었던 것이다.

그는 이와 같이 민족 내부의 공존공영을 강조하는 입장에서, 계급투쟁의 지양·청산을 주장하였다. 그는 신민족주의의 특색은 "폭력에 하소연하는 계급투쟁을 지양·청산시키며, 적색 지배를 도입하는 공산 모략을 방지·극복하고, 동포와 조국과 자유를 위하여 전 민족이 협동하는 진정한 민주주의, 민족 자주, 독립국가로서 민족문화를 앙양 심화하면서, 국제 협조의 노선에 병행 쌍진"하는 데 있다고 설명하였다.[362]

안재홍은 일제 지배하에서 전 민족이 계급을 막론하고 굴욕과 수탈의 대상이 되었다고 보고, 이제 또 전 민족적·초계급적으로 해

---

362. 안재홍선집간행위원회 편(1983), 「역사와 과학과의 신민족주의」, 『민세 안재홍선집 2』, p.242.

방되었으므로 역시 계급을 뛰어넘어 통합된 민족국가를 건설해야 한다고 주장하였다. 그는 계급 독재는 분열된 여러 계급의 대립 투쟁을 전제로 비로소 요청되는 것인데, 동일한 피예속·피착취의 운명에서 다함께 해방된 한국 사회에서는 자본주의적 계급 독재가 현재 존재하지도 않고 앞으로 성립될 수도 없다고 보았다. 또 민족국가 건설의 과제가 남아 있고, 또 일제 잔재의 청산이라는 문제가 남아 있는 시점에서, 다시 민족 내부의 분열이 있다면 이는 민족사를 다시 불행에 빠뜨리게 될 것이라고 경고하였다. 그는 결론적으로 모든 진보적이요 반제국주의적인 지주地主·자본가·농민·노동자 등 모든 계층을 통합하여, 만민 공생을 이념으로 하고, 계급 독재를 지양한 신민주주의의 국가를 건설해야 한다고 주장하였다. 결국 그의 신민족주의란 안으로는 민족 내 각 계층의 협동의 공동체를 세우고, 밖으로는 국제 협동의 분담자로서의 굳건한 민족국가를 보유해야 한다는 것이었다.[363]

국민개로·만민공생의 이념은 '신민주주의' 혹은 '다사리 이념'이라고 표현되기도 하였는데, 이것이 신민족주의의 정치적 측면의 주된 내용이었고, 민세주의에서는 보이지 않았던 것이었다. 즉 민세주의가 '문화적 민족주의'의 성격에서 벗어나지 못하였다면, 신민족주의는 정치적·경제적 측면에서의 민족주의였다고 할 수 있다. 안재홍의 이와 같은 계급투쟁 지양론, 만민 공생론 등은 식민지 시기 그의 신간회 운동론, 즉 민족 협동 전선론의 연장선 위에 있다

---

363. 안재홍선집간행위원회 편(1983), 「신민족주의와 신민주주의」, 『민세 안재홍선집 2』, pp.55 ~58.

고 할 수 있다. 그는 당시에도 사회주의자들에 대해 민족 내부의 계급투쟁보다는 제국주의자들과 맞서 싸우기 위한 민족 협동 전선이 중요하다는 것을 누누이 강조하였다.[364]

한편 신민족주의에서도 문화적 성격은 여전히 남아 있었다. 그는 문화의 측면에서는 "민족문화의 전면적 앙양과 인류 대동의 조류에 순응"할 것을 제창하였다. 그는 민족문화는 어느 한 계급에 의해 독단되는 것이 아닌 모든 계층의 요구에 부합하는 것이 되어, "민족 특수의 취미·속상 및 기타 전통적인 이채를 드러내는 향토성을 가진 문화를 순화醇化 앙양케 함을 요한다"고 지적하였다.[365] 이 부분은 민세주의의 단계와 거의 같다.

안재홍은 앞서 본 것처럼 1930년대 민세주의 단계에서 한국의 역사와 민족성 등에 대해 매우 비판적이었다. 그는 해방 이후의 시점에서도 한국의 민족문화는 매우 어려운 상황에 있다고 보았다. 한국은 동방에서 가장 오래된 나라의 하나이지만, 문화적으로는 후진 국가라고 보았다. 과거 중세기에는 중국의 문화적 요소와 그 침식 밑에서 국민 문화를 순화·앙양할 기회를 갖지 못하였고, 최근 40년간에는 일본 제국주의의 침략 밑에서 다시 비조선적인 요소가 증강되어 조선의 민족문화는 거의 질식 상태에 빠져, 조선은 반신불수적인 병적 문화의 범주에 구속되었다고 그는 진단하였다. 한국은 반만년 오랜 역사를 가진 나라이지만 일개의 완성된 국민적 역

---

364. 이에 대해서는 박찬승(1995), 「일제하 안재홍의 신간회운동론」, 『근대 국민국가와 민족문제』, 지식산업사 참조.
365. 안재홍선집간행위원회 편(1983), 「국민당 정강·정책 해설」, 『민세 안재홍선집 2』, p.67.

사와 국어사전조차 없고, 고유한 철학과 문학 사상도 아직 황무지인 상황에서 간신히 발생 단계에 있다고 하였다. 국어사전은 수십년의 힘든 과정을 거쳐 간신히 제작 과정에 있으며, 역사는 아직도 처녀지적 상태에 빠져 있다고 보았다. 민족의 고유한 철학 사조는 전연 미개척의 상태에 있고, 국민문학도 아직 미완의 상태에 있다고 보았다. 따라서 국가적 차원에서의 진흥과 우수한 인재들의 연구가 있어야 할 것이라고 지적하였다.[366] 결론적으로 그는 국민 문화 · 민족 문화의 순화 · 앙양은 농민 · 노동자 등 대중 문화의 앙양과 병행하여 이루어져야 하며, 민족적 자부와 긍지가 앙양 · 강화되는 한편, 널리 국제적 협동과 인류 대동의 사조에 적응 · 조합하게하는 방향에서 이루어져야 한다고 주장하였다.[367]

이렇게 볼 때 해방 이후의 '신민족주의'는 1930년대의 '민세주의'의 연장선상에 서 있으면서도, 민세주의에서는 주로 문화적 측면을 언급하고 미처 언급하지 못하였던 정치적 · 경제적 측면에 대해 자세히 언급하고 있다고 볼 수 있다. 또 신민족주의는 민세주의에서 주로 대외적인 측면(국제성과 특수성)에 대해 논하고 미처 언급하지 못했던 민족 내부의 문제에 대해 자세히 언급하고 있다고 볼 수 있다. 즉 문화적 민족주의의 성격에 머물렀던 '민세주의'가 정치적 · 경제적 측면으로까지 확대되면서 '신민족주의'로 발전한 것이다.

---

366. 안재홍선집간행위원회 편(1983), 앞의 글, p.75.
367. 안재홍선집간행위원회 편(1983), 앞의 글, p.77.

김구의 자유주의적·문화적 민족주의론

해방 이후 귀국한 김구는 1947년 『백범일지』를 발간하면서 그 부록으로 「나의 소원」이라는 글을 덧붙였다. 김구는 이 글에서 자신의 민족관, 민족주의, 정치사상을 밝혔다. 주지하듯이 김구는 이 글에서 자신의 소원은 오로지 '대한 독립'에 있다고 밝혔다. 즉 완전하게 자주 독립된 나라를 세우는 것이 70 평생 자신이 가져온 유일한 소원이라는 것이었다. 그는 해방 이후 좌우의 대립에 대해서 "이른바 좌우익이란 것도 결국 영원한 혈통의 바다에 일어난 일시적인 풍파에 불과하다는 것을 잊어서는 안 된다. 이렇게 모든 사상도 가고 신앙도 변한다. 그러나 혈통적인 민족만은 영원히 성쇠흥망의 공동 운명의 인연에 얽힌 한 몸으로 이 땅 위에 나는 것이다"라고 말하였다.[368] 이에서 보면 그는 민족을 혈통을 중심으로 생각하고 있고, 그러한 혈통에 기초한 민족은 영원한 것이라는 생각을 갖고 있었음을 알 수 있다.

김구는 우리 민족이 해야 할 최고의 임무는 첫째로 남의 통제도 받지 아니하고 남에게 의뢰도 하지 않는 완전한 자주 독립의 나라를 세우는 일이며, 둘째로 이 지구상의 인류가 진정한 평화와 복락을 누릴 수 있는 사상을 낳아 그것을 먼저 우리나라에 실현하는 일이라고 말하였다. 그는 "내가 원하는 우리 민족의 사업은 결코 세계를 무력으로 정복하거나 경제적으로 지배하려는 것이 아니다. 오직 사랑의 문화, 평화의 문화로 우리 스스로 잘 살고 인류 전체가 의좋게 즐겁게 살도록 하는 일을 하자는 것이다. 어느 민족도 일찍 그러한 일을

---

368. 김구(1997), 「나의 소원」, 『백범일지』, 이만열 옮김, 역민사, pp.365~366.

한 이가 없었으니, 그것을 공상이라고 하지 말라. 일찍 아무도 한 자가 없기에 우리가 하자는 것이다"라고 말하였다.[369] 이는 1910년대 박은식이 말한 '민족평등주의'의 사상, 3·1운동 당시 한용운이 말한 '민족자결주의'의 사상을 그대로 이은 것이라 할 수 있다.

한편 김구는 자신의 정치 이념은 한마디로 '자유'라고 표현하였다. 그는 "우리가 세우는 나라는 자유의 나라가 되어야 한다"고 주장하였다. 그는 자유와 자유 아님이 갈리는 것은 개인의 자유를 속박하는 법이 어디에서 오느냐 하는 데 달려 있다고 보았다. 즉 자유가 있는 나라의 법은 국민의 자유로운 의사에서 오고, 자유 없는 나라의 법은 국민 중의 어떤 한 개인 또는 한 계급에서 온다고 말하였다. 그는 한 개인에서 오는 것을 전제 또는 독재라 하고, 한 계급에서 오는 것을 계급 독재라고 하고, 통칭 파쇼라고 한다고 설명하였다.[370]

물론 김구는 "나는 우리나라가 독재의 나라가 되기를 원하지 않는다"고 말하였다. 그는 독재 가운데에서도 가장 무서운 독재는 어떤 '주의', 즉 철학을 기초로 하는 계급 독재라고 보았다. 그는 수백 년 동안 조선에서 행해 온 계급 독재는 유교, 그 가운데에서도 주자학파의 철학을 기초로 한 것이어서 정치에서의 독재만이 아니라 사상·학문·사회생활·가정생활·개인생활까지도 규정하는 독재였다고 보았다. 그는 공산당이 말하는 소련식 민주주의란 독재 정치 중에서도 가장 철저한 것이어서 독재 정치의 모든 특징을 극단으로 발휘하고 있다고 보았다.[371]

---

369. 김구(1997), 앞의 글, p.367.
370. 김구(1997), 앞의 글, p.368.
371. 김구(1997), 앞의 글, p.369.

그는 어느 한 사상이나 종교로써 국민을 속박하는 것은 옳지 않은 일이며, 또 나라를 쇠퇴하게 만드는 일이라고 보았다. 그는 다양한 사상과 종교를 가진 나라에서 높은 수준의 문화가 탄생할 수 있다고 다음과 같이 말하였다.

> 산에 한 가지 나무만 나지 않고, 들에 한 가지 꽃만 피지 않는다. 여러 가지 나무가 어울려서 위대한 삼림의 아름다움을 이루고 백 가지 꽃이 섞여 피어서 봄들의 풍성한 경치를 이루는 것이다. 우리가 세우는 나라에는 유교도 성하고 불교도 예수교도 자유로 발달하고, 또 철학으로 보더라도 인류의 위대한 사상이 다 들어와서 꽃이 피고 열매를 맺게 할 것이니 이러하고야만 비로소 자유의 나라라 할 것이요, 이러한 자유의 나라에서만 인류의 가장 크고 가장 높은 문화가 발생할 것이다.[372]

위의 글에서 김구의 민족주의는 자유주의, 문화적 다원주의에 기초한 민족주의임을 알 수 있다. 김구는 독재를 배격하면서 동시에 '민주주의'의 나라를 세울 것을 강조하였다. 그는 "민주주의란 국민의 의사를 알아보는 한 절차 또는 방식이지 그 내용은 아니다. 즉 언론의 자유, 투표의 자유, 다수결에 복종, 이 세 가지가 곧 민주주의인 것이다"라고 말하였다.[373] 그는 "나는 어떠한 의미로든지 독재 정치를 배격한다. 나는 우리 동포를 향하여서 부르짖는다. '결코 독재 정치가 아니 되도록 조심하라'고. '우리 동포 각 개인이 십분의

---

372. 김구(1997), 앞의 글, p.370.
373. 김구(1997), 앞의 글, p.371.

언론 자유를 누려서 국민 전체의 의견대로 되는 정치를 하는 나라를 건설하자'고"라고 말하였다.[374]

위에서 본 것처럼 김구가 말하는 자유주의, 민주주의는 '개인의 자유'에 기초한 것이었다. 하지만 그는 "최고 문화로 인류의 모범이 될 것을 사명으로 삼는 우리 민족의 각원은 이기적 개인주의자여서는 안 된다. 우리는 개인의 자유를 극도로 주장하되 그것은 저 짐승들과 같이 저마다 제 배를 채우기에 쓰는 자유가 아니요, 제 가족을, 제 이웃을, 제 국민을 잘살게 하기에 쓰이는 자유다. 공원의 꽃을 꺾는 자유가 아니라 공원에 꽃을 심는 자유다"라고 말하였다.[375] 즉 개인의 자유를 충분히 주장하되, 그 자유는 이기주의적인 자유가 아니라 남과 공동체에 기여할 수 있는 자유가 되어야 한다는 것이었다.

이상에서 본 것처럼, 김구의 민족주의는 자유주의·민주주의·문화주의에 기초한 것이었으며, 이러한 민족주의는 한말 이래 1945년 해방의 그날까지 한국의 민족주의자, 한국의 민족운동가들이 발전시켜 온 한국 민족주의의 가장 성숙한 단계를 보여 주는 것이었다.

백남운의 민족주의론

백남운은 해방 직후에 낸 『조선 민족의 진로』라는 책에서 "대체로 민족은 국가 형성의 기초인 만큼 국가 성립의 맹아 형태가 부족

---

374. 김구(1997), 앞의 글, p.372.
375. 김구(1997), 앞의 글, p.374.

적 정치 조직의 내부에서 배태된 것으로 볼 수 있다. 이를 전제로 한다면 국가적 자기 형성의 경향과 의식을 가진 민족의 기원은 삼한 때부터로 소급할 수 있을 것이다"라고 말하였다. 하지만 그는 그 당시의 민족이 과연 근세적인 민족의식을 가졌는지는 의문이라고 지적하였다.

그는 "조선 민족의 인종학적 기원은 오래되었다 할지라도 근대적 의미의 민족의식은 인정할 수 없는 것이며, 민족의식이 아직 일어나지 못한 시대에는 민족주의의 원칙적 주관 요소가 결여된 만큼 객관적 요소가 갖추어졌다 할지라도 아직 민족주의는 육성될 수 없었던 것"이라고 지적하였다. 즉 "봉건 기구가 붕괴되는 이조 말기에 이르기까지는 근세적 민족의식을 규정할 수 없는 것이고, 따라서 민족주의도 육성되지 못하였던 것"이라고 보았던 것이다.[376]

백남운은 개항 이후 일본·청국과의 근대적 외교 관계 수립, 서양 문화의 유입 등의 상황에서 외래 자본주의의 공세에 대한 대외적 수세, 자주 독립의 의욕 등으로 말미암아 봉건적 신분제를 철폐한 민족국가를 실현하고자 하는 시대적 요구가 고조되었다고 보았다. 즉 그는 소극적인 내적 민족주의가 1910년까지도 지도적인 이념이었다고 본 것이다. 그리고 1910년 이후 일제의 압박 아래에서 민족주의는 그 이념을 제대로 펼치지 못하였다고 보았다.[377]

그는 민족주의란 "영토의 주권을 인정하는 동시에 민족의 요구에 적응한 정부를 스스로 조직함으로써 민족국가를 완성하는 권리

---

376. 백남운(2007), 앞의 책, pp.43~44.
377. 백남운(2007), 앞의 책, p.45.

를 각 민족에게 인정하는 것"이라고 보았다. 즉 독립된 주권국가로서의 민족국가를 완성하려는 것이 민족주의의 기본 속성이라고 본 것이다. 그리고 그는 이를 '외적 민족주의'라고 규정하였다. 그는 이 외적 민족주의는 ① 지배 국가의 압박을 배제하고 정치적으로 자주적인 독립 국가를 건설하려는 것이며, ② 그 정치 형태는 광무년간의 내적 민족주의와는 달라서 자유민주주의의 대표 국가인 미국식의 정권 형태를 취하려 하며, ③ 후진 사회인 만큼 주체적으로 자본주의 체제를 재현하려는 의욕이 사회 해방의 노력보다 훨씬 농후하여, 계급 대립의 관계를 민족 통일의 개념으로 포섭하며, ④ 전통 문화를 비판적으로 섭취하기보다는 그 민족문화의 우수성을 강조하며, 사회 문화의 창건을 기도하기보다는 국수적인 국민 문화를 강화하려는 경향을 띠고 있다고 보았다.[378]

한편 그는 흔히 공산주의를 반대하는 이유로서 공산주의가 민족을 무시하기 때문이라고 하지만, 이는 잘못된 것이라고 지적하였다. 그는 공산주의 이론의 완성자인 마르크스는 아일랜드 민족의 민족운동을 원조할 것을 강조한 바 있었고, 공산주의 이론의 정치적 성공자인 레닌V. I. Lenin은 약소민족의 민족운동자를 사회운동자의 맹우로서 적극적으로 원조할 것을 주장하고 또 민족 자결권을 강조하였으며, 스탈린의 민족 정책은 민족의 외교권과 군사권에까지도 자결권을 부여하였다고 지적하였다. 따라서 공산주의가 민족을 무시한다는 비난은 날조의 구실이 아니면 무식을 고백한 것에 불과한 것이며, 만일 공산주의자의 부주의로 그러한 인상을 주었다

---

378. 백남운(2007), 앞의 책, pp.46~47.

면 공산주의자들이 반성해야 할 일이라고 지적하였다.[379]

결론적으로 그는 민족주의와 공산주의의 공통적인 측면을 부각시켜 '연합'을 강조하고자 하였다. 그 이유는 다음과 같다. 먼저 그는 문화 정책 면에서 민족주의와 공산주의는 전자가 국수 문화 또는 국민 문화를 강조하는 데 대하여 공산주의는 사회 문화를 강조하는 점이 다르다고 지적하였다. 그러나 이것이 양자의 정치적 대립을 가져올 만큼 커다란 차이는 아니라고 보았다. 또 정치 형태에서 전자는 자유민주주의를, 후자는 프로민주주의를 지향하지만, 조선의 현 단계에서 어느 하나를 선택하기는 어렵기 때문에 필연적으로 연합성 민주 정권의 형태를 취할 수밖에 없다고 주장하였다. 그는 민족주의와 공산주의의 가장 큰 차이는 경제적 측면에서 전자는 자본주의적 경제를 재현하여 '국민주의'로 나아가려 하고, 후자는 사회주의적 경제를 실현하여 계급 대립을 해소하고 명목적인 단일민족을 명실상부한 무계급의 단일민족으로 발전시켜 나가려 하는 데 있다고 보았다. 백남운은 당시 우리의 현실에서는 자본주의적 경제의 재현이나 공산주의적 경제의 수립은 모두 불가능하고 바람직하지 않다고 보았다. 그는 조선에 필요한 것은 '민주 경제'를 수립하는 것이며, 이를 위해서는 민족주의자와 공산주의자가 연합 토의할 역사적 임무가 있다고 주장하였다. 따라서 그는 당시로서는 '연합성 민주 정권'의 수립이 역사적으로 요청되는 시기라고 주장하였다.[380] 백남운의 이와 같은 주장은 '연합성 신민주주의론'으로

---

379. 백남운(2007), 앞의 책, p.49.
380. 백남운(2007), 앞의 책, pp.55~61.

흔히 일컬어진다.[381]

민족청년단의 민족 지상 · 국가 지상주의론

해방 이후 일본의 파시즘은 물러갔다. 그러나 파시즘의 사상적 뿌리까지 완전히 사라진 것은 아니었다. 특히 해방과 독립이라는 상황 변화는 그간 민족운동에 참여했던 민족주의자에게 민족 통일, 단결, 부국강병 등을 목표로 한 파시즘의 유혹을 떨쳐 버리기 힘든 새로운 변수가 되었다.

이러한 상황에서 가장 먼저 국가 지상과 민족 지상주의를 들고 나온 것은 민족청년단이었다.[382] 민족청년단을 조직한 것은 1920년 청산리 전투의 지도자로 참여해 이름을 날렸으며, 1940년대 초에는 광복군 참모장과 제2지대장으로서 활약했던 이범석이었다. 그는 1946년 6월 귀국하여 10월 민족청년단을 창설하였다. 이범석은 해방 직후 좌우 대립 속에서 민족의 자유와 독립이 위태롭다고 판단하였다. 그는 민족의 자유와 조국의 독립은 민족의 단결을 통해서만 얻을 수 있으며, 민족의 단결은 민족과 조국에 이바지하려는 순정한 정열과 의지, 예지를 기초로 한 민족 주류의 조직 형성을 통해서만 가능하다고 생각하였다. 여기서 그는 민족 주류의 형성을 위해 청년단을 만들 필요가 있다고 생각하였다. 그는 지난날 독일이나 이탈리아, 터키가 부흥할 수 있었던 것은 오로지 그 나라 청년들

---

381. 이에 대해서는 방기중(1992), 『한국 근현대사상사 연구』, 역사비평사 참조.
382. 이 부분은 박찬승(2007), 앞의 책, pp.346~353을 요약 · 수정한 것이다.

의 결속된 역량이 있었기에 가능하다고 보았다. 그는 "청년의 궐기로써 우리의 자유와 독립의 터전을 닦자"는 생각에서 민족청년단을 만들었던 것이다.[383]

이범석은 민족청년단을 결성하면서 5가지 원칙을 세웠다. 그것은 ① 민족 지상·국가 지상, ② 대내 자립·대외 공존, ③ 착안원대着眼遠大·착수비근着手卑近, ④ 비정치非政治·비종파非宗派·비군사非軍事, ⑤ 과학적·조직적 운동 등이 그것이다. 여기서 주목할 것은 민족 지상·국가 지상의 원칙이다. 그는 세계사의 현실은 모든 민족, 모든 국가의 진정한 자유와 독립을 위해 노력하는 것이 아니라 자기 민족, 자기 국가의 이익 추구를 위해 다른 민족과 국가의 자유와 독립을 유린한다고 보았다. 그는 이런 현실에서 "오직 건전한 민족정신에 의한 우리 민족의 자유와 독립이 절대 지상 과제"라고 생각하고 위의 민족 지상·국가 지상의 원칙을 설정했다고 설명하였다.[384]

그는 당시의 세계사를 민족주의의 시대로 파악하였다. 즉 파시즘과 공산주의, 그리고 민주주의가 있지만, 그 기반은 모두 민족 세력의 신장에 두고 있다는 것이었다.[385] 여기서 그의 민족주의는 민족 지상주의로 나아간다. 그는 "우리가 끝까지 잊어서는 안 될 또 하나의 일은 민족을 떠나서 개인이 없다는 것이다. ……외족의 지배하에 있는 민족에게는 그 민족의 복리를 위한 법이 성립되지 않는 것이니

383. 이범석(1999), 「나와 청년운동」, 『민족과 청년』, pp.82~83.
384. 이범석(1999), 앞의 글, p.84.
385. 이범석(1999), 「민족론」, 『민족과 청년』, p.55.

개인의 인권이 보장될 리 없는 것"이라고 그는 생각하였다.[386]

여기서 그의 '민족'론을 자세히 살펴보자. 그는 한 민족을 형성하는 요소는 혈통 · 영역 · 문화 · 운명의 4가지라고 보고, 이 요소들이 오랜 시간에 걸쳐 민족을 형성 · 발전시켜 나간다고 생각하였다. 이 가운데 그가 가장 중요하게 생각한 것은 혈통이었다. 그는 혈통의 공통성을 민족 형성의 기본 조건이라고 생각하였고, 이 점에서 "우리 민족은 자랑스러운 전형적인 단일민족"이라고 보았다. 그는 희귀한 단일 혈통, 오랜 동일 영역 유지, 공통의 문화 소유, 철저한 공동 운명 등을 지녔다는 측면에서 한국 민족은 세계에서 가장 빈틈없이 훌륭하게 형성된 민족이라고 생각하였다.[387]

그는 또 "인류의 역사는 거의 번영과 권세 또는 영예와 생존을 위한 족속 대 족속의 투쟁으로 시종하였다"면서, 여기서 족속은 아득한 고대에는 씨족이었고, 다음 단계에는 종족이었으며, 민족이 형성된 이후에는 민족을 가리킨다고 말하였다. 그는 제2차 세계대전도 사실은 주의와 주의의 싸움이라기보다는 민족과 민족의 투쟁이었다고 주장하였다. 그는 역사에서 민족과 민족 간의 투쟁은 결코 무의미한 것이 아니었다고 보았다. 그것은 본디 투쟁하려는 의욕은 자아 발전의 의욕에 근거한 것이기 때문이라는 것이다. 그는 자아 발전을 위해 타아를 침략하는 경우 이는 옳지 못한 투쟁이긴 하지만, 그러나 이는 자아의 발전을 위한 의욕에서 나온 것이기 때문에 불가피한 것이며, 그것을 통해 발전이 이루어진 것도 부인할

---

386. 이범석(1999), 앞의 글, p.53.
387. 이범석(1999), 앞의 글, pp.30~31.

수 없는 것이라고 보았다.[388] 이처럼 자민족의 발전을 위해 타민족을 침략하는 것은 불가피한 일이라고 생각하는 그의 민족 간 투쟁론은 그가 말하는 민족 지상주의의 위험한 측면을 그대로 드러내고 있다.

이러한 점은 그의 혈통에 대한 숭배에서도 잘 나타난다. 그는 "우리는 히틀러가 억지로 순혈 운동을 벌였던 일을 기억하고 있다. 그것은 독일 민족의 역사적 배경으로 보아 사실상 불가능한 일이긴 했지만, 현실적으로 유태인을 배척함으로써 민족적 결속에는 심대한 효과가 있었다"면서, 이러한 예를 보아도 피의 순결이 얼마나 고귀한 것인가 알 수 있다고 말하였다.[389] 이와 같은 그의 혈통주의는 얼마든지 인종적 배타주의로 이어질 수 있는 것이었다.

그렇다면 그는 국가에 대해서는 어떤 생각을 갖고 있었을까. 그는 민족이 생존의 공동체라면 국가는 생활의 공동체라면서, 국가는 민족의 복리를 위해 권력을 집행하는 기구이기 때문에 필요하다면 권력이나 무력을 발동해서라도 민족의 복리에 배반되는 내외의 온갖 요소를 배제하고 민족의 복리를 증진시키기 위해 제반 조치를 강구하게 된다고 보았다. 그는 "우리가 세우려는 국가는 완전한 주권국가인 동시에 단일민족국가이며, 제도적으로 개인적 또는 집단적 특권을 허용하지 않는" 국가라고 말하였다. 즉 주권은 3천만 민족에게 있고, 온 동포가 정치적·경제적·문화적으로 권리와 지위, 책임이 기본적으로 균등한 국가 바로 '민족 지상'의 국가라는 것이

---

388. 이범석(1999), 앞의 글, pp.31~34.
389. 이범석(1999), 앞의 글, p.48.

다. 그는 아직 한국 민족에게는 국가가 없으니 국가 수립이 지상의 요구이며, 이를 위해 모든 민족이 희생적·헌신적으로 분투해야 한다고 주장하였다.[390]

그는 '개인'에 대해서는 "우리는 개인의식이 민족의식에 앞서는 경우가 많다"면서, 개인의식이 확대되면 민족의식에 대립되는 당파의식과 계급의식이 생기게 된다면서 '개인의식'을 비판하였다. 그는 "우리는 먼저 개인의식이 창궐하는 것을 철저하게 소탕해야 한다. 민족의 복리를 위한 투쟁의 길이 아무리 요원하고 험난해도 우리는 이것을 배반하고 구차하게 개인의 이익을 꾀해서는 안 된다"고 말하였다.[391] 사리사욕을 추구하는 개인의식을 비판하면서 민족의식으로 먼저 무장해야 한다는 것이 그의 주장이었다.

이상에서 그의 민족 지상, 국가 지상주의를 살펴보았다. 민족의 혈통을 강조하는 등 배타성이 강하고, 민족의 발전을 위해서는 대외적 침략도 불가피한 것으로 인정하는 등 파시즘적 성향이 분명하였다. 또 개인의 권리나 이익보다는 민족과 국가의 자유와 이익을 먼저 추구해야 한다고 주장하고 있었다. 이는 아직 한국 민족이 독립국가를 제대로 갖지 못한 상태에서 민족의 자유와 국가의 독립을 우선적으로 추구해야 한다는 생각에서 나온 것으로 해석될 수 있다. 그러나 여기서 개인의 자유와 권리는 거의 언급하지 않고, 국가와 민족만을 강조하고 있음도 역시 파시즘과 유사하다.

이범석이 민족청년단의 이념으로서 '민족 지상, 국가 지상'을 설

---

390. 이범석(1999), 「민족과 국가」, 『민족과 청년』, pp.56~62.
391. 이범석(1999), 「민족론」, 『민족과 청년』, pp.45~46.

정한 배경에는 역사학자 정인보·황의돈黃義敦, 철학자 안호상·강세형姜世馨 등의 조언이 있었다고 한다.[392] 이 가운데 특히 독일 예나 대학 출신의 안호상의 조언이 큰 역할을 하였을 것으로 생각된다. 그레고리 헨더슨Greory Henderson은 "민족청년단은 미국인과 한국인 양쪽으로부터 파시스트적이라는 비난을 받았다. 그 훈련소는 나치스 세대의 예나 대학 졸업생으로서 헤겔 학도이며 히틀러 유겐트의 숭배자인 안호상 박사의 정신적 지도하에 있었다"고 쓴 바 있다.[393]

그러나 '민족 지상, 국가 지상'이란 용어는 이때 처음 등장한 것은 아니었다. 이미 광복군 시절 제1지대장 김학규金學奎는 광복군의 기관지에 실린 글에서 광복군의 첫 번째 당면 과제로서 "민족 해방 지상, 국가 독립 지상의 원칙 아래에서 전 민족의 인력, 물력을 광복군 군사 운동에 총집중하여 적군에게 총공격을 개시할 것"을 제기하였다.[394] 그러면 이들은 어디에서 '민족 지상, 국가 지상'이라는 말을 배웠을까. '민족 지상, 국가 지상'이라는 말은 1920년대 중국의 국가주의자들이 만든 용어였다. 1919년 5·4 운동을 전후하여 증기曾琦·이황李璜·여가국余家菊 등은 프랑스에 유학하여 당시 프랑스가 러시아혁명과 마르크스주의의 파급을 억제하고 국가사상을 고취하는 것을 보고 국가주의 사상을 보다 철저히 갖게 되었다. 이들은 당시 중국 국민당이 러시아와 제휴하고 용공적 태도를 보이고 있는 데에 대해 반감을 갖고 독자적인 국가주의적 정치 단체가 필요하다고 생각하게 되었다. 이에 따라 그들은 1923년 12월 파리 근

---

392. 이범석장군기념사업회 편(1992), 『철기 이범석 평전』, 삼육출판사, pp.126~127.
393. 이범석장군기념사업회 편(1992), 앞의 책, p.136.
394. 김학규(1941), 「한국광복군의 당면공작」, 『광복』 제1호, p.14.

교에 모여 '중국청년당'을 결성하였다. 1924년 9월 그들은 귀국하여 중국 국가주의 청년단의 이름으로 『성사醒獅』라는 잡지를 내는 등 선전 활동을 시작하였다. 그리고 1929년에는 제4차 당대표 대회를 열고 중국청년당의 이름을 공개하였으며, 이후에도 기관지를 중심으로 선전 활동을 전개하였다. 이들은 기본적으로 '국가 지상, 민족 지상'을 표방하면서, 마르크스주의에 반대하고, 제국주의와 봉건 군벌에 반대하는 입장을 표명하였다. 국가주의자들은 민족의식과 민족의 부흥을 강조하고 특히 민족정신, 국혼 등을 강조하였다. 이들은 중국의 민족정신이란 중국의 전통적인 윤리와 도덕을 가리키며, 구체적으로는 충효·인애·신의·화평 등을 가리킨다고 주장하였다. 또 유가적 충효 사상은 중국식 국가주의의 결정結晶이라고 말하기도 하였다. 이들은 "국가주의란 개인·민족·종교·계급·당파적 이익을 초월하여 국가의 이익을 옹호하는 주의"라고 설명하였다. 이들은 "국가는 최고 무상의 것으로서 개인의 도덕과 책임은 모든 것을 희생하여 국가를 옹호하는 데에 있다"고 말하였다. 이들은 "개인은 국가에 의해 존재하며, 국가가 없으면 개인은 없으므로, 개인을 희생하여 국가에 진충하는 것이 마땅하다"고 주장하였다.[395] 중국의 국가주의는 민족의식과 애국심을 불러일으키는 데에는 어느 정도 긍정적 역할을 하였다고 평가되지만, 초계급적 국가관을 가졌던 것과 국가를 종교의 숭배물처럼 간주한 것, 그리고 개인을 오로지 국가의 희생물로서 간주한 것 등은 문제점으로 지적되고 있다.

---

395. 吳雁南 外(1998), 「國家主義的 傳統」, 『中國近代社會思潮(1840~1949) 3』, 湖南教育出版社, 제10편 제1장, 특히 pp.189~216 ; 체스타탄(1977), 『중국현대정치사상사』, 민두기 옮김, 지식산업사.

한편 중국청년당은 1920년대 말 이후 사실상 장제스蔣介石가 이끄는 국민당의 외곽 정당이 되었고, 극우 노선을 걸으면서 반공·반소 노선에 앞장서는 등 극우 정당의 성격에서 벗어나지 못한 채 1949년 이후 국민당을 따라 대만으로 갔으나 내분 등으로 몰락하고 말았다.[396]

이범석 등 광복군 장교들이 중국청년당의 영향을 받았는지에 대해서는 분명한 기록이 없어 알 수 없다. 그러나 이들은 중국 국민당의 장제스를 숭배하고 있었다.[397] 따라서 이들이 국민당의 주변 정당이던 중국청년당에 대해 몰랐을 리 없었을 것이다. 따라서 해방이후 귀국한 이범석은 중국청년당의 이름을 본떠 민족청년단을 만들었던 것으로 보이며, '민족 지상, 국가 지상'의 구호는 중국청년당의 그것을 그대로 빌려 온 것이라 생각된다.

---

396. 蔣建農 主編(1997), 『影響二十世紀中國的十種社會思潮』, 陝西人民出版社, pp.90~91.
397. 정인보는 이범석이 장개석을 모범으로 행동과 사상을 본받았다고 말하였다[이범석(1999), 「이장군논설집에 부쳐」, 앞의 책 참조].

8. 이승만 정권의 민족주의 : 일민주의

1948년 9월 대한민국 수립 이후 이승만이 내세운 일민주의도 위의 '민족 지상, 국가 지상주의'와 유사하였다.[398] 초대 대통령 이승만은 "일민주의로써 민족 단일체를 만들어야 한다"면서 일민주의를 제창하였다.[399] 이승만은 "한 백성(一民)인 국민을 만들어 민주주의의 토대를 마련하고 공산주의에 대항한다"는 명분으로 이를 제창한 것이었다. 그는 일민주의의 목표를 혈통과 운명이 같은 한 겨레, 한 백성의 핏줄과 운명을 끝까지 유지 · 보호하고, 이렇게 함으로써 일민의 나라, 일민의 세계를 만들어 세계의 백성들이 자유와 평화, 행

---

398. 이 부분은 박찬승(2007), 앞의 책, pp.353~359를 요약 · 수정한 것이다.
399. 『동아일보』 1949. 1. 29.

복과 명예를 누리도록 한다는 데 설정하였다. "흩어지면 죽고, 뭉치면 산다"는 구호는 일민주의의 상징적 표어였다. 이승만의 일민주의는 자본주의의 '돈 숭배주의'와 공산주의의 유물론을 모두 배척하고, 양자를 지양하는 사회 경제 체제를 지향하였다. 이승만은 일민주의의 4가지 강령을 제시했는데, 그것은 ① 경제적으로 빈곤한 인민의 생활 정도를 높여 부유하게 하여 누구나 같은 복리를 누리게 할 것, ② 정치적으로 대다수 민중의 지위를 높여 누구나 상등 계급의 대우를 받게 할 것, ③ 지역의 구분을 타파하여 대한 국민은 모두 한 민족임을 표방할 것, ④ 남녀 동등주의를 실천하여 민족의 화복안위의 책임을 3천만이 똑같이 분담하도록 할 것 등이었다. 결국 이승만이 말하는 일민주의는 우리 민족이 동일 혈통·동일 운명을 지닌 공동체로서 남녀 상하·지방 파당·빈부귀천을 없애고, 균일 정치(민주 정치)·동일 교육(민족 교육)·통일 경제(민생 경제)를 달성하여 자유·진리·공정을 실현한다는 것으로 요약되었다.[400]

이 같은 일민주의의 강령을 보급하기 위해 1949년 9월 '일민주의 보급회'가 만들어졌다. 이사장은 윤석오尹錫五가 맡았으며, 국무총리였던 이범석은 명예회장이 되었다. 그러나 실질적으로 일민주의의 사상을 체계화하고 이를 발전시켜 나간 것은 문교부 장관이자 일민주의 보급회 부회장을 맡고 있던 안호상이었다. 안호상은 1950년 2월 『일민주의의 본바탕(本質)』이라는 책자를 펴냈다. 안호상은 일민주의가 만들어진 배경에 대해 다음과 같이 설명하였다. 그는 먼저 제2차 세계대전이 끝난 시점에서 바야흐로 민주주의와 공산주의의

---

400. 이승만(1949), 『一民主義槪述』, 일민주의보급회.

사상 전쟁이 본격화하고 있다고 파악하였다. 그는 이러한 시점에서 외래 관념을 맹목적으로 받아들일 것이 아니라 이를 비판적으로 소화하여 고유한 민족 사상에 맞게 함으로써 '우리의 주의와 사상'으로 만들어야 한다고 보았다. 그는 오늘날 사람마다 민주주의를 외치지만 그것이 반드시 우리의 참된 주의요, 지도 원리가 된다고 볼 수 없다고 하였다. 그는 과거 고구려 · 신라 · 백제 3국은 신라의 화랑주의에 의해 통일되었는데, 화랑주의는 단군의 홍익인간, 즉 '사람을 크게 유익하게 함'이라는 사상을 받아 민족과 조국에 대한 의리의 정신을 중심으로 삼았다고 보았다. 그는 "이제 남북이 갈라진 조국을 통일하려면 다시 화랑정신을 부르짖어야 할 것이다. 그러나 화랑정신만으로는 안 된다. 또 민주주의만으로도 안 된다. 민주주의는 흘러가는 사상일 뿐, 영원히 우리 민족의 지도 원리가 되기는 너무나 빈약하고 천박하다. 민주주의로써는 공산주의를 쳐부수기 어렵다. 여기서 우리는 우리 민족의 영원한 지도 원리로서 일민주의가 필요하다"고 주장하였다.[401]

안호상은 일민주의의 뜻을 풀이하면서 이는 '한겨레', 곧 '단일민족'을 강조하는 '한겨레주의'라고 설명하였다. 그는 우리 민족이 동일 혈통, 동일 운명을 가진 민족임을 특히 강조하였다. 여기서 동일 혈통, '한 핏줄'은 '일민'의 절대적 요소라고까지 그는 강조하였다. 안호상의 일민주의는 한국 민족주의 가운데 가장 혈통을 강조한 민족주의였으며, 이는 이후 한국 사회에 '단일민족' 이데올로기를 퍼뜨려 한국 민족주의가 '에스닉 내셔널리즘'의 성격을 지니게 하는

---

401. 안호상(1950), 앞의 책, pp.11~23.

데 큰 역할을 하였다. 한국 민족주의는 본래 '문화적 민족주의'의 성격이 강하였는데, 해방 이후 대두한 여러 계열의 단일민족론에 의하여 '에스닉 내셔널리즘', 즉 '혈통적 민족주의'로 후퇴하는 퇴행적 모습을 보인 것이다.

한편 안호상은 "가정이 가족의 집이라면 국가는 민족의 집이다. 민족은 어떠한 개인과 계급보다 더 귀중하며, 국가는 어떤 단체나 정당보다 더 크다. 민족과 국가를 가장 높게 또 귀중히 여김은 인생의 본성이요, 한 백성 일민의 본무이다"라고 말하였다.[402] 민족과 국가가 어떤 개인이나 계급, 단체보다 가장 귀중하다는 것을 강조한 것이다. 이는 그의 일민주의가 지닌 국가주의적 속성을 잘 보여 주고 있다.

안호상은 일민주의의 구체적 내용에 대해서는 다음과 같이 설명하고 있다.[403] 먼저 정치에서는 남녀, 상하의 차별 없이 하는 균일 정치, 민주 정치를 실현한다는 것이다. 그는 일민주의 정치는 먼저 항상 민족과 백성을 주인으로 하는 민주 정치, 어떤 개인과 계급, 종파와 당파가 아니라 민족 전체를 위한 정치를 의미한다고 설명하였다. 그는 일민주의의 나라 안에서 각 개인은 다 같이 자유로워야 한다고 말한다. 그러나 개인의 자유는 민족의 자유와 나라의 독립이 먼저 이루어진 뒤에 가능하기 때문에, 개인의 자유를 얻기 위해서는 먼저 민족과 나라의 자유를 피로써 지키지 않으면 안 된다고 주장하였다.

402. 안호상(1950), 앞의 책, p.32.
403. 이하의 설명은 안호상(1950), 앞의 책을 요약한 것이다.

일민주의 교육과 관련해서는 ① 지방과 파당의 차별 의식을 없애는 교육을 할 것, ② 민족주의로써 교육할 것, ③ 진리를 교육할 것 등을 강조하였다. 여기서 그는 '민족 교육'은 정체모를 민주주의나 공산주의가 아닌 일민주의의 교육이 되어야 한다고 주장하였다. 또 민족 교육에서의 민족주의는 결코 남을 배척하는 주의나 남을 숭배하는 주의가 아니며 항상 남과 친선을 도모하는 주의라고 말하였다.

일민주의 경제와 관련해서는 ① 빈부귀천의 차별을 없애고, ② 균일 경제 · 민생 경제를 달성하는 것이라고 설명하였다. 그는 일민주의의 민생 경제는 "다 같이 일하고 다 같이 잘살자는 것"이 그 이상인데, 이는 자본주의나 공산주의의 경제와는 다르다고 말하였다. 그는 자본주의는 소수의 부자만이 잘살고 다수의 빈자는 못살게 되니, 이는 결국 계급 갈등을 가져와 민족의 통일을 이룰 수 없게 한다고 보았다. 반대로 공산주의는 폭력적 수단으로써 빈부의 차별을 없애려 하지만, 결국 공산주의 경제는 다 같이 평균적인 가난뱅이나 평균적인 거지가 될 것이라고 보았다. 그는 일민주의는 모든 부자를 가난뱅이로 만드는 것이 아니라 모든 가난뱅이를 부자로 만들려는 것이며, 자본주의와 같이 일부의 사람에게 소유를 주거나 공산주의와 같이 모든 사람의 소유를 빼앗으려는 것이 아니라, 모든 사람에게 소유를 주려는 것이라고 말하였다. 따라서 일민주의는 소유와 이익을 절대로 승인하며 보장한다고 설명하였다. 그러면 어떻게 모든 사람에게 소유와 이익을 돌려줄 것인가. 그는 누구나 일을 부지런히 하면 할수록, 또 이익이 나면 날수록 그것을 모두 일하는 이에게 돌아가도록 하여 그의 소유가 되도록 한다는 것이다. 여기서 그는 분배의 공정성을 강조하였다. 즉 모든 이가 최저의 생활을 보장받기 위해서 최소한의 일을 해야 하며, 일 잘하고 많이 한 이에게는 더 많이 분배하고, 일 못하고 적게 한 이에게는 적게 분배해야 한다는 것이다.

이상 안호상이 설명하는 일민주의의 사상을 정치·경제·교육의 측면에서 살펴보았다. 일민주의는 민족과 국가의 중요성을 강조하고, 민족의 하나됨을 강조하며, 이를 위해 사회적·경제적 측면에서 차별과 차등을 가능한 한 없애야 한다는 내용으로 되어 있다. 앞서 본 이범석의 민족 지상, 국가 지상주의와 비교할 때, 일민주의는 대외적으로 배타성은 상대적으로 덜한 민족주의임을 알 수 있다. 일민주의의 현실적 목표는 대외적인 것이라기보다는 대내적인 것에 있었다. 첫째는 북한과 남한의 공산주의자들과 사상적으로 대결하기 위해 만들어진 것이었다. 그러나 일민주의는 자유민주주의가 아닌 제3의 이념을 택하였다. 그것은 전통과 민족·국가를 강조하는 것으로서, 파시즘적인 요소가 강한 것이었다. 따라서 일제의 파시즘과 대결해 온 민족운동가와 국민들로부터 배척당할 수밖에 없었다. 둘째는 남한의 국민을 하나로 단결시켜 '대한민국 국민'의 의식을 갖도록 하는 것이었다. 일민주의의 내용은 매우 관념적이고 추상적인 것이었다. 가장 핵심적인 경제 부문에서 '다 같이 일하고 공정하게 분배한다'고 했지만, 자본가들 특히 금융자본가들을 어떻게 할 것인지, 토지와 산업의 국유화 문제는 어떻게 할 것인지에 대한 명확한 설계가 없었다. 결국 일민주의는 이탈리아나 독일의 파시즘이 그러하였듯이 처음에는 자본주의를 비판하고 '국가사회주의'의 틀을 쓰고 나왔지만, 결국은 자본주의를 용인하고 자본가들

과 결탁하는 결과가 되어 버린 것과 같은 전철을 밟을 운명에 처해
있었다.

9. 한국 전쟁 이후 남북한의 민족주의론

남한의 민족주의론

한국 전쟁 이후 1950년대까지 남한에서의 민족주의 논의는 사실상 실종되었다. 전쟁 과정에서 남북한은 서로를 극단적으로 적대시하게 되었기 때문에 남북한이 '하나의 민족'임을 강조하는 민족주의 논의는 당분간 실종될 수밖에 없었다. 또 1950년대 이승만 정권에서 권력을 장악한 정치인과 관료 · 군인 · 경찰은 대부분 식민지 시기 일제에 협조했던 이들이었고, 이들은 극단적인 반공주의 · 반북주의를 내세우면서 민족주의를 억압하였다.[404] 이들 친일세력이 권력을 장악하고 있는 한 민족주의론은 제기되기 어려웠다. 그리고

---

404. 서중석(2004), 『배반당한 한국민족주의』, 성균관대학교출판부.

미국에 정치·경제·문화 등 모든 면에서 종속될 수밖에 없었던 이승만 정권 시기에 반외세를 표방하는 민족주의론 또한 제기되기 어려웠다. 이승만은 평화선 등을 앞세워 국민의 반일감정을 자극하고자 하였지만, 그것은 민족주의라기보다는 배타적 국수주의에 지나지 않는 것이었다.

민족주의론이 부활한 것은 4·19 혁명 이후였다. 4·19 혁명 이후 제도적 민주주의의 복원과 함께 남북한 간의 통일을 위한 대화 문제가 제기되었고, 여기서 민족주의론은 부활하기 시작하였다. 이 시기 민족주의론의 부활은 주로 지식인, 학생층에 의해 이루어졌다. 그러나 5·16 군사정변으로 민족주의에 관한 논의는 다시 질식되었다. 이런 가운데 박정희 정권의 한일협정 추진은 잠복하던 민족주의론을 반일민족주의의 방향으로 분출하게 하였다. 해방된 지 20년밖에 안 된 시점이었기 때문에 반일민족주의는 강력한 힘을 가질 수 있었다. 한일협정 반대를 중심으로 한 반일민족주의 담론은 지식인들 사이에서는 식민 사학에 대한 비판 등 식민지 유산의 청산론으로 이어졌다. 이로써 한국 사회에서도 비로소 탈식민화의 작업이 시작되었다.[405] 한편 근대화와 반공을 내걸고 등장한 박정희 정권은 자신의 정통성을 마련하기 위해, 근대화(경제개발) 이데올로기와 민족주의 이념을 결합시키려 하였다. 아울러 자주 국방을 내걸고 과거의 반침략 운동의 계승을 표방하면서 나름대로 민족주의적인 색채를 갖추려 하였다. 그러나 그들이 내세운 내셔널리즘은 개인의 인권이나

---

405. 1960년대의 민족주의에 대해서는 박태순·김동춘 편(1991), 『1960년대의 사회운동』, 까치 참조.

자유보다는 경제개발에 동원될 대상으로서의 국민을 강조하는 국가주의적인 것이었다. 그리고 1972년 이른바 10월 유신을 단행하면서 박정희 정권은 파시즘 체제로 이행하였고, 결국 그들이 내세운 민족주의도 파시즘의 하위 이데올로기로 전락하고 말았다.

1970년대 박정희 정권의 독재에 항거하여 싸운 야당과 재야 지식인들은 자유주의, 민주주의, 그리고 민족 통일을 결합시킨 민족주의론을 제기하였다. 이는 해방 직후 김구가 제기한 자유주의적 민족주의론을 계승한 것이었다. 그들은 시민의 인권, 그리고 정치적 권리를 주장하고 있었다. 따라서 그들의 민족주의는 프랑스에서 처음 태동한 시민적 민족주의의 성향을 강하게 띠고 있었다. 또 일부에서는 냉전 체제하에 갇혀 있는 한반도의 '분단 시대'를 청산하기 위해서는 통일 지향의 민족주의가 필요하다는 주장을 제기하여 큰 호응을 얻었다.[406]

1980년대 들어서자마자 폭발한 5·18 광주 민중항쟁은 한국 민족주의 방향을 또 한 번 크게 바꾸어 놓았다. 경제개발 과정에서 새롭게 형성된 도시 노동자와 도시 빈민층을 중심으로 한 '민중' 세력이 대거 참여한 5·18 광주 민중항쟁은 이후 한국 민족주의의 담론을 '민중적 민족주의' 쪽으로 돌려놓았다.[407] 도시의 중산층이 아직 충분히 형성되지 않은 가운데, 도시 노동자와 빈민층이 중심이 된 민중 세력이 역사의 전면에 등장하면서 사회 변혁의 새로운 주체로

---

406. 강만길(1979), 『분단시대의 역사인식』, 창작과비평사.
407. 1980년대의 민중적 민족주의론와 관련해서는 박현채·정창렬 편(1985), 『한국민족주의론 : 민중적 민족주의 III』, 창작과 비평사 ; 박현채·강만길 외(1986), 『한국민족운동의 이념과 역사』, 한길사 ; 이영희·강만길 편(1987), 『한국의 민족주의와 민중』, 두레 등 참조.

서 '민중'이 부각된 것이다. 1987년 6월 항쟁과 7~9월 노동자 대투쟁에서도 이 계층들이 전면에 나서자 민중적 민족주의론은 최고조에 달했다. 한편 6월 항쟁 과정에서는 이른바 '넥타이 부대'로 지칭되는 시민 계층이 새로이 등장하였다. 1970~1980년대의 경제성장 과정은 한국 사회에 화이트칼라 계층을 중심으로 한 도시 중산층을 일정하게 형성하였고, 이들이 한국 사회에서 중요한 비중을 점하게된 것이다.

1987년 이후 한국의 민주화는 유사 군부정권을 거쳐 민간인 정부로 나아가는 더딘 걸음을 보였다. 그러한 과정에서 시민 계층과 노동자 계층은 더욱 세력화되었고, 1990년대 들어 화이트칼라 계층을 중심으로 하는 시민운동 단체들과, 블루칼라 계층을 중심으로 하는 민주 노동조합이 등장하였다. 운동 세력의 분화와 함께 그동안 이들을 뭉뚱그려 말하던 '민중'이라는 단어는 점차 사라져 갔다. 그런 가운데 1990년대 초 소련과 동구 사회주의권의 붕괴는 1980년대의 '민중'을 중심으로 한 사회변혁론을 크게 약화시켰다. 이에 따라 민중적 민족주의론도 크게 약화되었다. 또 1990년대 들어 급속히 전개된 세계화의 흐름은 한국 사회에서도 이른바 탈민족주의론을 대두시켰다. 탈민족주의론자들은 세계화의 흐름 속에서 민족주의는 이미 시대에 뒤떨어진 낡은 이념이며, 특히 한국의 민족주의는 국가주의적 성향이 대단히 강하고, 집단주의적 성향을 보이면서 개인의 자유와 개성을 억압하였으며, 여성과 소수자들을 억압 내지는 배제하는 전체주의적 속성을 지니고 있다고 주장하였다.[408] 그런

---

408. 임지현(1999), 『민족주의는 반역이다─신화와 허무의 민족주의 담론을 넘어서』, 소나무 ;

가 하면 여전히 민족주의가 필요하고 또 중요하다고 주장하는 이들도 있었다. 이들은 세계화가 진행된다고 하여 민족주의가 결코 약화되지는 않을 것이며, 오히려 세계화 시대일수록 민족의 아이덴티티는 더욱 중요하고, 남북 통일의 과정에서 민족주의는 이념을 뛰어넘는 공통의 기반을 제공할 수 있다고 주장한다. 그러나 이들은 세계화 시대의 추세에 맞추어 한국 민족주의는 개방적 민족주의가 되어야 하고, 자유와 민주, 인권과 평등을 이념으로 하는 시민적 민족주의가 되어야 한다고 주장하였다.[409]

2000년대 들어 세계화의 물결이 더욱 거세지는 가운데 한국 사회는 이주 노동자, 결혼 이민 등으로 인하여 점차 다민족 사회로 변해 가기 시작했다. 이에 따라 한국 민족=단일민족설의 주장은 유엔으로부터 경고를 받는 상황에 이르렀고, 결국 한국 정부는 '다문화주의'를 표방하기에 이르렀다. 그러나 한국 정부의 실질적인 정책은 그들을 한국인으로 동화시키는 데 목표를 둔, 한국 문화에의 동화주의를 지향하고 있는 것으로 보인다. 또 2000년대 이후 본격적으로 진행된 남북 간의 교류는 서로의 동질성을 확인하는 계기가 되었지만, 이질성을 확인하는 계기도 되었다. 또 남북 간의 커다란 경제적 격차도 확인되었다. 그 때문에 급속한 통일보다는 점진적인 통일이 필요하다는 여론이 대세를 이루었다. 그런 가운데 한국의 내셔널리즘은 남북의 통합을 강조하는 '민족주의'와, '일국적 애국주의' 즉 '대한민국 애국주의'를 강조하는 '국가주의'가 서로 경합

권혁범(2004), 『국민으로부터의 탈퇴—국민, 국가, 진보, 개인』, 삼인.
409. 김동성(1996), 『한국민족주의의 연구』, 오름 ; 김영명(2002), 『우리 눈으로 본 세계화와 민족주의』, 오름 ; 이선민(2008), 『민족주의, 이제는 버려야 하나』, 삼성경제연구소.

하는 양상을 보이고 있다.[410]

이상에서 살핀 것처럼 한국 전쟁 이후 한국의 내셔널리즘 담론
은 그 담당 주체와 내용을 둘러싸고 상당한 변화를 보여 왔다. 내셔
널리즘의 주체로서는 지식인(학생), 민중, 시민 등이 차례로 설정되었
다. 내셔널리즘의 내용과 관련해서는 대내적으로는 민권과 국권을
둘러싸고 자유주의적 내셔널리즘과 국가주의적 내셔널리즘이 서로
경합하였고, 대외적으로는 반일·반미·통일 등을 둘러싸고 반외
세적·통일지향적 내셔널리즘과 친외세적·일국지향적 내셔널리
즘이 서로 경합하였다고 볼 수 있다.[411]

한편 남한의 학계에서는 민족주의의 개념 혹은 성격과 관련하여
그 자체가 하나의 사상 체계이면서 이데올로기라고 보는 입장과,
다른 이데올로기가 내포한 보편적 이념과 가치를 실현하도록 도와
줄 뿐이라는 입장이 있다. 진덕규는 전자의 입장을 취하면서 민족
주의는 그 자체가 이데올로기로서 평등과 자유, 그리고 자율과 자
치의 이념을 내포하고 있다고 본다. 따라서 그는 민족주의 자체가
변혁을 추구하는 사상 체계이며, 이데올로기라고 해석한다.[412] 반면

---

410. 김동성은 이미 1990년대에 젊은 세대가 '애족주의'보다는 '애국주의'를 더 선호하는 경향
을 보이고 있음을 확인하였다[김동성(1996), 앞의 책, pp.96~97].

411. 필자가 여기서 '민족주의'라는 표현 대신 '내셔널리즘'이라는 표현을 쓴 것은 학계 일각에서
는 친외세적·일국지향적인 경향, 그리고 민권을 억압하고 국권을 강조하는 국가주의적 경
향에 대해서는 '민족주의'라는 표현을 쓸 수 없다고 주장하고 있기 때문이다[예를 들어 서중
석(2004), 앞의 책 참조]. 일국주의나 국가주의를 민족주의로 볼 수 없다는 주장은 타당한 측면
이 있다. 그러나 일국주의나 국가주의도 보다 넓은 의미의 내셔널리즘의 범주 안에 들어갈
수 있다고 보아 여기서는 내셔널리즘이라는 표현을 쓴 것이다. 내셔널리즘에는 민족주의,
국가주의, 애국주의 등이 모두 포괄된다고 볼 수 있다.

412. 진덕규(1983), 앞의 책, pp.43~47.

에 김영한은 민족주의는 목적의 이데올로기라기보다는 수단의 이데올로기라고 본다. 그는 민족주의는 민족의 자주 독립과 해방, 혹은 통일을 목표로 삼고 있을 때는 목적의 이데올로기가 되지만, 이러한 절대적 혹은 순수한 민족주의는 한시적인 것이 될 수밖에 없다고 본다. 일단 해방이나 통일이 달성되면 그것은 존재 이유를 상실하게 된다는 것이다. 따라서 그러한 절대적 민족주의는 있을 수 없으며, 결국 민족주의는 자유주의나 개인주의·사회주의·보수주의·제국주의 등 다른 이데올로기와 결합할 수밖에 없다고 본다. 김영한은 민족주의란 하나의 '그릇'과 같은 것으로서, 그 안에 어떤 이념도 담을 수 있다고 말한다.[413]

민족주의가 과연 하나의 독립된 사상 체계인가, 아니면 다른 이념을 담는 하나의 그릇에 불과한가 하는 문제는 중요한 쟁점이 될 수 있다. 진덕규가 말하는 하나의 사상 체계로서의 민족주의는 프랑스혁명 때 탄생한 민족주의로서 사실상 공화주의, 자유주의와 결합한 민족주의라고 할 수 있다.[414] 따라서 부르주아 민족주의의 성격을 지닌 민족주의라고 볼 수 있다. 그러나 근대 이후 모든 지역에서 이와 같은 민족주의가 태동한 것은 아니었다. 개인의 자유와 평등을 억압하는 민족주의가 출현한 경우도 많았다. 또 전체주의적 성향의 사회주의와 결합하는 경우도 있었다. 따라서 정치 사상적 측면에서의 민족주의를 부르주아적 민족주의로 한정하기는 어렵다

---

413. 김영한(2000), 앞의 논문, pp.138~139.
414. 이민호(1999), 「우리에게 민족주의란 무엇인가」, 『서양에서의 민족과 민족주의』, 까치, p.336.

고 여겨진다.

한편 민족주의는 대내적 측면보다는 오히려 대외적 측면에서 더 중요한 의미를 지녀 왔다. 대외적 측면에서의 민족주의는 민족국가 nation state의 수립과 부흥을 지향하는 것이었다. 이를 위해 각국은 타민족·타 국가와 경쟁을 마다하지 않았고, 또 심지어 식민지화하여 억압하기까지 하였다. 그리고 억압당한 민족은 이에서 해방되기 위한 투쟁을 그치지 않았다. 따라서 차기벽이 말한 것처럼 보편적인 의미의 민족주의란 민족의 통일과 독립, 번영과 발전을 최고 목표와 가치로 신봉하는 이데올로기라고 볼 수 있다.[415] 즉 민족주의란 '대내적으로는 민족의 통합, 대외적으로는 민족국가의 수립과 부강'을 지향하는 이념이라고 말할 수 있는 것이다. 따라서 김영한이 민족주의는 독립과 통일이 되면 목표를 상실하게 될 것이라고 본 것은 문제가 있다. 이웃한 중국과 일본이 각기 애국주의와 국가주의라는 이름으로 내셔널리즘을 강화하는 경향을 보이고 있는 것에서도 알 수 있듯이, 통일 이후의 한국 민족도 국가적 부강을 지향하게 될 가능성이 높다. 민족주의는 물론 다른 이념과 결합하여 더 힘을 발휘한다. 그것은 민족국가의 독립과 부강을 위해 다른 이념과의 결합이 필요하기 때문이다. 하지만 민족주의도 그 자체가 민족의 통합과 국가의 독립·부강을 지향하는 하나의 '목적의 이데올로기'이다. 따라서 민족주의를 하나의 '수단의 이데올로기'로서, 단순히 다른 이념을 담는 '그릇'에 불과하다고 보는 견해는 문제가 있다고 생각된다.

415. 차기벽(1990), 앞의 책, p.257.

북한의 민족주의론

그러면 북한에서의 민족주의에 관한 인식은 어떻게 변해 왔을까. 앞서 민족 개념의 변화 과정에서 살핀 바와 같이, 북한에서는 1970년대 이후 민족 개념에 대한 인식에서 변화가 나타나기 시작하였다. 즉 민족 개념에서 언어와 혈연의 공통성을 크게 부각시키면서 우리 민족은 한 핏줄, 한 언어를 사용해 온 단일민족임을 강조하였던 것이다. 그리고 민족은 자본주의 시대의 일시적인 현상이라는 마르크스주의의 주장 대신 "민족문화는 사회주의 사회에 와서 비로소 형성되고 찬란히 개화하게 된다"면서 사회주의적 민족을 강조하기 시작했다. 이러한 민족 개념에 대한 인식의 변화는 민족주의에 대한 인식의 변화로 이어졌다.

북한에서는 전통적으로 민족주의를 부르주아 민족주의와 같은 개념으로 해석해 왔고, 민족주의 대신 '사회주의적 애국주의'를 강조해 왔다. 사회주의적 애국주의란 '계급의식과 민족 자주 의식을 결합시킨 사상'으로 설명되었다.

그런 가운데 1960년대 이후 등장한 주체사상은 "사상에서 주체, 정치에서 자주, 경제에서 자립, 국방에서 자위의 원칙을 확고히 견지하고 부강한 자주 독립국가를 건설"할 것을 목표로 내세웠고, 이와 관련하여 '민족 자주 의식'을 크게 강조하였다. 결국 주체사상은 넓은 의미의 민족주의 사상 체계에 포함되는 북한식 민족주의였다고 할 수 있다. 그런 가운데 1990년대 들어 김일성金日成은 "단일민족국가인 우리나라에서 진정한 민족주의는 곧 애국주의"라 말하였고, "민족이 있고서야 계급이 있을 수 있으며, 민족의 이익이 보장되어야 계급의 이익도 보장될 수 있다"고 말하였다.[416] '진정한 민족주의', '계급에 우선하는 민족' 등의 표현이 나왔던 것이다. '진정한 민족주의'라는 표현은 민족주의에는 부르주아적 민족주의만 있는 것이 아니라는 인식에서 나온 것이다. 이에 김정일은 마침내 '조선 민족 제일주의'를 제창했다. 조선 민족 제일주의의 정신은 "조선 민족의 위대성에 대한 긍지와 자부심, 조선 민족의 위대성을 더욱 빛내어 나가려는 높은 자각과 의지로 발현되는 숭고한 사상 감정"을 일컫는 것이었다. 조선 민족 제일주의는 문화적 측면에서 자민족 우월주의의 성격을 강하게 띠고 있었다. 그런데 현실 속에서 조선 민족 제일주의의 실질적 목적은 이른바 '우리식 사회주의국가 건설'에 대한 자부심을 드높이는 데 있었다. 즉 북한 사회주의의 위기 상황에서 내부 결집을 통해 이를 타개하고자 하는 목적으로 조선 민족 제일주의는 등장한 것이다.[417]

---

416. 국가안전기획부 편(1995), 「우리 민족의 대단결을 이룩하자」, 김일성 편, 『북한의 민족주의 선전자료집』, 국가안전기획부, p.537, p.544 ; 박호성(1997), 『남북한 민족주의 비교연구― '한반도 민족주의'를 위하여』, 당대, pp.134~135에서 재인용.

417. 박호성(1997), 앞의 책, pp.122~145.

| 결론 |

이상 본론에서는 한국의 '민족'과 '민족주의' 개념의 수용과 그 활용에 대해 서술하였다. 이제 여기에서는 그 내용을 요약하는 것으로 결론을 대신하고자 한다.

'민족'은 서양의 'nation'을 19세기 말 일본에서 번역한 것으로, 중국과 한국에도 곧 유입되어 보편화되었다. 그러나 중국과 한국에서는 이미 이와 비슷한 '족류'라는 단어를 오래전부터 사용해 왔다. 중국에서는 『후한서』나 『춘추』에서부터 이 단어가 등장한다. 물론 '족류'는 오늘날의 '민족nation'과는 의미가 달랐으며, '민족'의 원형을 이루는 'ethnie' 정도의 의미를 갖고 있었다고 할 수 있다. 한국에서는 조선 초기에 이미 '족류'라는 단어를 사용하였고, 그것은 조선인을 만주인이나 왜인과 구별하는 의미를 갖고 있었다. 조선 후

기 『조선왕조실록』에는 '동포'라는 용어도 자주 등장하였다. '동포'
는 본래 같은 형제·자매를 가리키는 용어였지만, 점차 그 의미가
확대되었다. 특히 장재의 「서명西銘」에서 '민오동포民吾同胞'라는 말을
국왕은 자주 인용하면서 백성을 애휼의 대상으로 지칭할 때, '동포'
라는 용어를 사용하였다. 또한 국왕들은 더 나아가 양반 등 지배층
에게 호포제 실시를 요구할 때, '모든 백성은 나의 동포'라는 말을
자주 인용하였다. '동포'라는 말은 1890년대 후반 독립협회 운동 이
후 더욱 자주 사용되었고, 그 의미도 확대되었다. 즉 이때의 '동포'
는 단순히 국왕의 은혜를 입은 백성이 아니라 역사의 주체로 서서
히 인식되었으며, 또 동포 내부의 평등 또한 강조되었다.

　본래 '민족'이란 상고 시대 이래 중국에서는 '민의 무리' 정도의
의미를 갖고 있었다. 이를 서양의 nation의 의미로 사용하기 시작한
것은 일본이었다. 일본에서는 1880년대에 nation을 '족민' 혹은 '민
족'이라는 단어로 번역하였는데, 결국 '민족'이라는 단어가 더 많이
쓰이게 되었다. 또한 중국에서도 량치차오가 1903년경에 쓴 블룬칠
리의 학설을 소개하는 글에서 '민족'과 '국민'을 구별하여 각각 개념
정의를 하였다.

　그런 가운데 1900년경부터 국내에서 '민족'이라는 말이 등장하였
으나 초기에는 '인종'의 의미로 쓰였다. 그러나 1904년경부터는 대
체로 오늘날의 '민족'과 같은 의미로 사용되었다. 대한제국 때 도일
유학생들은 일본에서의 용례를 따라 '민족'이라는 단어를 사용하였
지만, 1910년 이전에는 그리 자주 사용하지 않았다. 국내의 지식인
들은 오히려 중국 량치차오의 『음빙실문집』을 읽고 여기에서 본
'민족'이라는 단어를 자주 쓰기 시작하였다. 량치차오는 '민족'을 지

리 · 혈통 · 형질 · 언어 · 문자 · 종교 · 풍속 · 경제생활의 공통성을 지닌 집단으로 규정하였다. 그의 민족 개념은 이른바 원초주의적 민족론에 해당하는 것으로, 민족 형성 과정에서의 '원초적 기반'과, 집단 내에서 공유되는 '문화적 기반'을 강조하는 이론이었다. 그의 영향으로 한국 민족주의는 초기부터 '문화적 민족주의'의 성격을 강하게 띠었다.

한편 '민족'과 함께 주목해야 할 단어는 '국민'이다. 이 단어는 갑오개혁 때 개화파에 의해 처음 등장하였지만 갑오개혁의 좌절과 함께 사라졌다. 대한제국 때에는 '국민'보다는 '신민'이라는 용어가 더 자주 쓰였다. '국민'이라는 단어가 다시 등장한 것은 1905년 이후였다. 그리고 '국민'이라는 단어는 '민족'이라는 단어보다 자주 쓰였다. 그것은 한국인이 '신국민'이 되어야 한다는 절박함이 있었기 때문이다. 그러나 1907년 하반기(고종 양위) 이후 대한제국은 형해화되었고, '신국민' 또한 기대난망이 되었다. 여기서 국권 회복과 신국가 건설의 주체로 새로 떠오른 개념이 '민족'이었다. 국가가 없는 상황에서도 '민족'은 살아남을 수 있었고, 또 국권 회복 운동의 주체가 될 수 있다는 생각에서였다.

'민족'이란 단어는 초기에는 '2천만 동포 민족'이라는 말에서 보이듯 '동포'라는 단어와 함께 쓰이기도 하였다. '한국 민족'에 대한 개념 설정은 1908년경부터 등장하였다. 당시 언론들은 '한국 민족'을 단군과 기자의 자손으로서 설명하였으나, 점차 기자의 자손이라는 표현은 사라지고 단군의 자손이라는 표현만 남았다. 그러나 신채호 같은 이는 한국 민족은 6개의 종족으로 구성되었으며, 그 가운데 주족은 부여족이라고 설명하였다. 이 시기 한국 민족은 대체로 혈통과 기운, 그리고 생사영욕과 이해관계를 같이해 온 동포 형제이며, '조선혼'을 간직한 주체로서 설명되었다. 그리고 이렇게 설명된 '민족'은 국권 회복과 근대 국민국가 건설의 주체로서 설정되었다.

1910년대는 '민족'이라는 용어가 지식인들 사이에서 크게 확산된 시기였다. 일본 유학생들이 펴낸 잡지 『학지광』에 실린 글 가운데 주종건·이광수·현상윤·안확 등이 쓴 글에서는 '조선 민족'이라는 단어가 빈번히 등장하였다. 중국으로 망명한 박은식은 1911년에 쓴 「몽배금태조」라는 글에서 '민족'이라는 용어를 50회 가까이 사용하였다. 또한 여진족도 조선족과 같은 단군의 자손이라고 보았다. 이와 같은 인식은 만주를 고토로 여기면서 이를 근거지로 국권 회복 운동을 전개하고, 언젠가는 다시 회복해야 할 영토라고 생각했기 때문이다. 그러나 신채호나 최남선 등은 한국 민족과 한족·선비족·여진족·몽고족은 다르다는 생각을 갖고 있었다.

1919년 3·1 운동은 '민족' 개념이 지식인만이 아니라 대중 차원으로까지 확산된 계기가 되었다. 3·1 운동 당시 최남선이 쓴 독립선언문에는 '민족'이라는 표현이 11회 나온다. 또 당시 뿌려진 각종 지하 신문과 전단에서는 '민족'이라는 단어가 자주 발견된다. 1920년에 『동아일보』와 『조선일보』, 그리고 『개벽』 등과 같은 신문, 잡지가 창간된 것도 '민족'이라는 단어의 대중적 확산에 크게 기여하였다. 당시 『동아일보』는 '민족'은 역사의 결과 생성된 존재이며, 각 민족은 고유한 특징을 가지면서 다른 민족과 섞이지 않으려는 속성을 지닌다고 주장하였다.

1920~1930년대 민족주의자들은 '민족'을 오랜 세월 동안 역사적 경험을 같이해 온 영속적·문화적 공동체로서 이해하였다. 예를

들어 안재홍은 민족을 ① 같은 땅 위에서, ② 하나의 생활공동체를 이루고, ③ 오랜 시일 동안 역사적 경험을 같이하면서 같은 문화를 만들어 온 문화적 공동체로서 이해하였다. 그러나 1930년대 사회주의자들은 이와 견해를 달리하였다. 그들은 '민족은 일시적 현상'이며, '인간의 자본주의적 결합 관계'라는 점을 강조하였다. 이처럼 민족을 자본주의 시대에 한정된 것으로 이해하는 사회주의자들은 자본주의 시대 이후에는 민족도 해소될 것이라고 생각하였다.

식민지 시기에 한국 민족이 '단일민족'이라고 표현한 경우는 아주 드물었다. 기껏해야 이광수가 「조선민족론」이라는 글에서 조선 민족이 혈통적 · 문화적으로 단일한 민족이라는 표현을 한 정도였다. 물론 한말에도 '2천만 민족은 동일한 단군의 자손'이라는 표현이 있었으나, 그것을 단일민족론이라고 하기는 어색하였다. 단일민족론이 본격 등장한 것은 해방 이후의 일이었다.

해방 직후 단일민족론을 가장 먼저 거론한 것은 안재홍 · 신익희 · 김구 등이었는데, 그것은 민족의 분단 위기 앞에서 이를 막아내기 위한 민족의 단결을 강조하기 위해서였다. 그리고 1945년 12월 말 모스크바 3상회의의 결과가 발표되자 많은 정당, 단체가 신탁반대 논리를 펴면서 한국 민족은 단일민족으로서 오랫동안 국가를 스스로 유지해 왔다는 점을 강조하였다. 그리고 1946년 분단 정부 수립이 점차 현실화되면서 김구, 김용중, 한독당 등은 단일민족이 분단 정부를 세울 수는 없다면서 '단일민족론'을 내세웠다. 한편 1948년 분단 정부 수립에 참여한 이들도 단일민족론을 내세웠다. 그들은 정부 수립 이후 "단일민족이므로 반드시 통일되어야 한다"는 것을 강조하기 위해 단일민족론을 앞세운 것이다.

'민족주의'는 서양어 내셔널리즘의 번역어이다. 내셔널리즘은 동아시아권에서는 민족주의뿐만 아니라 국가주의, 국민주의로 번역되기도 한다. 그러나 한국에서는 주로 민족주의로 번역되었다. 이는 식민지 시대와 분단 시대, 즉 국가가 없거나 불완전한 시기를 거쳤기 때문이다. 내셔널리즘은 하나의 네이션이 하나의 정치적 단위, 즉 하나의 독립된 국가를 영위하고자 하는 주장이다. 즉 국가의 경계와 네이션(민족)의 경계를 일치시키는 것이 내셔널리즘의 본질인 것이다. 따라서 국권 상실과 민족 분단의 시대인 20세기 한국에서 내셔널리즘, 즉 민족주의는 현상을 타파하려는 운동의 가장 중요한 이념이 되었다.

  한국에서 '민족주의'와 '제국주의'라는 말이 처음 쓰인 것은 1906년 경부터였다. 당시 지식인들은 '민족주의', '제국주의' 개념을 중국의 량치차오와 도일 유학생을 통해 수용하였다. 한말 신채호는 량치차오의 글을 읽고 '민족주의'를 '타민족의 간섭을 받지 않는 주의', 즉 '아족의 국은 아족이 주장한다'는 주의로 이해하였고, 제국주의를 '영토와 국권을 확장하는 주의'로 이해하였다.

  한편 한말의 민족주의론은 사회진화론과 연결되어 있었다. 즉 우승열패, 생존경쟁의 원리를 국제사회에서도 적용될 수 있는 '공례(公例)'로 받아들였다. 따라서 이 시기 민족주의론은 경쟁 사회에서 살아남을 수 있는 유일한 길은 스스로의 실력을 갖추는 것, 즉 자강운동밖에 없다는 자강운동론과 결합될 수밖에 없었다. 이처럼 사회진화론, 자강운동론과 결합된 민족주의는 제국주의를 한편으로는 비판하면서도 다른 한편으로는 선망할 수밖에 없는 구조를 갖고 있었다.

한말의 '민족' 개념에 대한 이해는 주로 "같은 종족, 같은 언어, 같은 문자, 같은 습속을 가진 사람들"로 되어 있었다. 즉 민족이 문화적 측면에서 주로 이해되었던 것이다. 따라서 당시 지식인들은 ① 국조國祖, ② 역사, ③ 언어를 특히 강조하였다. 반면에 영역, 법적 권리와 의무, 경제 등은 상대적으로 강조되지 않았다. 이는 한국 민족주의가 초기부터 '문화적 민족주의cultural nationalism'의 성격을 강하게 지니고 출발하였음을 말해 준다. 이 시기 '문화적 민족주의'를 상징적으로 보여 주는 단어는 '국혼'과 '국수'였다. 당시 지식인들은 국혼을 고양하고 국수를 보전할 것을 강조하였다. 이는 곧 한국의 '국수'는 무엇인가에 대한 물음으로 이어졌다. 한말 민족주의자들은 한국의 국수를 국조, 역사, 언어, 종교에서 찾고자 하였다. 여기서 국조에 대한 신앙, 본국사 교육의 강화, 국문 사용의 강조 등이 나타났다.

1910년대에 들어서도 사회진화론에 입각한 민족주의론은 주류를 점하였다. 그러나 일부 민족주의자는 점차 사회진화론에서 벗어나 민족평등주의에 입각한 민족주의론을 제기하기 시작하였다. 이는 1911년에 박은식이 쓴 「몽배금태조」에 잘 나타난다. 이와 같은 민족평등주의는 3·1 운동기에 민족자결주의로 발전하였다.

한말 국수 보전은 1910년 국망의 위기가 닥칠수록 더욱 강조되었다. 그 결과 1909년 일부 인사들은 국수 보전의 일환으로 단군 숭배의 민간신앙을 근대적인 종교로 탈바꿈시켜 대종교를 창건하였다. 이후 단군 숭배를 핵심으로 하는 국수 보전의 사상은 1910년대 초 민족주의계 인사들의 광범위한 대종교 입교와 신채호·박은식·이상룡 등의 민족주의 역사학을 낳았다. 국내의 신지식층도

'단군'에 대한 숭배를 강조하기는 마찬가지였다. 최남선·송진우 등은 단군과 고조선은 조선 문명사에 최초의 문명의 씨앗을 뿌린 시대라고 인식하였다.

1919년 3·1 운동기의 민족자결주의는 각 민족 간의 평등을 주장하는 인류평등주의라고도 할 수 있다. 따라서 3·1 운동기의 민족자결주의는 윌슨의 민족자결주의 제창의 영향도 있었겠지만, 기본적으로는 1910년대 민족운동가 사이에서 형성된 민족평등주의론이 발전하여 제1차 세계대전의 종전, 국제연맹의 추진, 윌슨의 민족자결주의 제창이라는 시대적 전환기를 만나 민족자결주의라는 용어로 새롭게 표현된 것이라고 보아야 할 것이다.

3·1 운동 전후 한국 민족주의의 또 하나의 특징은 공화주의를 확실하게 수용한 것이었다. 한말 신민회가 이미 공화주의를 연구하고 있었지만, 그것은 소수 사람들의 관심에 국한된 것이었다. 1910년 대한제국이 멸망하고, 1911년 중국에서 신해혁명이 일어나자 공화주의에 대한 관심이 크게 높아졌다. 이제 국내외의 민족운동가 가운데 다수가 공화주의는 새로운 시대의 대세라고 생각하였다. 이후 1915년 중국 상해에서 결성된 신한혁명당이 잠시 보황주의를 내세웠지만, 1917년 「대동단결 선언」은 한국 민족주의의 역사에서 공화주의의 이념을 확고하게 한 계기였다. 1919년 3·1 운동 때 임시정부가 구성되는 과정에서 공화주의는 대세로서 자리 잡았다.

1920년대 이후 국내 민족주의는 우파와 좌파로 분화되었다. 우파를 대표하는 『동아일보』는 1920년대 초 문화 운동의 선두에 섰는데, 문화 운동의 슬로건은 민족의식의 각성과 단결, 그리고 구습 개혁과 신문화 수용이었다. 이를 위해 『동아일보』는 정치, 경제, 교육,

수양을 위한 결사체를 각각 조직할 것을 주장하였다. 이 신문은 1930년대 들어서는 단순히 민족의식의 각성만을 부르짖던 데에서 한 걸음 더 나아가 민족문화에 대한 연구를 주창하였다. 즉 신문화 건설만을 부르짖으면서 민족문화에 대해서는 이렇다 할 관심을 기울이지 않은 데 대해 반성하고, 민족문화에 대한 연구에 힘을 기울일 것을 제창하였다. 한편 『동아일보』는 창간 당시부터 단군에 대한 숭배를 강조하였는데, 이는 1920~1930년대 초까지 이어졌다. 이 신문은 단군은 조선 문화의 창조자, 조선 생활의 건설자, 조선 민족의 최고 조상, 그리고 궁극적으로는 조선심의 궁극적 표상이라고까지 주장하면서 1930년대에 대대적인 단군 유적 보존 운동을 펼치기도 하였다.

민족주의 좌파의 대표자인 『조선일보』의 안재홍은 민세주의를 주장하였다. 그는 당시 사회주의자들이 프롤레타리아 국제주의를 내세우면서 민족주의를 비판하고 있었던 것에 대해 민족주의를 적극 옹호하였다. 그는 당시 인류 문화의 특징은 한편으로는 각개 민족의 세계적 대동의 방향, 즉 국제주의적 방향을 향하여 움직이는 구심 운동이 나타나고 있지만, 다른 한편으로는 각개 민족이 세계적, 즉 국제적 영향 아래 있으면서 오히려 각자의 민족문화를 순화 · 심화하려는 의욕과 노력이 나타나고 있다고 보았다. 그는 온건하고 타당한 각 국민과 민족의 태도는 민족으로부터 세계로, 또 세계로부터 민족으로 교호되고 조화되는 '민족적 국제주의', '국제적 민족주의'를 형성하는 모습을 보이고 있다는 것이었다. 그리하여 그는 '민족에서 세계로, 세계에서 민족에로'라고 표현되는 이른바 '민세주의'를 제창하였다. 1930년대 안재홍은 신간회가 해소되고 정치 운동이 사실상 불가능하자 민족문화 운동론을 제창하였다. 그는 이 시기 문자 보급 운동, 생활 개신 운동, 충무공 현창 운동, 그리고 조선학 운동을 제창하거나 혹은 간여하였다.

1930년대 중반 이후 조선총독부는 식민지 조선에서의 사상 통제, 황민화 정책을 본격적으로 시작하였다. 이와 같은 상황에서 조선의 일부 지식인들 가운데 이미 파시즘을 자발적으로 수용하던 이들은 이제 '조선 민족의 유지'를 전제로 한 '민족 파시즘'에서 '일본 민족으로의 동화'를 전제로 한 일본 파시즘으로 전환하게 된다. 양자의 파시즘은 그 구조가 동일하였다. 다만 그 숭배 대상이 '민족' 이냐 '천황'이냐의 차이가 있었을 뿐이었다. 그 대표적인 인물은 이광수로서, 그는 민족을 앞세우면서 파시즘을 받아들이자고 제창하였다.

1945년 8월 15일 해방을 맞이하자 한국 민족주의는 다양한 분화를 보이게 된다. 먼저 안재홍은 민세주의를 한 단계 발전시킨 신민족주의를 제창하였다. 그는 이제 한국의 민족주의는 균등 사회·공영 국가를 지향, 완성하는 신민족주의, 즉 진정한 민주주의의 토대 위에 존립되는 전 민족 동일 운명의 민족주의가 되어야 한다고 주장하였다. 그는 민족국가의 건설 국면에서 모든 진보적이요 반제국주의적인 지주·자본가·농민·노동자 등 모든 계층을 통합하여 만민 공생을 이념으로 하고, 계급 독재를 지양한 신민주주의의 국가를 건설해야 한다고 주장하였다. 그는 신민족주의의 핵심 구호로서 국민 개로·만민 공생을 내세웠는데, 이는 '신민주주의' 혹은 '다사리 이념'으로 표현되기도 하였다.

김구도 「나의 소원」이라는 글을 통해 자신의 민족주의를 정리하였는데, 김구의 민족주의는 자유주의·문화적 다원주의에 기초한 민족주의였다. 김구는 특히 독재를 배격하면서 '민주주의'의 나라를 세울 것을 강조하였다. 김구의 민족주의는 자유주의·민주주의·문화주의에 기초한 것이었는데, 이러한 민족주의는 한말 이래 1945년 해방의 그날까지 국외의 독립운동가들이 발전시켜 온 한국 민족주의의 가장 성숙한 모습을 보여 주는 것이었다.

한편 사회주의자였던 백남운은 민족주의와 공산주의의 공통 기반을 부각시켜 '연합'을 강조하는 '연합성 신민주주의'를 제창하였다. 그는 문화 정책 면에서 민족주의와 공산주의는 전자가 국수 문화 또는 국민 문화를 강조하는 데 대하여 공산주의는 사회 문화를 제창하는 점이 다르다고 보았다. 하지만 이것이 양자의 정치적 대립을 가져올 만큼 커다란 차이는 아니라고 보았다. 또 정치 형태에서 전자는 자유민주주의를, 후자는 프로민주주의를 지향하지만, 조선의 현 단계에서 어느 하나를 선택하기는 어렵기 때문에 필연적으로 연합성 민주 정권의 형태를 취할 수밖에 없다고 주장하였다.

한편 해방 이후 귀국한 이범석은 민족청년단을 만들고, '민족 지상·국가 지상'의 구호를 내세웠는데, 이는 국수주의 내지 파시즘적인 성격이 짙었던 중국청년당의 그것을 그대로 빌려 온 것이었다. 이러한 성격은 그의 민족의 혈통에 대한 강조, 자민족 발전을 위한 타민족 침략의 불가피성 인정, 국가에 대한 개인의 희생 강조 등에서 잘 나타난다.

대한민국 정부 수립 이후 이승만, 안호상 등이 내세운 일민주의도 위의 '민족 지상, 국가 지상주의'와 유사하였다. 이승만은 "일민주의로써 민족 단일체를 만들어야 한다"면서 일민주의를 제창하였다. 이승만은 일민주의의 목표를 혈통과 운명이 같은 한 겨레, 한 백성의 핏줄과 운명을 끝까지 유지·보호하고, 이렇게 함으로써 일민의 나라, 일민의 세계를 만들어 세계의 백성들이 자유와 평화, 행복과 명예를 누리도록 한다는 데 설정하였다. "흩어지면 죽고, 뭉치면 산다"는 구호는 일민주의의 상징적 표어였다.

안호상은 일민주의의 뜻을 풀이하면서 이는 '한겨레', 곧 '단일민족'을 강조하는 '한겨레주의'라고 설명하였다. 여기서 그는 우리 민족이 동일 혈통, 동일 운명을 가진 민족임을 특히 강조하였다. 여기서 동일 혈통, '한 핏줄'은 '일민'의 절대적 요소라고까지 그는 강조하였다. 안호상의 일민주의는 한국 민족주의 가운데 가장 혈통을 강조한 민족주의였으며, 이는 이후 한국 사회에 '단일민족' 이데올로기를 퍼뜨려 한국 민족주의가 '에스닉 내셔널리즘'의 성격을 지니게 하는 데 큰 역할을 하였다. 한국 민족주의는 본래 '문화적 민족주의'의 성격이 강하였는데, 해방 이후 대두한 여러 계열의 단일민족론에 의하여 '에스닉 내셔널리즘', 즉 '혈통적 민족주의'로 후퇴하는 퇴행적 모습을 보인 것이다.

한편 안호상은 "가정이 가족의 집이라면 국가는 민족의 집이다. 민족은 어떠한 개인과 계급보다 더 귀중하다"고 강조하였다. 민족과 국가가 어떤 개인이나 계급·단체보다 가장 귀중하다는 것으로, 이는 국가주의적 성향이 강한 것이었다.

한국 전쟁은 한국의 민족주의를 질식시켰다. 동족상잔의 전쟁 이후 반공, 반북주의가 극도에 달한 가운데 민족주의 담론은 잠복할 수밖에 없었다. 민족주의 담론이 다시 살아난 것은 4·19 혁명 이후였다. 지식인들은 다시 자유주의적, 그리고 통일지향적 민족주의를 들고 나왔다. 하지만 이는 5·16 군사정변에 의해 다시 질식당했다. 박정희 정권은 근대화, 경제개발을 앞세우면서 스스로 민족주의적인 정권임을 표방했다. 하지만 그것은 민권을 억압하고 국권만을 강조하는 국가주의에 지나지 않는 것이었다. 그리고 1970년대 10월 유신 이후 박정희 정권이 내세운 민족주의는 사실은 파시즘에 동원된 내셔널리즘에 불과했다. 장준하 등 민주화 운동 진영은 자유주의적·통일 지향적 민족주의를 되살려 보려 노력하였지만, 박정희 정권에 의해 억압당하였다.

1980년 5·18 광주 민중항쟁 이후에는 '민중적 민족주의론'이 분출하였다. 그것은 1970년대 이후 형성된 노동자, 도시 빈민 등 민중 세력이 광주 민중항쟁 등 민주화 운동의 주체로 등장하였기 때문이다. 1987년 6월 항쟁과 노동자 대투쟁은 민중적 민족주의론을 더욱 강화시켰다. 하지만 1990년대 들어 사회주의권의 붕괴, 자본주의의 세계화, 노동자 계층의 보수화 등은 민중을 중심으로 하는 변혁주체론을 약화시켰고, 대신 시민 계층을 주체로 한 '시민적 민족주의론'이 새로이 대두하였다. 그런 가운데 다른 한편에서는 탈민족주의를 주장하는 흐름이 등장하였고, 또 다른 한편에서는 통일 지향적 민족주의 대신 일국적 애국주의를 주창하는 보수적인 흐름이 등장하기도 하였다.

북한에서는 해방 이후 '민족주의는 곧 부르주아 민족주의'라고 간주하고, 이를 비판하면서 프롤레타리아 국제주의 또는 사회주의적 애국주의를 주장해 왔다. 하지만 1960년대 이후 주체사상이 등장하였고, 이는 사실상 북한판 민족주의라 할 만한 것이었다. 그리고 1990년대 들어 '애국주의가 곧 진정한 민족주의'라는 표현까지 나왔다. 이는 민족주의는 곧 부르주아 민족주의라는 인식에서 벗어난 것을 의미한다. 이러한 인식은 마침내 쇼비니즘적 성격을 띤 '조선 민족 제일주의'의 제창으로까지 이어졌다.

끝으로 '민족주의'의 개념과 용어 사용에 대해 한 가지 제언을 하고자 한다. 남한의 학계에서는 1980년대 이후 민족주의는 자유 · 평등 · 자율 · 자치를 기반으로 한 독자적인 정치 이념이라고 보는 견해와, 민족주의는 하나의 독자적인 정치 이념이 아니며 그 때문에 다른 정치사상과 항상 결합하여 작용한다는 견해가 병존한다. 민족주의를 독자적인 사상으로 보는 것은 대체로 부르주아적 민족주의로 보는 것인데, 민족주의에는 사회주의적 민족주의 등도 있을 수 있기 때문에 이의가 있을 수 있다. 또 학계에서는 민족주의와 국가주의의 관계에 대해서 이는 서로 다른 것으로서 국가주의는 결코 민족주의라고 볼 수 없다는 견해와, 민족주의 안에는 자유주의적 민족주의와 국가주의적 민족주의가 있을 수 있다는 다른 견해가 있다. 이 문제는 민족주의의 개념을 좁은 의미로 보느냐, 아니면 넓은 의미로 보느냐 하는 것과 관련이 있다고 여겨진다. 필자의 생각으로는 넓은 의미의 민족주의는 '내셔널리즘'으로 부르고, 그 안에 좁은 의미의 민족주의 · 국가주의 · 애국주의 등이 모두 포괄되는 것으로 보면 어떨까 한다. 또 사회주의, 전체주의 등과도 결합하는 경우에는 이를 민족주의라는 표현 대신 내셔널리즘이라는 표현으로 쓰면 어떨까 한다. 대신 좁은 의미의 민족주의는 자유주의적 · 공화주의적 민족주의를 의미하는 것으로 본다면 위와 같은 개념상의 대립과 혼란을 막을 수 있지 않을까 생각된다.

이상에서 한국의 '민족'과 '민족주의'의 개념 수용과 그 변용 과정을 나름대로 정리해 보았다. 20세기 한국사에서 민족과 민족주의는 역사를 이끌고 온 동력과 같은 존재였다. 민족과 민족주의라는 개념이 있었기에 독립운동도 가능했고, 국가 건설과 경제 부흥도 가능했고, 또 통일을 위한 노력도 가능했다. 그만큼 한국인에게 '민족'과 '민족주의'는 중요한 개념이었다. 그러나 21세기 들어 한국 사회는 안으로 다민족 사회로의 변화와 계층 간의 격차 확대, 밖으로 급속한 세계화와 남북한 간의 갈등이라는 새로운 환경을 맞고 있다. 이러한 새로운 여건에서 '민족'과 '민족주의'에 대한 어떠한 새로운 해석이 나올 수 있을지 주목된다.

| 참고문헌 |

■ 자료

『조선왕조실록』

『경성일보』,『경향신문』,『대한매일신보』,『독립신문』,『동아일보』,『매일신보』,
　　　『서울신문』,『자유신문』,『조선일보』,『한겨레신문』,『한민』,『황성신문』

『광복』,『국민문학』,『대조선독립협회회보』,『대조선유학생친목회회보』,『대한학
　　　회월보』,『대한흥학보』,『동광』,『비판』,『삼천리』,『서북학회월보』,『시정
　　　월보』,『신계단』,『신동아』,『신시대』,『신조선』,『조선』,『청춘』,『태극학
　　　보』,『학지광』,『혁신』,『호남학회월보』

국가보훈처 편(2002),『3 · 1운동 독립선언서와 격문』, 국가보훈처.

국사편찬위원회 편(1975),『한국독립운동사 자료 5』(3 · 1운동 편), 국사편찬위
　　　원회.

김구(1997),『백범일지』, 이만열 옮김, 역민사.

김구(2007),『백범어록』, 도진순 옮김, 돌베개.

단국대 동양학연구소 편(1975),『박은식전서 상 · 중 · 하』, 단국대출판부.

단재신채호선생기념사업회 편(1972 / 1972 / 1975 / 1977),『단재신채호전집 상 ·
　　　중 · 하 · 별집』, 형설출판사.

도산기념사업회 편(1990),『안도산전서 상 · 중 · 하』, 범양사.

동아일보사 편(1975),『동아일보사사 1』, 동아일보사.

박은식(1915),『한국통사』, 大同編譯局, 上海.

박은식(1920),『한국독립운동지혈사』, 維新社, 上海.

백남운(1994),『조선사회경제사』, 하일식 옮김, 이론과실천.

백남운(2007),『조선민족의 진로 재론』, 범우사.

손진태(1948),『조선민족사개론』, 을유문화사.

신규식(1971),『한국혼』, 민필호 편, 보신각.

안재홍선집간행위원회 편(1981/1983), 『민세 안재홍선집 1·2』, 지식산업사.

안호상(1950), 『일민주의의 본바탕』, 일민주의연구원.

유길준(1976), 『서유견문』, 김태준 옮김, 박영사.

이경훈 편(1995), 『춘원 이광수 친일문학전집 2』, 평민사.

이광수(1971), 『이광수전집』, 삼중당.

이만열 편(1980), 「서북학회 취지서」, 『박은식』, 한길사.

이범석(1999), 『민족과 청년』, 백산서당.

이석태(1948), 『사회과학대사전』, 문우인서관.

이석태·신흥민 편(1987), 『사회과학대사전』(영인본), 한울림.

이승만(1949), 『일민주의개술』, 일민주의보급회.

인정식전집간행위원회 편(1992), 『인정식전집』, 한울아카데미.

주정균(1908), 『법학통론』.

진단학회 편(1959), 『한국사』, 을유문화사.

한국학문헌연구소 편(1977), 『한국개화기교과서총서』 1, 아세아문화사.

한글학회 편(1992), 『우리말큰사전』, 어문각.

姜德相 解說(1977), 『現代史資料 26』, みすず書房.

梁啓超(1905), 『飲氷室文集 상·하』, 廣智書局本.

■ 연구문헌

1. 한국어

1) 단행본

강만길(1979), 『분단시대의 역사인식』, 창작과비평사.

고자카이 도시아키(2003), 『민족은 없다』, 방광석 옮김, 뿌리와이파리.

국가안전기획부 편(1995), 『북한의 민족주의 선전자료집』, 국가안전기획부.

권혁범(2004), 『국민으로부터의 탈퇴—국민, 국가, 진보, 개인』, 삼인.

김동성(1996), 『한국민족주의의 연구』, 오름.

김영명(2002), 『우리 눈으로 본 세계화와 민족주의』, 오름.

김용구(2008), 『만국공법』(한국개념사총서 1), 도서출판 소화.

김효전(2009), 『헌법』(한국개념사총서 3), 도서출판 소화.

라인하르트 코젤렉(1998), 『지나간 미래』, 한철 옮김, 문학동네.

마이클 로빈슨(1990), 『일제하 문화적 민족주의』, 김민환 옮김, 나남.

박명규(2009), 『국민 · 인민 · 시민 — 개념사로 본 한국의 정치주체』(한국개념
사총서 4), 도서출판 소화.

박상섭(2008), 『국가 · 주권』(한국개념사총서 2), 도서출판 소화.

박찬승(1992), 『한국근대정치사상사연구』, 역사비평사.

박찬승(2007), 『민족주의의 시대』, 경인문화사.

박태순 · 김동춘 편(1991), 『1960년대의 사회운동』, 까치.

박현채 · 강만길 외(1986), 『한국민족운동의 이념과 역사』, 한길사.

박현채 · 정창렬 편(1985), 『한국민족주의론 III』, 창작과비평사.

박호성(1997), 『남북한 민족주의 비교연구 — '한반도 민족주의'를 위하여』, 당대.

방기중(1992), 『한국 근현대사상사 연구』, 역사비평사.

베네딕트 앤더슨(2002), 『상상의 공동체』, 윤형숙 옮김, 나남출판.

사카모토 히로코(2004), 『중국 민족주의 신화』, 양일모 · 조경란 옮김, 지식의풍경.

서호영 외(2004), 『한국근대 지식인의 민족적 자아형성』, 도서출판 소화.

서중석(2004), 『배반당한 한국민족주의』, 성균관대학교출판부.

송건호 · 강만길 공편(1982~1983), 『한국민족주의론 I · II』, 창작과비평사.

송민호(1991), 『일제말 암흑기 문학연구』, 새문사.

신기욱(2009), 『한국 민족주의의 계보와 정치』, 이진준 옮김, 창비.

신용하(2004), 『한말 애국계몽운동의 사회사』, 나남출판.

안병우 · 도진순 편(1990), 『북한의 한국사인식 1』, 한길사.

앙드레 슈미드(2007), 『제국 그 사이의 한국 1895~1919』, 정여울 옮김, 휴머니스트.

앤서니 스미스(1996), 『국제화시대의 민족과 민족주의』, 강철구 옮김, 명경.

어네스트 겔너(1988), 『민족과 민족주의』, 이재석 옮김, 예하.

에르네스트 르낭(2002), 『민족이란 무엇인가』, 신행선 옮김, 책세상.

에릭 홉스봄(1994), 『1780년 이후의 민족과 민족주의』, 강명세 옮김, 창작과비평사.

에릭 홉스봄(2004), 『만들어진 전통』, 박지향·장문석 옮김, 휴머니스트.

오구마 에이지(2003), 『일본 단일민족신화의 기원』, 조현설 옮김, 소명출판.

요시노 고사쿠(2001), 『현대 일본의 문화 내셔널리즘』, 김태영 옮김, 일본어뱅크.

요시자와 세이치로(2003), 『애국주의의 형성 : 내셔널리즘으로 본 근대중국』, 정
　　　지호 옮김, 논형.

윤대원(2006), 『상해시기 대한민국임시정부 연구』, 서울대학교출판부.

이광규(2006), 『신민족주의의 세기』, 서울대학교출판부.

이만열(1990), 『단재 신채호의 역사학 연구』, 문학과지성사.

이범석장군기념사업회 편(1992), 『철기 이범석 평전』, 삼육출판사.

이선민(2008), 『민족주의, 이제 버려야 하나』, 삼성경제연구소.

이영희·강만길 편(1987), 『한국의 민족주의와 민중』, 두레.

이지원(2007), 『한국 근대 문화사상사 연구』, 혜안.

이현주(2003), 『한국사회주의세력의 형성(1919~1923)』, 일조각.

이화여대 한국문화연구원 편(2004), 『근대계몽기 지식 개념의 수용과 그 변용』,
　　　소명출판.

이화여대 한국문화연구원 편(2007), 『근대계몽기 지식의 굴절과 현실적 심화』,
　　　소명출판.

임지현(1999), 『민족주의는 반역이다』, 소나무.

장문석(2007), 『민족주의 길들이기』, 지식의풍경.

조동걸(1998), 『현대한국사학사』, 나남출판.

진덕규(1983), 『현대민족주의의 이론구조』, 지식산업사.

차기벽(1990), 『민족주의원론』, 한길사.

체스타탄(1977), 『중국현대정치사상사』, 민두기 옮김, 지식산업사.

최문환(1973), 『민족주의의 전개과정』, 박영사.

한국사특강편찬위원회 편(1990), 『한국사특강』, 서울대학교출판부.

한국역사연구회·역사문제연구소 편(1989), 『3·1민족해방운동연구』, 청년사.

한스 울리히 벨러(2007), 『허구의 민족주의』, 이용일 옮김, 푸른역사.

한영우(1994), 『한국 민족주의 역사학』, 일조각.

E. H. 카(1978), 『민족주의와 그 이후』, 진덕규 옮김, 학문과사상사.

H. 콘(1974),『민족주의』, 차기벽 옮김, 삼성문화재단.

2) 논문
강영심(1988),「신한혁명당의 결성과 활동」,『한국독립운동사연구』제2집.
고영근(2004),「유길준의 국문관과 사회사상」,『어문연구』제32권 제1호.
권보드래(2004),「'동포'의 역사적 경험과 정치성 —『독립신문』의 기사 분석을
　　　　중심으로」,『근대계몽기 지식개념의 수용과 그 변용』, 소명출판.
권용기(1999),「'독립신문'에 나타난 '동포'의 검토」,『한국사상사학』제12집.
김동택(2002),「근대 국민과 국가개념의 수용에 관한 연구」,『대동문화연구』제
　　　　41권.
김영한(2000),「국제화시대 한국 민족주의의 진로」,『한국독립운동사연구』제15집.
김진향(2000),「한반도 통일과 남북한의 민족개념 문제」,『아세아연구』제104호.
김현숙(2005),「한말 '민족'의 탄생과 민족주의 담론의 창출 : 민족주의 역사서술
　　　　을 중심으로」,『동양정치사상사』제5권 제1호.
나인호(2002),「독일 개념사와 새로운 역사학」,『역사학보』제174집.
노태돈(1992),「한국민족의 형성 시기에 대한 검토」,『역사비평』제21호.
박상수 외(2005),「중국 근대 '네이션' 개념의 수용과 변용」,『동아시아 근대 '네
　　　　이션' 개념의 수용과 변용』, 고구려연구재단.
박양신(2008),「근대 일본에서의 '국민' '민족' 개념의 형성과 전개 : nation개념
　　　　의 수용사」,『동양사학연구』제104집.
박용수(1985),「마르크스주의와 민족문제 —레닌·스탈린의 시각을 중심으로」,
　　　　『민족이론』, 문학과지성사.
박찬승(1994),「신채호」,『한국의 역사가와 역사학 하』, 창작과비평사.
박찬승(1995),「일제하 안재홍의 신간회운동론」,『근대 국민국가와 민족문제』,
　　　　지식산업사.
박찬승(2008),「한국에서의 '민족' 개념의 형성」,『개념과 소통』창간호.
백동현(2001),「러일전쟁 전후 '민족' 용어의 등장과 민족인식」,『한국사학보』
　　　　제10호.
백동현(2004),『대한제국기 민족인식과 국가구상』, 고려대학교 박사학위논문.

백영서(1985), 「중국의 국민국가와 민족문제 : 형성과 변용」, 『근대 국민국가와 민족문제』, 지식산업사.

신용하(1977), 「주시경의 애국계몽 사상」, 『한국사회학연구』 제3권 제1호.

신용하(1985), 「민족형성의 이론」, 『민족이론』, 문학과지성사.

신용하(1994), 「단군 인식의 역사적 변천」, 『단군 : 그 이해와 자료』, 서울대학교 출판부.

신용하(2006), 「'민족'의 사회학적 설명과 '상상의 공동체론' 비판」, 『한국사회학』 제40집.

오수창(2002), 「조선시대 국가, 민족체의 허와 실」, 『역사비평』 제58호.

윤해동(2000), 「한국 민족주의의 근대성 비판」, 『역사문제연구』 제4호.

이민호(1999), 「우리에게 민족주의란 무엇인가」, 『서양에서의 민족과 민족주의』, 까치.

이상신(1999), 「민족주의의 역사적 발전 국면과 그 기능」, 한국서양사학회 편, 『서양에서의 민족과 민족주의』, 까치.

이지원(1994), 「1930년대 전반 민족주의 문화운동론의 성격」, 『국사관논총』 제51집.

이춘복(2009), 「청말 중국 근대 '민족' 개념 담론 연구―문화적 '민족' 개념과 정치적 '국민' 개념을 중심으로」, 『중앙사론』 제29집.

임지현(1998), 「민족주의」, 『서양의 지적운동 II』, 지식산업사.

정승철(2003), 「주시경과 언문일치」, 『한국학연구』 제12집.

조동걸(1987), 「임시정부 수립을 위한 1917년의 〈대동단결선언〉」, 『한국학논총』 제9집.

조동걸(1989), 「3·1운동의 이념과 사상」, 『3·1운동과 민족통일』, 동아일보사.

조동걸(1994), 「근대초기의 역사인식」, 『한국의 역사가와 역사학 하』, 창작과비평사.

지수걸(1988), 「1930년대 초반기(1930~33) 사회주의자들의 민족개량주의 운동 비판」, 『80년대 한국인문사회과학의 현단계와 전망』, 역사비평사.

채웅석(2002), 「고려시대 민족체 인식이 있었다」, 『역사비평』 제58호.

표세만 외(2005), 「일본의 '네이션' 개념의 수용과 변용」, 『동아시아 근대 '네이선' 개념의 수용과 변용』, 고구려연구재단.

2. 일문 · 중문

梅棹忠夫 監修(2002),『世界民族問題事典』, 平凡社.

西川長夫(1995),『地球時代の民族＝文化理論』, 新曜社.

小熊英二(1995),『單一民族神話の起源』, 新曜社.

塩川伸明(2008),『民族とネイション』, 岩波書店.

吳雁南 外(1998),「國家主義的 傳統」,『中國近代社會思潮(1840~1949) 3』, 湖南教育出版社.

蔣建農 主編(1997),『影響二十世紀中國的十種社會思潮』, 陝西人民出版社.

アントニー・Ｄ・スミス(1998),『ナショナリズムの生命力』, 高柳先男 譯, 晶文社.

3. 구미어

Anderson, Benedict(1983), *Imagined Community : Reflection on Origins and Spread of Nationalism*, Verso.

Gellner, Ernest(1983), *Nations and Nationalism*, Cornell University Press.

Hobsbawm, Eric J. and Terence Ranger eds.(1983), *The Invention of Tradition*, Cambridge University Press.

Kohn, Hans(1965), *Nationalism : Its Meaning and History*, Dovan Nostrand Co.

Smith, Anthony D.(1979), *Nationalism in Twentieth Century*, Martin Robertson & Co.

Smith, Anthony D.(1983), *Theories of Nationalism*, Gerald Duckworth & Co.

Smith, Anthony D.(1987), *The Ethnic Origins of Nations*, Blackwell Publishers.

Snyder, Louis L.(1976), *Varieties of Nationalism : A Comparative Study*, The Dryden Press.

Tan, Chester C.(譚昌霖)(1971), *Chinese Political Thought in the Twentieth*

Century, Doubleday & Company, Inc.

Boehm, Max H.(1933), "Nationalism : Theoretical Aspects," *Encyclopedia of the Social Science* IX.

Stalin, Joseph(1913), "Marxism and the National Question," *Prosveshcheniye* 3(5).

찾아보기

사항

인명

책 · 글